Jesus Christ is the Son of God. He is co-equal with the Father. Jesus lived a sinless human life and offered himself as the perfect sacrifice for the sins of all men by dying on a cross. He arose from the dead after three days to demonstrate His power over sin and death. He ascended to heaven's glory and will return again to earth to reign as King of Kings and Lord of Lords.

Matthew 1:22, 23; Isaiah 9:6; John 1:1-5, 14:10-30; Hebrews 4:14, 15; 1 Corinthians 15:3, 4; Romans 1:3, 4; Acts 1:9-11; 1 Timothy 6:14, 15; Titus 2:13

# 명문대로 가는 인성·진로 코칭

학생부 종합전형 대비

명문대로 가는 **인성·진로코칭**

초판 1쇄 발행 2014년 09월 15일
초판 2쇄 발행 2014년 12월 20일

글쓴이 최원호

펴낸이 김왕기
주 간 맹한승
편집부 원선화, 김한솔
마케팅 임성구
디자인 푸른영토 디자인실

펴낸곳 **푸른영토**
주소 경기도 고양시 일산동구 장항동 865 코오롱레이크폴리스1차 A동 908호
전화 (대표)031-925-2327, 070-7477-0386~9 · 팩스 | 031-925-2328
등록번호 제2005-24호(2005년 4월 15일)
전자우편 designkwk@me.com

제 작 (주)T플랜닝

ISBN 978-89-97348-31-2 13370

# 명문대로 가는 인성·진로 코칭

학생부 종합전형 대비

최원호 박사 지음

푸른영토

| 프롤로그

# 인성코칭은 명문대학으로 가는 지름길

우리나라는 지난 반세기 동안 입시위주의 교육에 철저한 희생만을 고집해왔다. 입시위주 교육은 오로지 단순한 '지식 엘리트'를 양산하는데 초점을 맞춰 왔기에 '인성교육'이라는 이름은 흉내조차 내지 못하는 암울한 시대를 보냈다. 철저한 입시 위주의 주입식 교육에 영향을 받은 학생들은 냉철한 머리만 있을 뿐 따뜻한 가슴이 없었다. 인간미 넘치는 따뜻한 인간의 기본적 행위조차 하지 않는 비인간적이고 로봇 같은 인생을 살아가고 있다는 느낌을 지울 수가 없다.

인성교육을 실천하지 못한 것은 '인성'이란 아무런 소용없이 오로지 공부 한가지만 잘하면 모든 것이 끝난다는 잘못된 교육 탓이다. 제아무리 인간성이 훌륭하고 멋진 인생을 산다 해도 공부 하나 못하면 가족이나 주변 사람으로부터 인간대접 받지 못하는 현실이다. 이러한 입시위주의 교육적 병폐가 가져다준 폐단은 상상을 초월할 만큼 가정이나 학교교육이 파괴되고 비인간적이고 비이성적인 늑대인간으로 아이들을 만들고 있다. 극단적 표현으로 머리는 좋고 똑똑하지만, 짐승보다 못한 패륜아가 한국 가정과 사회에 넘쳐나고 있다. 결국, 아이들은 비인간적이고 반인륜적이고 반사회적 성격 장애인들만 사는 듯한 비극적인 세상에 벌거벗겨진 채로 내동댕이처진 모습이다.

오늘날 한국사회가 왜, 이토록 비참하고 극단적이며 비인간적이고 전쟁보다 더한 피비린내 나는 세상으로 변했을까. 원인 없는 결과가 없듯이 이제부터라도 농부의 철학인 '뿌린 대로 거둔다.'는 것을 기억해야 한다. 인성교육이 사라진 한국교육이 안겨준 폐단은 앞으로 치유될 수 없을 만큼 극단적 행위에 수없는 가정과 학교 그리고 사회가 무너져 내릴 붕괴조짐이다. 이런 배경에는 토론이나 인성교육은 늘 뒷전이고 오로지 입시위주의 '네가 죽어야 내가 산다.'는 식의 학생들 간의 무한 경쟁을 조장해 온 책임이 크다. 이들은 냉혈 동물처럼 자기밖에 모르거나 냉철하고 비판을 위한 비판적 사고의 머리만 키웠을 뿐이다. 인간미 넘치는 따뜻한 가슴과 더불어 공존과 공생의 교육목적이 빠지고 없는 '앙꼬 없는 찐빵처럼', 영혼 없는 로봇을 찍어낸 결과이다.

한국의 입시제도나 교육과정 등은 세계적으로 우수하고 유명한 제도란 제도들을 모조리 다 가져와 이래저래 벤치마킹 했었다. 그러나 결정적인 실수는 선진국 교육제도 속에 어떤 교육과정보다 '인성교육'

을 제일 먼저 강조한다는 사실을 쏙 빼버리고 빈 껍질만 가져다 썼다는 데 있다. 그 바람에 입시생들은 실험실 생쥐처럼 수도 없는 대학입시 시행착오에 영혼 없는 인생을 살다갔다. 하지만 교육 관료 누구 하나 책임지는 사람이 없었고 정작, 그들 자녀는 한국이 아닌 미국이나 영국 등 선진국으로 유학 보내 최고의 엘리트 교육을 받게 했다. 마치, 라면 공장 사장이 아들에게 죽어도 라면은 먹으면 안 된다며 야단치는 것과 같았으니 그 부작용들이 이제 와서 속출하는 것도 당연하다고 하겠다.

개인의 삶뿐만 아니라, 한 가정을 무너뜨리고, 사회와 국가를 위기 속으로 처 넣은 마치 '세월호' 사건과 같다. 바다 속으로 침몰되어가는 모습을 지켜볼 뿐, 아무런 대책도 세우지 못하고 허둥거리다 사건을 축소하고 은폐시키는 정부와 너무도 흡사하다. 우리는 지금까지 각기 다름이라는 인성 존중이나, 개인의 창의성이나 자기주도적인 삶을 가르치기보다 천편일률적이고 틀에 박힌 모범답안만 정답으로 인정하는 기계적 사고에 정답만 찍는 기술을 가르치고 배워 왔다.

나는 이 책에서 인성교육의 중요성을 어떤 교육제도나 교육과정보다 우선적으로 강조했다. 왜냐하면 한 인간의 생사가 걸린 문제인 만큼, 최소한 인간다운 삶을 보장받고 성장하기 위한 교육으로 우리 교육이 변하지 않으면 안 되는 절대 절명의 시점에 서 있기 때문이다.

세계 속의 한국인을 키우려거든 실력보다 인성교육부터 먼저 갖추지 않으면 세계인으로는 성장할 수가 없다는 것은 이제 선택이 아닌 필수이다.

한국은 OECD국가 중에서 근로시간은 1위인 반면, 행복지수는 최하위요, 자살률은 1위이다. 우리는 세상 어디에도 없는 아프리카보다 못한 나라에 살고 있다. 돈 버는 일이라면 묻지도 따지지도 않는다. 그냥 돈이면 모든 것이 해결된다. 돈보다 더 귀하고, 돈으로 살 수 없는 인간의 생명이 있음에도 아랑곳하지 않는 이런 세상이 참으로 안타깝다. 한국에서는 인성이나 개인적 능력 따위보다 스펙만 화려하면 그만이다. 때로는 거짓말하고 사기 치고 남을 속여도 공부만 잘하면 만사 ok이다. 국회의원뿐만 아니라, 판사나 검사가 되거나 의사나 교수만 되면 목에 힘주고 살기에 이보다 더 좋은 나라가 없다. 인성이 덜된 사람도 그런 명예나 권력을 이용해서 얼마든지 승승장구하며 돈을 끌어 모으며 살아가고 있다.

이 책에서는 단순한 입시위주의 교육을 벗어나, 진정한 인간미 넘치는 교육현장을 위해 참된 인성교육을 담고 있다. 인성은 하루아침에 만들어지는 것이 아니기에 어릴 때부터 부모의 절대적인 양육과정이 중요하다. 부모가 만들어주는 최고의 유산이 인성이다. 부모가 모델이 되어야 참된 인성이 형성될 수 있어 아이들은 선택의 여지가 없다. 어릴 때부터 부모를 통하여 모든 것을 다 배우고 익히기에 아이는 부모로부터 말과 행동 그리고 나눔과 배려의 인성 종합선물세트를 받게 되는 것이다. 대다수의 부모들은 "나는 자랑스러운 자식들 앞에 아들과 딸의 명문대학 합격의 영광을 위하여 몸과 마음을 바쳐 죽도록 뒷바라지 하다 죽을 것을 굳게 다짐합니다."라는 맹세를 하고 사는 듯하다.

이제는 달라져야 한다. 한국교육의 목적과 방향을 인성이 겸비된 참된 인간성 회복을 가치로 전환하지 않으면 안 될 시점에 도달했다. 더 이상 인성교육이 사라진 채로 교육현장을 방치했다가는 세월호 같은 대형 인재를 불러일으킬 것은 명약관화다.

영국의 명문사립학교 뿐만 아니라, 미국 등 세계적인 학교에 들어가기 위해서는 학과실력도 중요하지만 때로는 인성 자체를 더 중요하게 평가하기도 한다. 훌륭한 글로벌 리더의 전제조건이 '인성'이 제대로 갖추어진 사람이어야 한다는 것을 입증하고 있다. 최근 우리나라에서 도입한 학생부종합전형은 이미 오래 전부터 교육 선진국들은 전통적으로 시행해오고 있다. 교육 선진국들은 학생 선발과정에서 학생의 생활습관이나 학습태도, 대인관계, 협동력, 인성, 교우관계 등을 평가하기 위한 심층면접은 기숙사에서 1박2일간 생활태도를 관찰하며 꼼꼼하게 점검하기까지 하고 있다. 입학 후에는 당연히 의무적으로 봉사활동을 비롯한 각종 인성교육 활성화를 위한 프로그램에 참여해야 한다.

왜 그럴까, 이유는 단 한가지이다. 최고의 엘리트교육인 만큼 인성을 기본적으로 갖춰야 한다는 것은 선진국일수록 명문학교가 추구하는 교육철학이요, 삶의 가치관이기 때문이다. 이러한 인성교육의 중요성을 한국의 명문학교들도 차별화된 전략으로 강화하고 있어 다행이다. 흔히 말하는 좋은 학교일수록 '인성교육'을 강조하고 있다. 이유인즉, 이들은 국내보다 유학을 선호하거나 국제무대에서 활동하려는 꿈과 희망을 더 많이 갖고 있기 때문이다. 인성이 진정한 실력임을 뒤늦게 깨닫고, 세계 속의 한국인이 되기 위해서는 인성이 제대로 갖춰지지 않으면 세계무대에 설 수 없다는 것을 알았기 때문이다. 훌륭한 리더가 되기 위해서는 자신감이나 엘리트 의식을 부여하되 사회적으로 고립되지 않는 사회와의 소통이 가능하도록 철저한 인성교육이 없이는 독불장군에 불과하기에 이 책에 그 핵심적 가치를 담았다.

CONTENTS

## part 3 명문대 입학의 꿈을 이루어주는 진로코칭

## part 4 명문대 입학의 성과를 좌우하는 학습코칭

part 1

# 자녀의 대입과 진로를 좌우하는 인성코칭

# 지금 왜 인성코칭인가?

대한민국 인성교육은 2014년 6월 4일 이전과 이후로 뚜렷하게 구분될 경향이 꽤 농후해 보인다. 이 날은 우리 교육에서 교육의 주체인 '학생들'과 '교사', '학교'가 동시에 주목받으면서 한국교육의 근본적인 변화를 위한 상징적인 사건이 벌어졌기 때문이다. 바로 조희연 서울시 교육감을 비롯한 17개 시 · 도 교육감 중 무려 13곳이 진보 성향의 교육감이 당선되었기 때문이다. 항간엔 이념교육이니 무상교육이니 하면서 진보교육감이 대거 교육책임자로 등장함으로써 우리 교육이 불안한 갈등만 노정시키지 않겠냐는 우려의 시선이 있는 것도 사실이지만 필자의 견해는 이와는 좀 다르다. 나는 무엇보다도 이들이 교육현장을 책임지면서 바뀔 아이들의 인성교육에 주목하는 바가 크다. 내 확신의 일단은 당선 다음날 모 신문과 가진 조희연 교육감의 일성에서 더욱 신뢰하는 마음을 갖게 되기 때문이다.

"과잉 입시경쟁을 하면서 쉼과 창의교육은 없는 것이 '세월호 전'의 교육이라고 한다면, 이제는 달라져야 한다. 실제로 창의성은 쉼에서 나온다. 세월호에 승선했던 아이들과 교사들은 우리에게 희망을 줬다. 구명조끼를 양보하고, 다른 아이들을 구하기 위해 노력하고, 스스로 책임지고 죽음을 맞기도 했다. 창의성과 긍정성, 협력, 연대, 다른 친구를 배려하는 공감 등은 이미 아이들 안에 내재돼 있고, 이를 확대하는 노력이 필요하겠다고 생각하고 있다.(중략) 질문이 있는 교실을 만들겠다. 사실 지금까지 우리 학교 현장에선 무조건 주어진 문항과 답을 외우기만 했지, 창의적 질문이 들어설 자리가 없었다. 1%의 특권층을 향한 교육이 아니라, 다수의 아이들이 다양한 잠재력을 다 발휘할 수 있도록 하는, 그런 공평하고 평등한 교육을 실현하도록 하겠다."(경향신문, '14. 6. 6일자 기사)

다소 무겁고 가슴 저린 얘기를 담고 있지만, 결국 그렇게 사회는 누군가의 희생과 헌신을 딛고 발전하는 것이다. 저 깜깜한 죽음의 절망 속에서도 아이들과 선생님들이 꽃피우고자 했던 양보와 책임, 배려, 긍정, 연대의 마음이 바로 그들이 죽었어도 죽지 않은 우리가 지켜내야 할 가치이고, 우리가 기억해야 할 '공부의 목적'이 아닐까. 가슴 먹먹하지만 인성코칭의 모든 것이 담긴 이 인터뷰에서 나는 우리 교육의 질적인 변화와 바람직한 인성교육의 가능성을 재확인한다.

최근의 교육감 선거보다 다소 앞서서도 인성교육의 중요성이 강조되는 대입 현장은 심심치 않게 발견되곤 했다. 무엇보다도 기존의 점수 줄세우기식 경쟁과 수월성교육에서 벗어나 학생 한 사람 한 사람의 잠재된 능력과 평소 됨됨이를 대입 합격의 평가기준으로 삼고자 하는 움직임이 대입 교육현장에서 꾸준히 시도되고 있었던 것. 그 중심엔 역시 학생부종합전형이 있었다.

2009학년도 전형부터 시범적으로 실시된 입학사정관제는 지원자의 성적뿐 아니라 내신과 수능점수로는 평가할 수 없었던 지원자의 잠재력, 인성, 소질, 미래 성장 가능성까지 종합적으로 판단하여 인재를 선발하는 새로운 입시제도이다. 이 제도는 지금까지의 대학 입시가 획일화된 제도 하에서는 묻힐 수밖에 없었던 지원자의 다양한 능력과 창의력, 사고력을 종합평가하여 지원자의 잠재적 미래 수학능력까지를 평가하는 21세기형 인재를 발굴하기 위한 획기적인 대입제도인 것이다.

사실 이전에는 내신과 대학수학능력시험에서 높은 점수를 받기만 하면 좋은 대학에 합격할 수 있었다. 미국도 명문대학에 들어가기 위한 치열한 경쟁은 우리나라와 마찬가지다. 하지만 미국은 좋은 학생을 선발한다는 목표 아래 여러 가지 측면에서 노력을 기울이고 있다. 아무리 지원자가 뛰어난 성적과 우수한 학습능력을 지니고 있다고 하더라도 정직이나 성실에 있어서 기준에 미치지 못한다고 판단되면 선발하지 않는다. 그런 의미에서 학생부종합전형에서의 인성평가 도입은 도덕적 가치관이나 양심적인 행동을 높게 평가하고 정직과 성실, 열정과 도덕성이 성적보다 우선된다는 철학의 실천이다. 따라서 그간의 학교생활에서 보여준 태도로 배움에 대한 열정, 도전정신, 인내력, 성취도의 등급을 결정하고 종합적인 평가를 내린다. 때문에 성적이 낮아 합격을 장담하지 못했던 학생이 합격되고 성적이 높았던 학생이 불합격되는 일이 종종 벌어지게 된다. 자기소개서나 면접과정에서 지원 동기나 뚜렷한 열정, 자기이해, 인간관에 대한 분명한 가치관이 없다고 사정관들이 평가한 탓이다. 물론 판단의 근거가 다소 주관적인 만큼 보다 구체적인 평가 항목과 방법이 지속적으로 개선되고 있다. 그렇다고는 해도 국 · 영 · 수만 잘하고 대인관계가 엉망이거나, 학교폭력의 가해자이거나, 또는 미래에 대한 도전정신과 꿈이 없어서는 대학에 갈 수 없다는 것은 자명해졌다.

물론 아직까지는 학생부종합전형에 한정돼 학생들의 인성과 자질을 평가하는 항목이 많이 있지만 앞으로 대학에서 필요로 하는 인재상에 맞춰 학생의 열정과 도덕, 자신감, 배려, 책임감도 여러 가지 평가요소로 만들어 전형요인으로 적용될 전망이 더욱 높아질 것으로 보인다.

이제 대학에서는 각 대학에 필요한 인재들을 뽑기 위해 기존의 학습력과 탁월한 비교과 능력을 입증하는 것을 넘어 '학생이 얼마나 주어진 자기 환경에서 열심히 생활했는가'를 보는 대학만의 평가 방법을 계발해 낼 것이다. 이는 바로 교육의 존립목적이라고 할 수 있는 '올바른 품성과 인간성을 겸비한 인성이 훌륭한 인재'를 선발하려는 21세기형 인재 선발에 대학들이 발벗고 나섰다는 의미이다. 이제 자녀교육에서 '인성코칭'은 학업 뒤에 남은 시간에 해야 할 일이 아니라 대학에 들어가려면 반드시 성장과정에서 갈고 닦아야 할 진정한 학습력의 하나가 되었음을 명심해야 할 것이다.

## 인성의 개념

인성은 접근 방법에 따라 다양하게 정의될 수 있다. 우리가 흔히 아는 심성적인 관점에서 '인격'으로 정의하는가 하면, 정신분석적 관점에서 '성격'으로 정의하기도 한다. 다른 사람과 구별되는 사고와 태도 및 행동의 특성을 의미하기 때문에 자신만의 스타일이라 할 수 있다. 즉, 인성은 영어의 퍼스낼리티와 캐릭터 모두를 의미하기 때문에 두 가지를 포함하는 것으로 보면 된다.

인성의 의미는 크게 세 가지로 구분할 수 있는데, 개인적인 것, 심리적인 것, 사회적인 것이 그것이다.

첫째, 개인적 의미는 순수한 개인 한 사람의 입장에서 접근하는 것이다. 개인의 인성은 자신의 정체성에 큰 영향을 미친다.

둘째, 심리적 의미는 사람의 마음속 가장 깊은 곳에 자리 잡은 것에 접근하는 것이기 때문에 학자들은 심리적 의미를 가장 중요한 기본으로 여긴다. '산을 보며 즐기는 것은 어진 사람이요, 물을 보며 즐기는 것은 지혜로운 사람이라'는 《논어》의 명구나 '무릇 지킬 만한 것보다 네 마음을 지켜라. 생명의 근원이 이에서 남이니라'는 명언은 모두 인간의 심리적 의미를 강조하는 말들이다.

셋째, 개인적 인성과 심리적 인성이 합쳐질 때 개인이 사회 속에서 우뚝 설 수 있다. 개인의 독특함은 사회 속에 있을 때 더욱 빛을 발하며, 개인의 정서는 다른 사람과 조화를 이루며 살아갈 때 안정을 얻는다. 사회 속의 공공질서를 추구하는 것, 나라를 사랑하는 애국심 등은 사회적 인성의 차원이다.

무엇보다도 개인의 정체성 면에서나 지혜의 측면, 사회성 등에서 인성은 앞으로 대학으로 가는 길목에서 중요한 역할을 하게 될 것이다. 이는 곧 우리 교육이 '교육'의 근본적인 존재 이유에 주목하기 시작하면서 대입의 주요 평가항목에서 다양하게 평가될 소지가 높기 때문이다. 즉, 초 · 중 · 고등학교 교과과정에서의 다양한 교육적 가치, 가령 교우들과의 관계성, 타인에 대한 배려, 협동심, 도덕적 기준 등 기존의 학교성적에서 소월히 취급됐던 전인적인 교육가치가 대입 전형이나 학생의 자질 평가에서 중요한 합격과 불합격 기준으로 작용할 것이라는 점이다. 이제 인성코칭은 국영수 공부 끝나고 짬 날 때 하는 교육이 아니라 국영수만큼 중요하게 학생들이 정성을 기울여 수양해야 할 중요한 대입의 경쟁력으로 부상하게 된다는 점을 명심해야 할 것이다.

## 인성코칭은 마음을 다스리는 마음교육

인성은 심리학적 관점에서는 인성이 형성되는 과정을 중심으로 접근하고, 교육학적 관점에서는 교육이 인성 형성에 미치는 영향을 중심으로 접근한다. 철학적 관점에서는 인간의 존재 가치와 인간성을 어떻게 해석하느냐로, 도덕적인 관점에서는 행동을 결정짓는 요인으로서 접근한다.

우리의 인성코칭은 마음의 바탕인 지 · 정 · 의, 이 세 가지를 독립된 개체로 분리하지 않도록, 상호보완적인 관계를 형성할 수 있도록 접근해야 한다. 인성은 공동체의 구성원으로서 갖추어야 할 필수요소이고,

따라서 인성코칭은 인간의 도리를 갖추게 하는 교육이다. 또한 인성은 마음을 교육하는 것이다. 자기 마음을 다스릴 수 있을 때 진정한 성숙된 인간으로서의 삶이 가능하다.

인성코칭에서 중요시되는 공동체 가치관이나 인간 도리 교육은 이제 대입 전형이나 학생부종합전형에서 수험생의 비교과 영역을 평가하는 중요한 요소로 작용하고 있다. 이미 대학들은 자기 대학의 학풍에 맞는 학생들을 선발하기 위해 다양한 방법으로 수험생의 공동체 의식이나 윤리적 측면을 평가하고 있다. 자기소개서나 추천서, 학업계획서 등에서 나타나는 수험생의 인성 측면을 면밀히 검토해 기본적인 대학인으로서의 자질 여부를 평가하고 있다.

인성코칭에서 중요한 것은 인간의 관계성이다. 이는 나, 인간관계, 나 이외의 대상으로 구분되는데 인성코칭에서 중점을 두어야 하는 것은 다음과 같다.

- **나: 친구나 부모, 교사 등과 약속을 잘 지키고 정직해야 한다.**
- **인간관계: 상대방에 대한 배려심, 책임감, 협동심, 그리고 공감하는 능력을 키워야 한다.**
- **나 이외의 대상: 성숙한 시민으로서의 민주의식 향상이나 공동체 의식을 가져야 한다.**

고3 기간 내내 평일에는 학교, 주말에는 식당에서 일하며 가족의 생계를 책임졌던 L양. 학교에서 돌아온 저녁시간 역시 몸이 불편한 엄마와 대화하고 함께 TV를 시청하며 보냈다. "아르바이트하면서 공부하는 게 결코 쉽지 않았어요. 다른 친구들은 주말에 부족한 부분을 공부하는데 저는 일을 해야 하기 때문에 전혀 공부를 할 수 없었죠. 부담과 불안감이 밀려왔지만 그럴수록 학교 수업시간에 더 열심히 공부했고, 선생님들을 좇아다니며 물어보는데 여념이 없었어요. 피곤해도 제가 공부할 수 있는 유일한 시간이었으니까요."

그럼에도 불구하고 고3 기간 동안 내신 1등급을 유지하며 공부에 대한 욕심을 저버리지 않았던 L양은 학생부종합전형을 통해 서울대 간호학과에 합격했다. 한 편의 드라마 같은 삶 속에서도 '힘들지만 버틸 수 있을 정도의 어려움'이었다고 꿋꿋하게 말하는 L양의 잠재력을 높이 평가했기 때문이다. "면접 때 입학사정관으로부터 '세상이 불공평하게 느껴지지 않느냐?'는 질문을 받았어요. 물론 불공평하다고 느낀 적도 있지만, 사람에게는 그 불공평함을 뛰어넘을 능력이 있다고 생각합니다. 가정형편은 어려웠지만 생각조차 못했던 서울대에 입학했듯이, 시련이 오면 기회도 따라오고, 위기는 또 다른 기회가 된다는 것을 깨달았어요."

위의 서울대 합격생 사례는 이제 대학도 성적과 함께 성숙된 인간으로서의 품성에도 큰 관심을 갖고 있음을 입증하고 있다.

인성코칭은 바람직한 도덕적 판단능력을 갖추게 하는 것이다. 도덕적 판단력은 도덕적 가치와 관점에서 판단하고 의사를 결정하는 힘이다. 이를 키우기 위해서는 1차적으로 부모가 양육과정을 통해 도덕적으로 예민성을 강조해야 한다. 또 어떤 사태에 직면했을 때 도덕적 관점에서 인식하게 해야 한다.

인성은 사람의 성품 또는 인격이다. 즉, 특정한 개인이 생각하고 느끼고 행동하는 독특한 방식으로 선천적, 후천적 행동특성을 의미한다. 그래서 인성은 다른 사람과의 상호작용을 통해 뚜렷이 드러나게 되어 있다.

인성코칭은 바로 생각하는 힘과 능력을 일깨워줌으로써 행동하는 방식이 달라지고 삶의 목표를 새롭게 세워가는 과정이다. 그런 의미에서 인성코칭은 도덕성, 사회성, 정서를 포함한 인간이 지녀야 할 바람직한 성품을 갖도록 교육하는 것이다. 즉, 지 · 정 · 의를 조화롭게 발달시키는 마음의 교육이다. 다시 말하면 개인적인 자아실현을 위한 가치교육과 사회적인 도덕적 삶을 추구하기 위한 도덕교육, 그것이 인성코칭의 시작이다.

요즘 그야말로 자기 멋대로 행동하는 10대 청소년들이 많다. 단순히 눈앞에 보이는 현실적이고 생리적인 욕구 충족에만 몰두하고 있다. 일부는 사람을 해치는 일조차 두려워하지 않는다. 물론 계획적이라기보다는 순간의 충동에 의한 행동들이다. 모두 자기 마음을 다스리지 못하는 탓이다. 하지만 충동에 따라가다 보면 결국 후회만 남을 뿐이다.

그러면 마음은 어디에 있는 것일까? 히포크라테스는 마음이 뇌로부터 나온다고 했고, 아리스토텔레스는 심장으로부터 나온다고 했다. 또 플라톤은 인격과 지성은 뇌로부터, 두려움과 분노와 용기는 간으로부터, 욕망과 탐욕은 위장으로부터 나온다고 했다. 하지만 어디에서 오는가는, 어디에 있는가는 중요하지 않다. 그것을 통제할 수 있는가가 중요한 것이다. 인간이 동물과 다른 것은 바로 마음을 다스리는 자기통제능력이 있기 때문이니까.

스스로가 마음을 지키느냐 그렇지 않으냐에 따라 삶이 달라진다. 다른 사람이 나에 대해 신뢰를 갖는 것도 내가 나를 신뢰할 때에야 가능한 일이다.

사고가 잘못되어 있으면 대형 사고가 날 수밖에 없다. 반면 사고를 바꾸면 세상도 바꿀 수 있다. 긍정적인 생각을 하면 말기 암 환자도 건강을 회복하기도 한다. 부정적인 생각은 죽음만 앞당길 뿐이다. 난치의 유전적인 질병도 좋은 습관으로 체질을 바꾸면 자연치료가 가능하다. 행복한 생각은 기쁨, 흥분을 유발하는 신경전달물질인 도파민을 분비시키고, 우울한 생각은 펩티드를 분비시켜 신체에 반응을 유발한다고 한다. 건강도, 인생도 모두가 마음먹기에 달린 것이다.

### 인성코칭은 가치를 깨닫는 가치교육

한 사람이 자아실현을 하게 하려면 얼마만큼의 가치교육이 필요할까? 또 얼마만큼의 올바른 가치관을 확보해야 인간다운 삶을 살 수 있을까?

인성코칭은 최소한의 인간다움에 기초해 올바른 가치를 판단할 수 있는 능력을 갖추는 것에서 출발한다.

남녀노소를 막론하고 올바른 판단력은 자기 정체성에 직접적인 영향을 준다. 흔히 우리는 청소년기에 사춘기를 겪는다. 이 시기를 극복하는 과정에서 상당한 진통을 겪기도 하지만, 그 과정을 통해 삶에 대한 가치를 느끼고 깨닫기도 하는 만큼 성숙한 내공을 다질 수 있는 좋은 기회이기도 하다.

제한되어 있는 삶을 통해 '나는 누구인가'라는 질풍노도의 시기와 맞물린 예민한 삶의 방향, '인간이란 무엇인가'나 '어떻게 살아야 되는가'와 같은 궁극적인 물음에 맞서 미래를 위해 내리는 결단의 직접적인 동기는 인간에 대한 가치다.

우리 인간은 돈으로 환산할 수 없는, 물건과 비교 · 평가될 수 없는, 그 어떤 것으로도 대체할 수 없는 가치를 지니고 있다. 개개인이 그 사실을 깨닫고 그 사실에 감사하며 겸손한 태도를 가지는 것이 바로 삶에 대한 정체성을 확립하는 것이다.

**연세대의 자랑스런 경험 쓰기**

자신에게 가장 중요하다고 생각되는 개인적 자질(성격 또는 재능 등)에 대해 설명하고 그것으로 인해 지원자 자신이 가장 자랑스러웠던 경험에 대해 기술하는 자기소개서 내용이다. 자기주도적 학업성취의 가슴 벅찬 성취감, 스스로 배우고 감동하는 봉사활동, 전국을 제패하는 수상경력, 나만의 장기와 경쟁력 있는 특기, 예능, 저술, 리더십 등 경험에서 우러나는 내용을 기술할 수 있다.

연세대의 학생부종합전형에서 제출하는 자기소개서 내용인 '자랑스런 경험 쓰기'는 결국 스스로 어떤 과정을 통해 나만의 장점을 살려 공부력을 향상시켰는지를 물어보는 전형방법이라고 할 수 있다. 한마디로 자기 정체성을 어떻게 성장시켰느냐를 평가해 보겠다는 대학측의 인성 평가 방법의 한 예라고 할 수 있다.

인하대 기계공학학부에 합격한 A양은 농촌의 소규모 초등학교를 다니면서 유난히 비행기나 로켓처럼 하늘에서 나는 것에 관심을 가졌었다. A양은 고등학교 입학 후 과학동아리에 가입하게 되면서 자신의 관심과 재능을 펼쳐나갔다. A양은 교내 발명반을 통해 매년 2회 정도 팀별 과학탐구 발표활동을 수행하는 가운데 교내의 과학경진대회, 과학독후감대회, 과학탐구토론대회 등에서 우수한 성적을 거두었으며, 이러한 경험을 바탕으로 전국학생천체관측대회에서는 교육과학기술부장관상(대상)을 수상하기도 하는 등 두각을 나타내었다. 이러한 과학에 관한 관심은 봉사활동으로도 이어져 서울과학축전행사, 대한민국별축제, 천체관측대회 등 각종 과학 관련 행사와 국립과천과학관에서 지속적으로 도우미활동을 하는 한편, 교과성적도 상위권을 유지함으로써, 학생부우수자전형의 평가요소를 모두 충족시키는 학생으로 평가받았다. 앞으로 항공우주산업 발전에 이바지하고 싶다는 A양은 자신의 진로목표를 향해 성실하고 꾸준하게 노력하고 있다는 점에서 잠재가능성이 있다고 판단하여 최종합격의 영광을 안을 수 있었다.

인하대 기계공학학부에 합격한 A양은 그야말로 '나는 누구인가'라는 청소년기의 스스로에 대한 물음에 충실하게 준비하는 학창시절을 보냈다. A양은 농촌의 소규모 초등학교를 나와 고교에 들어가서 과학동아리에 가입해 자신의 관심과 재능이 무엇인지를 알았고, 이를 '어떻게 살아야 하는가' 같은 궁극적인 물음에 적극적으로 대답하는 과정으로 고교과정을 충실하게 보냈다. 바로 자기 삶에 대해 철저히 주인의식을 갖고 스스로의 어려운 환경과 조건을 탓하지 않고 오히려 도전하고 극복하는 삶의 태도를 보여줌으로써 원하는 학과에 무난히 합격할 수 있었던 것이다.

내 삶의 주인은 누구인가? 당연히 나 자신이다. 나를 지탱하고 끌어가는 존재가 바로 나 자신이라는 의미다. 이 확고부동한 가치는 다른 사람이 침범할 수도, 빼앗을 수도 없다. 그리고 빼앗겨서도 안 된다. 가지고 있다고 해서 아무렇게나 내버려 둔다면 주인이라고 할 수 없다. 재산을 지킬 의무는 주인에게 있듯 삶의 주인이라는 가치는 내가 지켜내야 할 의무이자 사명이다.

## 인성코칭은 가정과 교육기관의 공동책임

모든 것에는 '시기'라는 것이 있다. 이 타이밍이 잘 맞으면 큰 효과를 발휘하기 마련이다. 영 · 유아기의 아이를 가진 부모의 역할은 아이의 사회성과 뇌 활동이 왕성하게 일어나도록 도와주는 것이다. 흰 종이 위에다 어떤 그림을 그릴 것인가가 전적으로 아이의 부모에게 달렸다는 의미다.

최소 유아기 전까지가 아이의 인성 자체와 성격발달에 중요한 시점이다. 이때 아이가 편안하고 안정적인 생활을 할 수 있도록 부모는 환경적인 것과 아울러 심리적, 생리적인 것을 제공해야 한다. 특히 이 시기의 엄마와의 안정된 애착관계는 아이의 인성에 큰 영향을 미친다.

6~7세 이전에 1차적으로 인성이 형성되는데, 이때 가장 큰 영향력을 미치는 요인이 바로 부모, 특히 그중에서도 엄마다. 이 단계는 아이와 건강하고 건전한 형태의 애착관계를 이룰 수 있어야 한다. 영 · 유아기와 아동기를 거치는 동안 아이는 부모를 통해 자연스럽게 공감이나 충동조절 등의 능력을 배우고 익힌다. 또 신체적 행동을 통제하는 것도 이 시기에 가르쳐야 하는데, 가족구성원들 간에 서로 존중하는 것, 때로는 서열에 따라 인정하고 순종하는 것도 이해하게 해주어야 한다. 하지만 현실은 인성보다는 한글이니 영어니 하는 학업에 치중할 뿐 인성 형성의 적색 신호등이 들어온 상태이다.

인성코칭이 이루어지면 아이는 잘못된 감정이나 자기표현 방법을 수정하게 된다. 하고 싶다고 해서 모든 것을 다 할 수 없다는 것도, 때로는 하기 싫은 것도 해야만 한다는 것도, 이런 것들을 행동으로 옮기기 위한 노력도 배우게 된다. 이와 같은 일련의 과정을 통해 아이는 자연스럽게 '배려'를 배운다. 또 내가 아닌 다른 사람의 유익을 생각하는 사고도 갖는다. 즉, 사회성을 담당하는 뇌가 정상적으로 성장하는 것이다. 이러한 성과는 부모가 아이들에게 관심을 두고 적극적인 사랑과 건강한 애착관계가 형성되도록 돌보는 노력이 있을 때만이 가능하다.

건국대학교 정경대학에 합격한 K군은 IMF 때 아버지가 명예퇴직을 하고, 퇴직 후 계속되는 사업 실패로 현재는 친척의 도움을 받아 살고 있다. 그는 가정형편이 어려워 학원은 다니지 못했지만 학교 방과 후 수업에 충실히 참여하고, 주민센터 공부방에서 5년째 공부했다. 학년이 올라갈수록 성적이 향상되었으며, 학교에서 교과성적 우수상도 다수 수상했다. K군은 어려운 환경에도 불구하고 중학교 때부터 주말을 이용하여 독거노인 도시락 전달 봉사활동을 하고 있다.

건국대 정경대학에 합격한 K군은 어려운 가정형편 속에서도 굴하지 않고 건강한 사회성과 타인에 대한 배려로 자신이 원하는 대학에 무난히 합격한 학생이다. 이처럼 사회성이 건강하게 형성된 아이는 다른 사람을 수용하고 배려할 줄 아는 사람으로 성장한다. 사랑을 받은 사람이 사랑을 베풀 줄도 알고, 다른 사람의 비판적인 이야기도 귀담아 들을 줄 안다. 반면 부정과 비난과 원망 속에 자란 아이는 사물을 바라보는 관점 역시 부정적이고 비난적이며 폐쇄적이기 때문에 다른 사람의 조언이나 충고를 용납하지 못하고 받아들이지 못한다. 지나친 경계심과 적대감은 상대를 보복의 대상으로 여기는 잘못된 감정을 축적하게 만들어 언젠가는 터지고 말 잠재적 시한폭탄으로 자라나는 것이다.

인격 형성이 1차적으로 이루어진 곳이 가정이었다면 2차적으로 이루어지는 곳은 바로 유치원, 초등학교를 비롯한 교육기관이다. 가정에서 형성된 1차적 인격이 부모와 관계된 것이라면 교육기관에서 형성된 2차적 인격은 집단, 무리와 관계된 것이다. 물론 가정에서 형성된 1차적 인격이 교육기관이라는 집단 속에서 좀 더 강화되기도 한다.

문제는 1차적 인격이 이때 왜곡되거나 오염될 수도 있다는 데 있다. 대인관계를 통해, 바로 선생님이나 또래 친구들과의 관계 속에서 훌륭한 인성이 자리매김할 수도 있고, 또는 인성의 자리매김은커녕 눈치꾼이 되어 상대방의 감정과 기분에 따라 동요하는 혼란스러움을 경험하기도 하는 것이다. 이런 문제는 1차적 인성이 제대로 형성되지 못했거나 부정적으로 형성되었을 때 더 많이 나타난다. 긍정적이고 포용력이 풍부한 교사가 요구되는 이유가 바로 여기에 있다. 아이들을 강압적으로 억누르는 교사는 행동에 있어 모범이 되지 못하면서 아이에게 이래라 저래라 지시하는 부모와 다르지 않다. 잘못한 점을 들춰 혼내기보다 잘한 점을 드러내 칭찬을 해주어야 하는 것은 부모나 선생이나 마찬가지이다.

사랑이 많은 부모가 자녀를 사랑이 많은 아이로 키우듯, 사랑이 많은 교사가 학생을 사랑이 많은 학생으로 만든다.

## 가정에서의 인성코치는 부모

최근 들어 왕따와 학교폭력을 근절시키기 위한 국가적 대책이 적극적으로 시행되고 있다. 왕따나 폭력에 시달리다 자살을 선택하는 아이들이 급증하고 있기 때문이다. 또한 성적 위주의 분위기 속에서 성적을 비관하여 자살하는 아이들도 늘고 있다. 그런데 학교에서 일어나는 일이라고 해서 학교만의 문제라고 할 수 있을까? 이러한 문제들의 원인은 1차적으로는 가정교육의 부재에 있다. 기성세대로서 무거운 책임감을 느낀다.

가정에서 부모는 아이의 가장 안전하고 든든한 보호자다. 따라서 부모에게는 정상적이고 화목한 가정환경을 조성할 의무가 있다. 가정에서 이루어지는 인성코칭의 모델은 부모다. 따라서 코치로서의 책임을 갖고 모범적인 삶을 살아야 한다.

문제아 뒤에는 반드시 문제 부모가 있다는 말이 있다. 아이의 성장과정에 부모가 얼마나 큰 영향을 미치는가를 단적으로 말해주는 말이다. 아이가 반듯하게 성장하는 데 있어서 가정환경은 중요하지만, 물질적으로 부유하거나 가난한 것은 큰 문제가 되지 않는다. 그것보다는 부모가 아이와 얼마나 소통을 잘하는가, 부모가 얼마나 모범이 되는가가 중요하다.

건국대 커뮤니케이션학과에 합격한 M군은 평소 부모님과 원만한 대화를 나누며 시사적인 문제를 비롯한 자신의 주변 관심사를 토론하는 가정 분위기 속에서 고교 시절을 보냈다. M군의 집안은 그리 부유한 편은 아니었지만 토론을 즐기는 아버지와 자녀의 대화에 귀 기울이는 어머니 사이에서 자라 스스로 자존감을 키우며 고교생활을 활발하게 할 수 있었다. M군은 사교육이나 과외보다는 교내외 토론동아리나 영화제작동아리활동 등을 꾸준하게 하면서 자신이 원하는 방송 관련 학과에 진학하기 위한 스펙을 나름대로 튼튼히 쌓을 수 있었다. 결국 건국대 입학사정관전형에서 입학사정관과의 면접과 자기소개서, 추천서 등을 통해 우수한 성적으로 커뮤니케이션학과에 최종 합격하게 되었다.

건국대 커뮤니케이션학과에 입학사정관전형으로 합격한 M군의 사례에서 볼 수 있듯이 평소 가정의 분위기가 자녀의 학구열 조성에 얼마나 중요한 역할을 하는지를 여실히 알 수 있다. 결국 가정에서의 대화 분위기 유지는 부모와 자녀가 진심으로 서로를 사랑하고 자녀가 말할 수 있는 대화 분위기를 부모들이 얼마나 진심으로 조성해 줄 수 있느냐가 관건이라고 하겠다. 보통 우리 주변 집안에서 볼 수 있는 대화 분위기처럼 소통을 위해 대화를 한다 해놓고 자녀가 하는 이야기를 잘라버리거나, 죄책감을 느끼게 하거나, 자신감을 잃게 해서는 안 된다. 그런 경우 자녀는 방어적이고 공격적인 자세를 취한다. 부모와 자녀 사이에 긴장만 고조된다. 자녀와 대화를 시작하기 위해서는 수용과 존중의 태도가 중요하다. 의견을 묻고 답을 수용함으로써 자녀 스스로 적극적으로 반응하도록 배려해야 하는 것이다.

부모는 훈계하고 질문하고 추궁하고 비판하고 겁을 주는 방식에 익숙해 있다. 게다가 먹고살기에 바빠서 대화할 시간도 부족하다. 대화의 방법도 모르고 시간도 없다 보니 그 책임을 교육기관에 떠맡기려고만 한다.

한 기관의 설문조사에 따르면 부모가 자녀에게 바라는 최대의 목표 1순위는 명문대학을 나와 고시에 합격하는 것이라고 한다. 그리고 회계사, 변호사, 의사, 교수와 같은 전문 직종을 갖거나 최고의 기업에 취직하길 원한다. 이런 부모의 뜻을 이루게 하려면 일단 중학교에서부터 고등학교, 대학까지의 학교성적이 좋아야 한다. 우수한 성적이 아니면 그 목표를 이룰 수 없기 때문이다. 그것도 내 자식만! 남의 자식은 어떻게 되든 관심 밖이다. 그러다 보니 아이들에게는 친구도 없다. 입시 경쟁에서 밀린 아이들에게는 상대적 박탈감만 가득한 이런 분위기에서 인성코칭은 말조차 꺼낼 수 없다.

물론 부모가 자녀의 성공을 위해서 전문적인 직업을 갖길 원하는 것을 탓할 수는 없다. 그런데 지금까지 우리의 교육은 지나친 경쟁과 성적 위주의 줄 세우기 교육을 통해 다분히 비인간적이고 최상위권 학생들 위주의 교육이 진행돼 왔던 것이 사실이다. 여기에 덧붙여 공교육에서 해결하지 못하는 다양한 사교육 요소들을 부추겨 이러저러한 사교육 열풍에 자녀들을 무방비 상태로 방치해 놓고 있다. 이런 최소 엘리트 위주의 수월성교육은 결국 교육의 주체여야 할 학생들의 바람은 무시한 채 숱한 공 · 사교육의 폐해를 낳고 있다고 볼 수 있다. 이제 한국교육은 제자리를 찾을 방법을 놓고 고민하고 있다. 그 고민의 일단이 바로 대입 전형에서 학생부종합전형을 비롯한 다양한 대입 전형의 '인성 평가' 전형들이다. 또한 초 · 중 · 고교 현장에서도 앞으로 혁신학교나 대안 공교육 학교, 다양한 대안적 교육 방식의 공교육 도입 등을 통해 지금까지 소홀하게 취급됐던 '학생이 행복한 전인교육'의 해법을 찾기 위한 모색들이 다양한 방식으로 연구되고 있다.

이제 우리 교육은 근본적으로 변해야 한다. 교과과정이나 대학입시 제도도 변해야 한다. 그러나 가장 먼저 변해야 하는 것은 바로 부모와 가정 그리고 학교교육을 통한 인성교육이다.

### 학교에서의 인성코치는 교사

이제부터라도 공부만 잘하면 모든 것이 용서되는 분위기는 사라져야 한다. 공부만 잘하는 아이보다 나보다 남을 먼저 생각하고 배려하고 자기에게 주어진 책임을 성실하게 완수하는 아이들로 코칭해야 한다. 그렇다고 공부를 등한시해도 된다는 말은 아니다. 새삼 인성코칭을 강조하는 것은 이제까지의 교육이 지성과 인성을 각각 별도 바퀴로 구분하여 생각했던 것, 그리고 등한시했던 것을 반성하는 의미이자 이제부터는 교육에 지성만이 아니라 인성도 포함해야 한다는 의미다.

인성코칭의 기초공사는 가정교육을 통해 비형식적으로 세워진다. 그런 다음 학교교육을 통해 제도적이고 근본적인 교육이 이루어진다. 본래 학교는 아이를 '지 · 덕 · 체를 겸비한 원만한 인격체로 성장하게 하는 것'을 교육의 목표로 하고 있다. 그러나 우리의 현실은 그렇지가 못 하다. '지'만 강조할 뿐 '덕'과 '체'는 찾아볼 수 없을 정도로 미미하다. 명문학교 진학을 위한 교육과정으로 운영되고 있기 때문이다. 명문대학에 몇 명을 보냈는지에 따라 학교 평가가 달라진다. 전인교육, 인성교육이 얼마나 이루어졌는지는 관심 밖이고 심지어 명문대학에 많이 보내면 전인교육이 잘된 학교로 평가받는 기현상이 벌어지기도 한다. 명문학교에 보내지 못하면 그 학교는 그저 공부 못하는 학교일 뿐이다. 인성코칭에 관심을 갖는 학교가 그런 것처럼 인성코칭을 실천하려는 교사들도 찬밥 신세이기는 마찬가지다. 잘 가르치지 못하는 실력 없는 교사로 낙인찍혀 학교에 대한 부모들의 평가도 이와 다르지 않다. 부모들의 요구는 자녀가 명문대학 가는 것에 집중되어 있다. 그러다 보니 명문대학에 많이 보내는 학교가 최고의 학교다. 또 입시 위주의 교육은 아이들끼리의 인간적인 관계 형성을 막고 있다. 대화도 소통도 단절된 상태다. 이런 분위기 속에서 다른 사람을 배려하고 더불어 함께 살아가려는 가슴 따뜻한 사람이 될 수 있을까?

아이들도 공부를 못하면 교실에서조차 인간적인 대접을 받지 못한다는 것을 잘 알고 있다. 선생님은 언제나 공부 잘하는 아이만 감싸고 돈다. 공부를 못하면 수업시간에 뭘 하든 관심도 없다. 그래서 성적이 뒤처지는 아이 대부분 학교생활이 즐겁지 않다. 그저 주눅 들어 지낼 뿐이다. 그렇다고 '나도 인간적인 대접을 받고 싶다'는 욕망이 없는 것은 아니다. 그러다 보니 학교만 벗어나면 돌변하며 때로는 '폭력'으로 그 욕망을 분출하기도 한다. 이는 모두 내 자식만 좋은 대학에 보내달라는 부모들의 지나친 교육열과 이기심, 그리고 이에 휘둘린 학교의 우유부단함이 만들어낸 공동작품이다.

지난 6. 4 교육감 선거에서 학부모들이 교육감 후보들에게 바란 것은 과연 무엇일까? 필자의 견해로는 지난 몇 십년 동안 '수월성교육'의 이름으로 진행돼 온 지나친 성적 지상주의와 엘리트 학생 위주의 교육을 벗어나 평범한 보통 학생들도 자신이 하고 싶은 공부를 하고, 교육의 주인으로 대접받을 수 있게 해달라는 간절한 바람의 표현이라고 보고 싶다. 이러한 학부모들의 바람은 바로 국영수 위주의 암기 능력만 뛰어난 절름발이 학력 인재보다는 학력과 인성의 두 마리 토끼를 두루 겸비한 바람직한 전인교육을 교육의 중심으로 놓기를 바라는 자연스러운 교육 주체자—학부모, 학생, 선생님—들의 오랜 바람을 표로 투영한 결과라는 게 필자의 조심스런 판단이다.

지금까지는 강 건너 불구경식의 학교나 학생들에 대한 열정도 관심도 식어버린 교사, 그리고 입시만을 외치는 부모들이 우리의 현실을 지배하고 있었다. 이런 상황에서 인성코칭은 불가능했다. 그나마 다행인 것은 대학입학 정원보다 고등학교 졸업생 수가 적은 역전현상이 나타나고 있어 우리의 입시가 대수술을 피할 수 없다는 점이다. 이제부터라도 인성을 위해 무언가를 해볼 수 있는 계기가 마련된 것이다.

우선 인성 위주의 교육이 진행될 수 있도록 교육제도의 개선이 시급하다. 그리고 인성의 중요성을 공부만 외치는 부모들에게 알려야 한다. 이를 바탕으로 교사와 학생 간에 돈독한 인간관계를 형성하고, 교사는 학생들의 롤모델로서의 역할을 수행한다면 그 길이 아주 불가능하지는 않다고 믿는다. 교사가 애정을 가지고 열정적으로 지도를 하면 학생의 성적이 오르듯 학교와 교사가 관심과 열정을 보이면 아이들도 신뢰와 존경심을 보낼 것이다. 인성의 기초가 마련되는 것이다.

## 인성코칭, 왜 필요한가?

### 인간적인 성품을 갖추기 위하여

'코칭'이라고 할 때 온갖 별것들이 모두 다 코칭 속에 포함된다. 그러나 막상 학습이나 공부코칭으로 들어가면 방법론에 불과하다. 또한 인성이나 인성코칭의 필요성을 강조하는 경우는 매우 드물다. 공부보다 더 중요한 것이 인성이고 공부를 효과적으로 잘할 수 있는 마스터 열쇠가 바로 인성임을 놓치고 있기 때문이다.

인성이 올바르게 형성되고 발달해야 사회적으로 성공할 수 있으며, 인간다운 삶을 사는 건강한 인격자가 될 수 있다. 현대사회에는 공부를 비롯한 실력은 대단한 데 비해 인성, 즉 흔히 말하는 인간성 자체는 정반대인 사람도 있다. 성공이란 단어 속에는 '인성이 얼마나 훌륭하게 잘 갖춰진 사람이냐' 하는 의미도 포함된다.

**서강대, '선.효행 또는 모범활동을 기술하기'**

'최근 1~2년 사이에 한 선 · 효행 또는 모범활동을 기술하고 사회와 이웃을 바라보는 시각이 달라진 점을 기술하라'는 서강대의 지표는 고무적이다. 청소년들의 의협심과 선 · 효행을 일깨우는 인생의 평가 지표로 백 마디의 윤리 교과서보다 의미하는 바가 크다고 하겠다. 선. 효행이란 모범활동이 어디 머리로만 할 수 있는 것인가?

서강대의 자기소개서 기입 항목에 있는 '선, 효행 또는 모범활동 기술하기'는 수험생이 얼마나 '훌륭한 인성을 갖춘 인재'인지를 스스로 표현해 보라는 의도가 담긴 서류이다. 이처럼 대학들도 이제 단순히 공부만 잘하는 학생에서 됨됨이가 올바른 학생을 원하고 있다.

우리는 유명 연예인을 비롯한 소위 성공한 사람들의 인기나 능력 외에도 그 속에 감춰져 있던 인성이 그대로 드러나는 것을 자주 본다. 성공할수록 겸손함으로 자신을 무장하는 사람이 있는가 하면 자신도 모르게 자만에 빠져 사는 사람도 있다. 그런데 우리는 평소에 이러한 겸손과 자만이란 용어 자체를 아이들에게 직접적인 양육으로 보여주지도 않고 말로도 강조하지 않았다. 그러다 보니 일약 스타가 되었다가 얼마 지나지 않아 바로 구설수에 올라 결국 낙마하는 일들이 비일비재하다. 이유인즉 인성코칭의 한계를 드러냈기 때문이다. 인성이란 자체를 어떻게 코칭하고, 왜 필요한지, 무엇을 코칭할 것인지를 성장과정 속에서 생각하지 않고 그 대상에 포함하지 않은 탓이다. 특정 직위나 특별한 사람이 되었을 때 지적능력이나 전문성은 인정받게 된다. 하지만 행동거지로 인성을 인정받지 못하면 중도에 낙마할 수밖에 없다. 이는 승마와 똑같은 논리다. 누가 안장 위에 앉든 말은 달릴 수 있다. 그러나 말을 조정할 수 있는 능력과 기술을 겸비하지 않은 채 그냥 고삐만 잡았다고 "이랴, 달려" 하고 소리치면 어떻게 될까? 분명한 것은 말은 앞으로 달려 나간다는 것이다. 하지만 안장 위에 엉거주춤 앉아 있던, 준비되지 않은 사람은 달리는 말 위에서 그대로 떨어지고 만다. 심각한 상처를 입을 수도, 심한 경우에는 목숨마저 잃는 대형사고로 이어질 수도 있다.

차라리 달리는 말을 구경할 때가 좋았다고 생각하게 될지도 모를 일이다. 괜히 얼마 달리지도 못하고 중도에 하차하게 되면 아니한 만 못하다. 하지만 후회해봤자 이미 엎질러진 물이다.

연예인이 되든 정치가가 되든 이제 새 시대가 요구하는 인물은 인품이 곧은 사람이다. 아이를 이런 인물로 키우기 위해서는 공부보다도 올바른 인성과 훌륭한 인품을 갖도록, 그리고 자기관리가 가능하도록 양육해야 한다. 즉, 아이의 미래를 설계하는 부모라면 최우선적으로 인성을 강조하고 가르치며 실천해야 한다.

아이들의 미래를 위해 작은 한 가지에서부터 자기관리를 철저하게 기할 수 있도록 아름다운 인성을 코칭하는 절대적인 부모의 노력이 필요하다.

훌륭한 인품 또는 성품을 지닌 사람은 은근히 사랑을 받을 수밖에 없다. 궁극적인 성공과 행복을 쟁취하느냐, 못 하느냐의 차이는 자기의 인성에 따라 덕을 쌓기도 하고 덕을 얻기도 하며 베풀기도 할 줄 아느냐의 차이다.

### 훌륭한 인성을 갖춘 자녀로 키우기 위하여

우리의 삶이란 단거리 육상경기처럼 짧게는 몇 십 초에서 몇 분간만 반짝 하고 끝나는 것이 아니다. 최소한 두 시간 이상을 달려야 하는 장거리 마라톤과 같이 끊임없는 자기와의 싸움이다. 이렇게 중요한 인성을 강조하는 부모는 많지 않다. 다들 어릴 때부터 공부기술만 강조하다 보니 일정한 명령에 의해 움직인다. 시간이 지나면 사라져 버렸다가도 다시 아침에 전원을 켜면 여전히 똑같은 프로그램으로 움직이는 로봇처럼 기계적인 사람을 만들어내고 있다.

또 우리의 교육제도는 수능시험이나 학교내신을 제일 중요한 평가요소로 삼고 있다. 즉, 수능시험만 잘 보면 차이는 명문대학 가서 충분히 극복할 수 있다는 식의 논리다. 이는 영어 과목이 중요하다 해도 수능이나 취업 시험 과목에서 빠져 있다면 영어 공부에 매달릴 사람은 없다는 말이기도 하다. 영어 배점 비중이 높기 때문에 죽기 살기로 영어에 올인하며 그저 입시와 취업을 위한 교육에만 매달려 왔던 것이다.

그동안 학교에서 크고 작은 사건 사고가 생길 때마다 정부에서는 인성교육이 중요하다며 온갖 방법을 다 동원하겠다고 목소리를 높여 왔다. 하지만 인성교육은 대학입학시험과 무관했다. 때문에 인성교육은 늘 뒷전으로 밀려났다. 그런데 최근에야 비로소 학생부종합전형을 통해 그동안의 형식적인 평가에서 벗어나 새로운 실질적 인성평가 방법을 개발하고 나섰다.

그동안은 학생부종합전형에서 특별한 반영이 없었다. 하지만, 2012년부터 입학사정관전형에서 본격적으로 인성평가와 관련된 인성평가 지표를 개발하여 입학사정관들에게 설명회를 개최하는 등 점차 학생 선발 과정에서 지원자의 인성을 최우선적으로 평가하는 인성 중심의 선발 방식을 확보 · 채택하고 있다. 물론 인성을 어떻게 구체적으로 평가할지는 사회적 합의가 이루어지지 않았다. 하지만 공동체적인 삶을 영위하기 위해 인간에게 기본적으로 필요한 배려, 책임감, 이타심, 예절 등의 덕성을 생활화하고 실천하도록 하여 자신의 삶을 바람직한 방향으로 이끌어 갈 수 있도록 하게 한다는 데는 어느 정도 동의한 셈이다. 또 인성 함양을 위해서는 혼자보다 다른 사람과 함께 공동으로 수행하는 것을 필요한 것으로 규정하는 등 평가 방향이 변하고 있다.

대학입학사정관들의 인성 및 적성에 대한 평가요소 중 가장 큰 비중을 차지하는 것이 공동체의식, 리더십, 학업의지다. 사회활동에 대한 참여, 공동체 목표를 향한 협동심을 중심으로 리더십을 발휘한 경험이나 내용, 그리고 해당 학과에 대한 관심도로 학업의지를 평가하는 것이다. 따라서 학교성적이나 수능시험 등급도 중요하지만, 학생부종합전형을 통해 평가가 확대될 영역이 인성평가인 만큼 평소에 인성코칭을 통한 훌륭한 인성이 개발되도록 부모의 자녀 양육 형태가 바뀌어야 한다. 그래야 사랑하는 자녀가 훌륭한 아이로 성장할 수 있고 성공하는 인생을 살 수 있다.

인성코칭에는 학습자의 환경, 즉 가정환경과 자기극복 의지가 중요한 비중을 차지한다.

고려대 경영학부에 합격했던 A학생은 어려운 가정 환경 속에서 제대로 과외 한번 받아보지 않고 스스로 노력하는 뛰어난 학생이었다. A학생은 용기를 잃지 않고 끊임없이 자신을 격려하고 채찍질을 했다. 고려대에 대한 분명한 꿈을 가지고 정말 열심히 노력했다. 논술 학원 한번 제대로 다니지 않았지만 열심히 신문 스크랩과 기출문제를 구해서 정리하면서 논술 또한 혼자서 준비했다. 스스로 공부하는 방법보다 많은 공부를 학원에 의존하느라 시간을 다 빼앗겨서 안타까운 아이들과 대조되는 부분이었다. A학생은 수업을 정말 열심히 듣고 내신 관리를 철저히 했다. 다른 도움 없이 본인의 노력으로 정보를 찾고 노력했다. 결국 연세대와 고려대에 동시 합격의 영광을 안은 A학생은 장학금 혜택을 더 많이 주고, 본인이 그토록 원했던 고려대학교를 선택했다. 본인의 꿈을 이루기 위해 정말 무섭도록 노력했던 A양이기에 원하는 대학 합격의 영광을 얻을 수 있었다.

고려대에 합격한 A학생의 사례처럼 학습자의 자기극복 의지는 사교육이나 과외 같은 상대적으로 나은 교육환경에 처하지 않은 학생이 열악한 학습환경을 극복할 수 있는 유일한 방법이다. 그만큼 학습자의 열정과 도전정신만큼 뛰어난 학습 경쟁력을 갖춘 요인도 없다고 볼 수 있다. 또한 학교 여건도 인성코칭에 변수로 작용한다. 가정에서 환경적으로 훌륭한 인성을 갖추었다 해도 지역의 교육여건이나 학교 환경적 여건이 특별한 경우라면 많은 제약을 받게 되는 것이다. 최근 들어 학교폭력 근절을 위한 관련 정책을 입안하는 과정에서 인성코칭에 대한 변화와 그 필요성을 강조하고 있는 이유이기도 하다.

인성은 인간의 품성을 말하며 인간다운 품성과 됨됨이, 인격 등과 같이 바람직한 의미를 포함하는 도덕적 가치다. 사회마다 적합한 인성과 인성교육의 방향이 다를 수는 있지만, 기본적으로 후천적인 코칭을 통해 성과를 이룬다.

### 올바른 감정조절 능력을 갖춘 자녀로 키우기 위하여

다양한 종류의 감정이 있지만, 그중에서 가장 중요하고도 파격적인 것이 바로 분노감정이다. 기쁨이나 외로움과 같은 감정 표현은 다른 사람에게 파괴적인 영향을 미치지 않아 덜 부정적이다. 하지만 분노는 자신을 해칠 수도 있고 상대방을 해칠 수도 있는 예민한 감정이다. 따라서 인성코칭에서도 특별히 '분노'라는 감정에 주목한다.

**고려대의 다른 의견 이해하고 설득한 경험 쓰기**

구체적인 경험을 들어 친구, 선생님, 부모님 등과 의견이 다를 때 그 의견을 어떻게 이해하고 다른 사람을 설득하였는지 구체적인 경험을 들어, 상황과 과정 그리고 결과를 400자 이내로 설명하기를 주문했다. 하루에도 수차례 마주치는 이견의 충돌과 대립을 얼마나 슬기롭게 설득했으며, 자신의 오해, 곡해와 경험 부족을 어떻게 받아들였는지 구체적 경험을 요구하고 있다. 사람은 억울하게 자신이 범인이 되거나 밀고자가 되거나 또는 정보를 빼다 파는 스파이로 오해 받을 수도 있다. 상대방은 진실을 알고도 적반하장의 억지를 쓰기도 하고, 나를 곤란에 빠뜨리려는 의도로 억지를 펴기도 한다.

고려대의 자기소개서 기입항목인 '다른 의견 이해하고 설득한 경험 쓰기'는 바로 현재 학생들이 부족한 타인과의 이해 충돌을 어떻게 극복했는지를 알아보는 학습자의 중요한 인성 요소를 평가하는 가늠자이다. 무엇보다 요즘 학생들은 대부분 1인 자녀로 성장하다 보니 타인에 대한 이해나 자신과 다른 의견을 가진 사람과의 이견시 의견 조절 능력이 떨어질 수밖에 없다. 이러한 부분에 있어서 어떠한 인성을 지녔는지 알아보는 것이 이 자기소개서의 핵심 가치라고 하겠다.

성공한 사람들은 분노라고 하는 자기감정 조절을 잘했다. 반면 실패한 사람들은 순간적인 분노를 조절하지 못한 경우가 많다. 그들은 어느 한순간을 참지 못하고 과격한 말과 행동을 해서 돌이킬 수 없는 지경에 이르곤 했다. 그런 만큼 아이들에게도 가장 중요한 것 역시 분노를 어떻게 조절하느냐다. 자칫 실패의 걸림돌이 될 수도 있는 만큼 아이들의 마음속에 내재해 있는 분노를 자연스럽게 표현하고 받아들이는 훈련이 중요하다.

먼저 부모와 가족구성원들 사이에서부터 아이 스스로 분노나 순간적인 감정들을 효과적으로 잘 대처할 수 있도록 통제하는 기술을 가르쳐야 한다. 어떤 아버지는 화가 났을 때, 또는 부부싸움 중에 과격한 말과 행동으로 상대방을 제압하고 통제하려 한다. 그러면서도 말로는 "참고 인내하라"고 가르친다. 그러나 인성은 말이나 글로써 가르칠 수 있는 성질의 것이 아니다. 부모의 감정표출, 그 자체가 살아있는 교육이 된다. 말로 가르치려 하기보다 스스로 평소 모범이 되는 행동을 보여주어야 하는 것이다. 행동 없는, 말뿐인 가르침으로는 아이들을 좋은 길로 인도할 수 없다. 묵묵히 보여주기만 하면 된다.

학교폭력의 면면을 들여다보면 한때 피해자였던 아이가 한순간에 가해자로 변모, 자신이 받았던 피해를 고스란히 또 다른 아이에게 행사하는 경우도 있다. 폭력행사를 통해 자신의 존재가치를 확인하고 복수라는 심리적 동기를 해소하는 것이다. 하지만 그보다 많은 경우는 바로 가정에서 부모로부터 폭력을 경험한 경우다. 부모가 정서적으로 대인관계에서 사랑결핍현상을 보인다고 하자. 그러면 그 가정의 아이는 단순한 결핍에서 끝나지 않는다. 그야말로 사랑에 관한 한 아사 상태가 된다. 심각한 감정손상을 입게 되는 것이다. 그런데도 유아기나 아동기 때 손상된 감정은 일단은 수면 아래에 조용히 가라앉아 있다. 그러다 어느 정도 자랐을 때, 특히 청소년기에 자기감정이 손상을 입거나 다른 사람으로부터 공격을 받는 상황에 직면하는 순간 걷

잡을 수 없이 폭발한다. 이는 모두 분노감정에 직면했을 때 평정심을 잃지 않는 것을 배우지 못한 탓이다. 또한 자신의 잘못된 행동이 그 원인이었음을 모르는 부모의 무지 탓이다.

### 대학이 필요로 하는 인품을 갖추기 위하여

한국대학교육협의회는 연세대처럼 교사 추천서에 '인성 및 대인관계 평가 항목'을 사용하는 대학이 2011년 35곳에서 2012년 50여 곳으로 늘어났다고 발표했다. 대학에서는 인성 및 대인관계 평가 항목을 책임감, 성실성, 준법성, 자기주도성, 리더십, 협동심, 나눔과 배려 등의 7개 분야로 정해 '미흡'부터 '탁월'까지 5단계로 평가하겠다고 밝혔다. 실력도 실력이지만 같은 점수라면 당연히 인성이 뛰어난 학생을 선발하겠다는 것이다. 이는 이제 인성코칭 없이는 대학진학도 어렵다는 의미다. 두 손 들어 환영할 일이 아닐 수 없다. 주요 대학의 입시에서 인성평가가 강화된다는 자체만으로 새로운 교육의 패러다임 변화가 시작되었다. 이러한 변화는 학교폭력 근절대책의 하나로 2013학년도 대학입학사정관전형에서 인성평가를 강화하겠다는 정부의 방침에 따른 것인데, 아무튼 모처럼 제대로 된 정책을 펼쳤다. 인성을 강조하는 것이 지극히 당연한 일인 만큼 수년 내에 전체 대학으로 확산될 것이다. 늦었지만 인성의 중요성이 제대로 강조되는 시점에 기대 이상의 효과가 나타나길 소원한다. 정보력을 동원한 발 빠른 엄마라면 당연히 인성평가의 척도에 비중을 두고 초점을 맞출 것이다.

인성은 거시적인 관점에서 인간의 기본적인 가치와 존엄을 인정받는 중요한 변수다. 원칙적으로는 초등학교 과정에서부터 이러한 인성 중심의 학교교육이 진행되고, 중학교, 고등학교로 심화하여 올라가는 것이 발달 심리 과정으로도 일치한다. 따라서 인성코칭에 있어 당장에 보이는 가시적인 효과도 중요하지만, 보다 더 많은 대학의 입시, 그리고 고등학교 학생선발, 중학교까지 확산하는 것이 당연하다. 다소 거꾸로 진행되는 분위기지만 가장 영향력 있는 대학입학전형 자료로 활용된다는 궁극적인 목적이 달성되었기에 실효성 있는 정책으로 자리잡게 될 것이다.

학생부종합전형에 포함되지 않을 때는 아무런 효과를 거둘 수가 없지만, 전형에 포함됨과 동시에 효과가 나타나는 것이 한국교육의 매력이다. 제아무리 훌륭한, 별의별 방법을 다 동원해도 학교폭력은 좀처럼 근절될 조짐이 없는 것도 같은 이유다. 만약 크고 작은 학교폭력 관련 사항을 모두 학적부에 기재하고 이를 학생부종합전형 자료로 활용한다고 하면 아주 예민한 반응을 야기함과 동시에 인성이 훨씬 강조되는 효과를 거둘 수 있다. 나아가 대학입학 자료뿐만 아니라 신입사원 인사면접 자료에까지 확대 사용한다면 학교폭력에 부모나 학교가 지금처럼 방관하지는 않을 것이다.

서울대 의과대학은 수시모집에서 구술고사를 없애는 대신 인성 · 적성면접을 강화한다고 했다. 더불어 의사라는 직업에 맞는 인성과 윤리관, 소통능력을 갖췄는지를 한 시간 동안 평가할 계획이라고 발표했다. 이는 전공에 따라서 인성과 윤리관까지 평가하는 인성의 시대의 출발을 의미한다. 대학 발전뿐만 아니라 근본적으로는 의사의 인성을 통해 환자의 생명까지 사랑하고 존중하는 인간존엄성을 일깨우겠다는 훌륭한 의지의 제도화라 하겠다. 사실 일부 의사들이 환자를 대상으로 한 비윤리적이고 비의료적 행위로 인해 의사에 대한 신뢰와 명성이 이전과 다르게 추락했다. 개인의 삐뚤어진 인성 때문에 환자는 인권을 유린당하고, 생명까지 위협받았던 것이다. 이런 경우 병원 측으로서는 경제적 손실은 물론이고 병원의 이미지 실추를 부르는 불필요한 송사를 감내해야 했다.

이외에도 대부분의 교육대학에서는 면접에서 교사로서의 품성과 자질 및 대학 수학에 필요한 능력 등을 종합적으로 평가하며, 교직, 교양 등 평가요소별로 자체개발 문항을 활용하여 평가한다. 논술고사도 통합교과형 논술로 자료제시형이다. 고등학교 전 과정을 정상적으로 이수한 자가 무리 없이 답안을 작성할 수 있는 수준으로 창의적, 논리적, 비판적 사고 능력과 폭넓은 독서를 요구하는 문제이다. 면접구술고사는 교직관, 교양, 표현력, 태도와 예절을 보며, 교사로서의 품성과 자질 등을 종합적으로 평가하기 위하여 교직관련 문항과 교양관련 문항을 출제한다. 면접은 수험생이 면접문제를 무작위로 선택하고 3명의 면접위원에게 구술 답변한다. 한마디로 교육대학에서는 초등학교 교사로서 갖추어야 할 인성과 적성에 관해 다양한 방법으로 수험생들을 평가하고 있다.

"여러분, 의사가 되기 전에 인성부터 갖추세요. 대화하는 법부터 배우세요. 낯선 이와 친구들, 모든 사람과 이야기를 하세요."

이 말은 영화 <패치 아담스>의 주인공이 퇴학청문회에서 동료 의대생을 향해 호소한 말이다. 영화의 주인공은 실재 인물로서 '3학년까지 환자를 만나서는 안 된다'는 학칙을 어기고 병동을 드나들며 '너무나 인간적인' 진료활동을 벌였다는 이유로 퇴학 위기에 몰렸다. 그리고 그는 의료계에 "환자를 만나지 말고 인간을 만나라."는 메시지를 전한다. 진료 현장에서 기계적인 의료진과의 문답과 각종 첨단기기에 익숙해야만 하는 것은 비단 우리만의 현실은 아닌 듯하다.

### '의사 되려면 인성부터 갖춰라'

미국 의과대학협회가 2015년부터 의과대학 시험과목에 인성 과목을 추가한다는 내용의 기사가 지난 2012년 4월 18일자에 보도되었다. '패치 애덤스'와 같은 '따뜻한 심장'을 가진 의사들을 배출할 수 있도록 의과대학원 시험과목을 바꾸기로 한 것이다.

미국 의과대학협회 회장 대럴 커시는 "훌륭한 의사는 과학이 아니라 인간을 이해할 수 있어야 한다."고 말했다. 과학지식이 풍부하고 의료기술이 뛰어난 의사가 아니라 인간과 사회를 잘 이해하는 '인간적인' 의사를 길러내기 위한 변화라는 설명이다. 환자가 꼽은 최고의 의사는 단순히 병을 고쳐줄 뿐만 아니라 자신의 말을 들어주고 이해해주는 따뜻한 심성을 가진 의사라는 협회의 조사 결과가 이를 뒷받침한다.

한편 성균관대학교에서는 2013학년도 대입 수시모집 입학사정관 전형부터 수험생의 학교생활기록부에 기재된 학교폭력 가해 여부 등을 심의했다. 다만 교사나 동급생이 가해 학생이 잘못을 반성하고 뉘우쳤다는 내용의 추천서를 써줄 경우에는 이를 감안해 반영한다. 이를 위해 대학은 원로 교사, 경찰 관계자, 정신과 의사, 상담 교사, 심리 전문가 등으로 구성된 인성평가 자문단을 구성하여 수험생의 성적이 합격선에 들더라도 학교폭력 가해 사실을 반성하지 않은 것으로 확인될 경우 불합격 처리될 수 있도록 했다. 이와 같은 성균관대학교의 입장은 '2012년부터 인성평가를 강화하겠다'는 한국대학교육협의회 방침에 따른 것이다.

한국대학교육협의회는 학생부종합전형에서 대부분 대학이 자기소개서와 교사추천서에 인성과 대인관계 평가 항목을 만들어 이를 활용할 예정이라고 밝힌 바 있다. 재밌는 것은, 기존의 입시 위주 평가를 뛰어넘으려는 이 같은 변화를 이유로 '인성평가'에 대비한 과외와 입시학원이 생겨나는 웃지 못할 일이 벌어지고 있다. 국 · 영 · 수보다 인성이 더 중요한 평가 요소가 된 만큼 이런 기관들은 앞으로 더욱 성행할 것으로 보인다. 리더십과 비전, 커뮤니케이션 능력 등을 위시한 '인성'이라는 게 그렇게 단기속성으로 키워질 리 만무한데도 말이다.

제대로 된 인성코칭은 가정에서, 그리고 부모를 통해 장기적인 안목으로 진행되어야 하며, 그러려면 당연히 부모의 올바른 변화가 선행되어야 한다. 먼저 부모가 바뀌고 가정이 바뀌어야 한다. 변화해야 하는 것은 아이가 아니라, 언제나 부모가 먼저다.

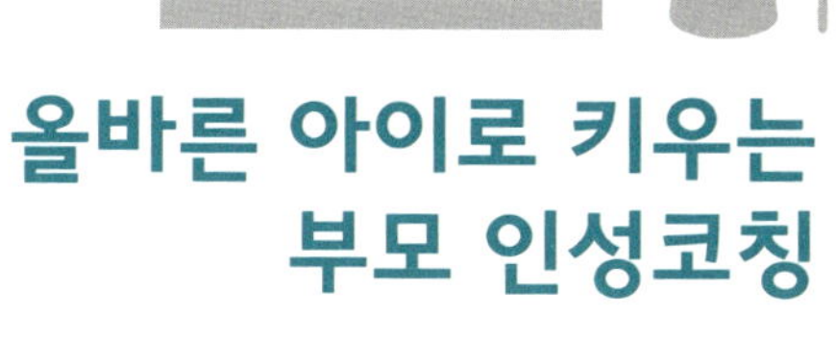

# 올바른 아이로 키우는 부모 인성코칭

## 부모의 바른 인성코칭이 아이를 성장시킨다

### 현명한 부모는 자녀의 미래의 조타수이다

공부에는 왕도가 없다. 사람마다 자기 방식이 있다. 자녀교육 역시 부모 나름의 방식이 있고, 또 고집한다. 그런데도 '어떤 부모가 이렇게 해서 아이를 미국 하버드대학에 입학시켰다'라는 내용을 접하게 되면 앞뒤 안 가리고 따라 하려 든다. 그러면 모든 것이 해결될 것처럼. 그러나 천만의 말씀이다.

부모가 코칭을 생각한다는 자체가 도전이요, 새로운 미래를 찾아 나서는 일이다. 자녀를 위한 코치의 삶이란 참으로 힘들고 어려우며 기약 없는 미래와도 같다. 때로는 확신이 없어 암울하기까지 하다. 하지만 아이도 모르는 잠재능력을 일깨워주는 것이 세상의 어떤 보물을 주는 것보다 큰 코치의 선물이다. 한 생명을 잉태하고, 출산하고, 백지장 같은 아이 인생 위에 아름다운 그 무엇인가를 수놓는 것, 얼마나 가슴 떨리는 일인가.

사실 내 아이만큼 세상에서 귀하고 소중한 것은 없다. 그러나 많은 부모들이 그 보물의 가치를 잘 모르고 있다. 아기 때는 예쁘다고 어쩔 줄 몰라 하다가도 점차 유치원, 초등학교, 중학교, 고등학교로 진학하게 되면 돈 먹는 '하마'로 본다. 심지어 아이를 평생 '짐'으로 생각하는 부모도 있다.

현명한 코치는 방향을 제시해주고 묵묵히 조언한다. 부모도 그래야 한다. 여유를 가지고 지켜보아야 하는 것이다. 그리고 아이가 자신감을 잃지 않도록 격려하면서 아이가 옆집 아이보다 잘하지 못한다고 부러워할 필요도 없다. 공부를 못한다고 '무능'으로 낙인찍는 코치는 실패한 코치다.

아이는 자라면서 많은 주변사람으로부터 다양한 코칭을 받는다. 부모, 교사, 이웃어른……. 그러나 이들 중에서 가장 큰 애정과 사랑을 품고 있는, 그리고 애정과 사랑을 아이에게 가장 많이 내어줄 수 있는 존재는 부모다. 코칭이라는 것은 근본적으로 애정 없이는 불가능하다. 때문에 부모가 최고의 코치가 될 수밖에 없다. 사랑이 있어야 밤잠 안 자고 아이를 위해 기도하고, 아이가 가야 할 바른 길을 제시해주고, 아이의 작은 성공에도 온 마음을 다해 기뻐해줄 수 있다. 물론 지나친 애정도 문제가 된다. 사랑이라는 이름으로 아이 행동의 모든 것을 통제해서는 아이를 오히려 엇나가게 할 뿐이다. 또 사랑과 애정을 보이지 않는 부모도 문제다. 기본적인 인간관계와 정서는 가정, 그리고 바로 부모를 통해 형성되기 때문이다. 그래서 부모는 최고의 코치가 될 수도 있고, 최악의 코치가 될 수도 있다.

### 지혜로운 부모는 자녀가 흔들리지 않도록 방향을 제시한다

정부의 교육정책이 문제다. 이런 상황에서 부모는 정부시책에 우왕좌왕하며 끌려다녀서는 안 된다. 제아무리 변신의 귀재라도, 임기응변이 뛰어나다 해도 원칙 없는 변화에 시시각각 대처해야 한다는 것은 결코 쉬운 일이 아니다. 정신 바짝 차리지 않으면 우리 아이들은 스스로 임상실험 대상인지조차 인식하지 못한 채 검증도 안 된 교육실험의 희생양이 될 것이다.

또한 우리의 부모들은 일단 제 아이가 대학에 가고 나면 교육제도가 어떻게 변하든지, 교육과학기술부가 있든지 말든지 아무런 상관조차 하지 않는다. 직접적으로 이해관계가 얽힌 일이 아니면 무관심하다. 현재 초등학교 학부모들도 그렇다. 대학입시에 관심이 적다. 아이가 자라는 동안 교육정책이 어떻게 변할지 모르는데 지금부터 안달할 필요가 어디 있느냐고 한다.

반면 중 · 고등학교 학부모들은 교육정책에 민감하다. 그들에게 교육정책은 발등에 떨어진 불이다. 교육정책의 직접적인 피해자가 될까 봐 불안해 한다. 부모만 그런 게 아니다. 교육자들 역시 백년대계로써 미래중심적인 정책을 펼쳐야 함에도 불구하고, 바람 부는 대로 코드정치에만 급급하다. 교육자가 아니라 정치가라고 해야 할 정도다. 오로지 부모만이 정치에 휘둘리지 않고 아이의 온전한 미래를 위해 집중한다. 부모가 프로코치가 되어야 하는 이유다.

부모가 아이의 성공적인 미래를 열어야 하는 코치로서 제 역할을 잘 해내기 위해서는 언제, 어떻게, 어느 정도로 개입해야 하는지 알아야 한다. 코칭의 원리에 대한 이해가 필요하며, 성공한 연예인 뒤에는 반드시 연예기획사의 전문적인 관리능력이 있듯이 아이에 대한 코칭도 마찬가지다. 체계적이고 합리적이며 전문적인 코칭이 필요하다.

부모가 부모다울 때 아이가 아이다울 수 있으며, 사랑한다는 명목 아래 과잉보호를 하는 것은 아이를 꿈도 없고 미래도 없는 낙오자로 키우기 쉽다. 그렇다고 독립심을 키운다는 명목 아래 무작정 아이가 하고 싶은 대로 방치해서도 안 되며 그렇게 자란 아이는 사회적으로 잠재적 시한폭탄과도 같다.

아이에 대한 적절한 관심과 사랑은 기본이다. 여기에 아이 스스로 자기 할 일을 해내고, 아이 자신의 삶을 개척할 수 있도록 다양한 동기를 부여해주고 아이를 이해하는 것, 그것이 바로 바람직한 부모코칭이다.

### 훌륭한 부모는 유연하게 자녀를 리드한다

훌륭한 코치는 다른 사람은 생각하지 못하는 기발한 전술로 상대를 무너뜨린다. 기존의 방식과는 다른 선수 교체로 상대의 전략을 흔들어놓기도 한다. 또 전혀 뜻밖의 선수를 기용해 상대를 혼란스럽게 만든다. 다른 사람이 생각하지 못하는 것을 생각해내는 것, 그것이 프로코치의 자격요건인 것이다. 월드컵 경기를 통해서 축구감독의 전략과 전술의 차이를 확인할 수 있듯이 실패는 전적으로 코치와 감독에게 달렸다.

프로코치로서의 부모 역시 다른 사람들의 생각과 기존의 사고방식에서 자유로워져야 한다. 그러면 어떤 생각으로부터 자유로워져야 할까?

### 첫째, 공부 못한다고 먹고살 길이 없는 것은 아니다

공부 못한다고 먹고살 길이 없다고? 천만에 말씀! 공부는 먹고살기 위해 하는 것이지, 먹고 죽기 위해 하는 것이 아닌 이상 공부 못해 죽을 일은 없다. 세상에 대학시험 떨어졌다고 죽을 바에야 차라리 굶어 죽는 것이 낫다. 먹고살려고 대학에 들어가는 것이라면 막말로 떨어졌으니 굶어 죽어야 할 일 아니겠는가. 대한민국에서 공부를 못해 굶어 죽은 사람은 없다. 또 공부를 잘했다고 모두 성공한 인생을 산 것도 아니다. 세상에 얼마나 잘 적응하고 자기 하고 싶은 일을 하면서 자신 있게 살아가느냐가 중요하다.

아이가 공부를 못한다면 차라리 돈 버는 법을 가르치는 것도 방법이다. 그 돈으로 필요한 인재를 활용하는 사람이 될 수 있도록 말이다.

### 둘째, 행복은 학교 성적순이 아니다

행복이 성적순이라는 것은 부모의 환상이다. 행복과 학교 성적은 아무런 상관관계가 없다. 공부 잘해서 행복하다면 명문대 학생은 평생 축제여야 하고, 무명대 학생은 평생 좌절이어야 할 것이다. 그러나 현실은 그렇지 않다. 행복은 성적과도, 대학과도 상관이 없다. 명문대학 출신의 전문직 종사자끼리 결혼한 경우 이혼하는 확률이 훨씬 높다는 통계도 있다. 자신의 현실을 깨닫고 만족하며 앞날에 대한 희망과 꿈을 꿀 수 있을 때 행복은 저절로 오는 것이다.

**셋째, 인문계 나와야만 대통령이 되는 것은 아니다**

학교생활은 세상을 살아가기 위한 정보를 공유하는 과정에 불과하다. 박사학위를 받고 기업을 경영하는 사람도 있지만, 초등학교만 졸업하고도 세계적인 일류기업을 일구어낸 고 정주영 현대그룹 회장 같은 사람도 있다. 상고를 나와도, 공고를 나와도 얼마든지 대통령이 될 수 있는 세상이다. 공고 출신이기 때문에 할 수 없다는 생각이 문제다. 상고 출신의 대통령은 안 된다는 고정관념도 버려라. 이루지 못할 꿈은 없다.

**넷째, 부정적인 말은 불행의 씨앗이다**

사람은 일단 겉보기에 모두 멀쩡하다. 그러나 가만히 하는 말을 들어보면 헐벗고 굶주리지 않은 사람이 없다. 끼니 때가 되면 배가 고파 죽고, 밥 먹고 돌아서면 배불러 죽고, 일만 하면 힘들어 죽고, 놀면 심심해서 죽는다. 태어날 때부터 거지인 사람은 없다. 그런데도 허구한 날 내뱉는 말이라는 게 고작 '거지 같은 인생'이다. 스스로 거지임을 자처하고 있는 것이다. 비록 세 치밖에 안 되는 입안의 혀를 어떻게 사용하느냐에 따라 인생의 삶이 거지와 왕자로 나눠질 수 있는 것이다. 성경에서도 '네 믿음이 너를 구원하였다'라고 하지 않았는가. 내 말이 희망적일 때는 희망이, 부정적일 때는 불행이 다가온다는 것을 잊지 마라.

### 다섯째, 결핍의 요소를 충전하라

무엇을 하려고 하면 온통 부족한 것 투성이다. 새로운 것을 시도하려면 경험이 부족해서 못 하고, 어딜 가려면 시간이 없어서 못 가고, 마음에 드는 것은 돈이 없어서 못 사고, 하고 싶은 일은 능력이나 나이가 적어서 혹은 나이가 많아서 못 한다고 말한다. 그러다 보니 시도하기도 전에 자신감부터 상실된다. 빈혈 환자처럼 어지럽고 방향감각을 상실하고, 삶의 의욕마저 떨어진다. 이래서는 앞으로 나아갈 수 없다. 혼자의 힘으로 극복이 되지 않는다면 주변에서 자신감 넘치는 사람을 찾아 본받아라. 그로써 삶의 열정을 재충전시켜라. 활력은 죽을 사람도 살릴 수 있는 삶의 열정을 가져온다.

### 여섯째, 장남 중심의 남아선호 사상이 문제다

한국은 전통적으로 장남에 대한 기대가 크다. 그만큼 장남은 성장과정에서 둘째나 셋째보다도 부모로부터 훨씬 더 많은 투자의 수혜를 입는다. 유교문화의 영향이겠지만 한마디로 편애의 대상으로 과거 장남은 부모에게 있어 노후대책의 일환이었다. 때문에 공부시키는 것에서부터 먹고 입히는 것까지 어느 것 하나 부족한 것이 없게끔 했다.

한국의 부모는 예로부터 장남은 든든하고 모범적이어야 한다는 생각을 갖고 있다. 아이들의 행동을 그대로 받아들이지 않는 것이다. 그러다 보니 장남은 은연중에 자기 고집이나 주장을 내세우기보다는 부모의 기대에 어긋나지 않으려고 노력한다. 수동적이고, 또 순종적이다. 부모가 만들어놓은 틀에 자신을 가두는 것이다. 이런 상황에서 진취적인 사고를 가지는 것은 거의 불가능하다. 반면 둘째 아이는 자기 주장이 강하고 도전과 경쟁의식이 강하다. 둘째 중에 첫째보다 더 똑똑하고 경쟁심이 강하고 도전의식이 뛰어난 아이가 많은 이유다. 나름대로 비교당하면서 경쟁력을 갖춘 것이다. 때론 남보다 튀려는 행동을 일삼아서 부모를 속상하게 하기도 한다. 하지만 실제로 속이 상하는 것은 부모가 아니라 둘째 아이다. 장남에 대한 지나친 기대는 장남을 틀에 박힌 무능한 사람으로 만들고, 둘째와 셋째에게 마음의 병을 가져다줄 뿐이다.

## 부모가 본보기가 되어라

오늘날 젊은이들은 왜 부모와 충돌하고 부모에게 저항할까? 바로 어른들이 주장하고 설교하는 바대로 실천하지 않기 때문이다. 말만 하고 본인은 본이 되지 못하는 것만큼 역효과 나는 것도 없다. 아이에게 몇 번을 강조해도 모자란 것만 같은, 긍정적이고 훌륭한 가치관이 있다면 수십, 수백 번 말로 하는 것보다 부모 스스로가 본보기가 되는 것이 가장 확실하다. 아이에게 가치관을 가르치고 싶다면 그에 따라 살아가는 모습을 보여주라.

부모의 권위는 말로 세워지는 것이 아니라 모범이 되고 본보기가 되었을 때 자연히 따라오는 것이다. 단순히 말로만 설득하거나 나이가 많다는 이유로 합리화하려 해서는 위기만 맞게 될 것이다. 그러면 아이들에게 어떤 가치관을 어떻게 심어주어야 할까?

### 정직의 가치관을 가르쳐 줘라

정직은 학생부종합전형에도 포함되어 있는 만큼 중요한 덕목이다. 말이나 글로서는 얼마든지 "나는 정직하다."고 표현할 수 있고 그럴듯하게 연출할 수도 있다. 부모라면 누구나 자식 앞에서 모르는 것이 없는 만능인이 되고 싶어 한다. 그리고 그러기 위해 거짓말조차 선의라는 말로 포장한다. 자식에게 늘 최상의 모습을 보이고 싶어 하기 때문이라는 것은 이해하지만 오히려 역효과가 날 수도 있다. 거짓말하는 부모의 모습만 보게 해서는 아이가 정직하기를 바랄 수 없다. 매번 거짓말을 하는 부모의 모습은 고스란히 아이에게로 옮겨져 거짓말을 일삼는 아이가 되는 것이다. 말로만 정직을 외치고 행동으로는 옮기지 않는 이중적인 인격까지도 그대로 닮는다. 거짓말이 잘못이라는 것을 이해하지 못한 채로 말이다. 설사 거짓말이 잘못이라는 것을 이해했다 하더라도 "부모도 그랬으니까.", "원래 다 그런 거야." 하며 자신을 합리화한다. 아이가 정직하기를 바라면 먼저 부모 스스로 정직해야 하는 것이다.

따라서 엄마 아빠도 모르는 것이 있으면 공부를 하거나 도서관에 가서 책을 봐야 한다는 것을 이야기해주고, 어른들도 다 아는 것은 아니라는 사실을 아이에게 이해시키는 것이 좋다. 최근에 읽은 책 중에 《당신은 정직한가?》라는 책은 정직에 대해 다시 한 번 생각할 수 있는 기회를 안겨주었다. 모든 상황에서 자신의 윤리적 양심을 지킬 수 있는 방법으로 '윤리나침반'을 제안하고, 각각의 상황에서 '윤리나침반'을 어떻게 활용하는지까지 설명하는 이 책을 꼭 한번 읽어보기 바란다.

### 배려의 가치관을 가르쳐 줘라

최근 엄청난 베스트셀러로 화제가 된 《멈추면 보이는 것들》이라는 책이 있다. 이 책 제목 그대로 멈추면 보이는 것이 너무도 많다. 정작 앞만 보고 죽어라고 달릴 때는 보지 못하는 일들이 잠시 멈추는 순간에 보이기 시작한다. 아이들이 성장하는 모습이 보이고, 아내가 새롭게 보이고, 나의 삶조차 새롭게 보이는 놀라운 일을 경험한다. 그리고 그때 비로소 배려의 참된 가치를 깨닫게 된다.

나에 대한 배려가 얼마나 행복하게 다가오는지 느껴보라. 오늘 하루 내 마음에 안 드는 잘못된 일이 있었지만 '그래, 그렇게라도 했으니 얼마나 잘했어. 다음에 더 잘하면 되지 뭐'라고 생각하면서 스스로를 위안하고 배려해 보라. 마음이 조금이나마 안정되지 않는가. 그런데 이런 느낌을 내가 아닌 주변 사람으로부터 받았다고 생각해보면 전의 경우와는 또 다른 차원의 행복감에 젖게 된다. 어쩌면 사람이 세상을 살면서 가장 행복할 때가 다른 사람으로부터 따뜻한 배려를 받았을 때일지도 모른다.

하지만 나 아닌 타인을 도와주거나 보살펴주려는 마음은 흉내 낸다고 하루아침에 갑자기 급조될 수 있는 성질의 것이 아니다. 타인에 대한 배려가 얼마나 가슴 따뜻한 일인지는 모두가 잘 알고 있다. 그래서인지 배려를 잘 실천하는 사람들을 보면 '나도 저랬으면' 하고 생각하게 된다. 하지만 말로만 배울 수 있는 것이 아니다. "남을 돕는다는 것은 사람으로서 마땅히 해야 하는 일이고, 남을 돕게 되면 스스로도 행복해진다."고 아무리 말로 떠들어봤자 이해할 수 없다. 하지만 휠체어에 탄 사람이 지하철을 잘 탈 수 있도록 뒤에서 밀어줬는데 그 사람이 고맙다면서 웃는 얼굴을 보내주었다고 가정해보자. 그저 약간의 도움만 주었을 뿐이지만 타인에게 기쁨을 주었을 뿐만 아니라 나 역시 기쁨을 얻게 된다는 것을 몸으로 느끼게 된다.

필자는 정말 감동적인 배려를 아낌없이 받은 때가 몇 번 있었다. 한 번은 서울역에서 출발하는 광주행 기차를 타야 했는데 바로 타지 않으면 강의에 늦을 수밖에 없는 시간대의 표가 매진되려 하고 있었다. 다행스럽게도 앞에 선 몇 분들이 바쁜 것 같으니 먼저 표를 끊으라고 양보를 해준 덕분에 가까스로 그 기차를 탈 수 있었다. 너무 감사하다고 연신 인사를 하고 떠났다. 그리고 강의 시작 전 모인 사람들에게 그 이야기를 전했다. 그때 일을 기억하며 때로는 나도 모르게 기차표를 끊을 때면 뒤를 돌아보게 된다. 나보다 더 급한 사람이 있다면 나도 한번 보답 겸 배려를 하고 싶어서다.

그런데 배려가 타인에 대한 것이라고 해서 가족과는 상관없는 것이라고 생각해서는 안 된다. 부부 간의 배려, 부모와 자식 간의 배려, 형제 간의 배려는 가족공동체를 한데 묶어주는 근간이 된다. 인간의 관계는 나로부터 시작해 가족, 그리고 사회로 확장된다. 인간관계의 시작이 바로 가족 안의 사랑이다. 가족 간의 배려가 없이는 사회에 대한 배려도, 남에 대한 배려도 기대할 수 없다.

### 배움에 대한 가치관을 보여줘라

'공부'라고 하면 '평생의 한'이라고 할 만큼 공부에 원수진 사람들이 많다. 학교 다닐 때에 가정형편 등으로 중도 포기한 사람일수록 더 그렇다. 그들은 배움에 대한 열정과 가치관이 남다르다. 최종 졸업장이 고등학교냐 대학이냐가 그 사람의 능력을 좌우하는 우리 사회에서 학벌에 대한 열등감이나 피해의식은 자신의 아이에 대한 과한 학구열로 나타나기도 한다. 사느라 바쁘다는 핑계로 자신은 책 한 줄 읽지 않으면서 아이에게만 공부하라고, 공부를 해야 사회에서 대접받을 수 있다고 다그친다. 자신은 하지 않으면서 하는 강요는 설득력을 갖지 못한다.

L양은 숙명여대 입학사정관제인 자기추천전형에서 인문소양우수자로 언론정보학부에 합격하였다. 1차에서 치러진 서류평가에서는 두 가지 질문을 받았는데, 첫 번째는 자신이 관심있는 분야와 어떻게 그것에 관심을 갖게 되었는지 설명하는 것이었다. 또 그분야가 자신에게 왜 중요한지 서술하고, 20년 후의 모습을 상상하여 기술해야 했다. 두 번째는 자신만의 인문 소양은 무엇이며, 그것을 성장시키는 데 영향을 준 교과와 학습경험(여행, 독서, 프로젝트 수행, 동아리활동 등)을 구체적으로

쓰는 것이었다.

L양은 1번 문항의 답으로 '문학'을 적었다. 학교 내신, 모의고사 성적은 내세울 만큼 뛰어나지 않지만 책을 읽고, 글을 쓰는 일만은 자신있었기 때문이다. 2번 문항에 대한 대답은 '진실'이었다. 진실이야말로 왜곡되는 현실에 필요한 인문 소양의 본질이라고 생각했기 때문이다. 지원자는 오르지 않는 성적으로 인한 좌절감, 학생회장 선거에서의 낙선, 영어 스피치대회 예선 탈락 등 실패의 경험 또한 솔직하게 기술했다. 비록 성공하지는 못했지만 도전으로 인한 성장과 다음에는 더 잘할 수 있을 거라는 자신감, 노력이 인생을 살아가는 데 얼마나 아름다운 밑거름이 될 수 있는지를 깨달았기 때문이다.

L양은 본인이 합격할 수 있었던 이유에 대해 첫째, 꿈이 확실했고 그것을 글 속에 명확하게 드러냈기 때문이며 둘째, 내가 무엇에 도전했는지 알고, 성공을 위해 노력하였으며 셋째, 스스로를 추천할 수 있는 자신감에서 발전가능성을 보았기 때문이라고 말했다. L양은 어려서부터 여러 분야의 책을 탐독하고, 신문을 읽고, 깊이 생각하며, 글로 기록했던 평소의 습관이 큰 도움이 되었다.

숙명여대에 합격한 L양의 합격요인은 뭐니뭐니해도 자신이 하고 싶은 공부에 대한 뜨거운 열망과 인문학에 대한 희망의 끈을 놓치 않았던 데 있었다. 바로 자신의 꿈이 무엇인지를 잘 알고 스스로 학구열을 불태웠던 게 소중한 합격의 영예로 돌아왔던 것.

이제라도 부모님들은 공부하라고 소리 지르기 전에 책상에 앉아 신문이라도 보는 행동을 보여라. 또 학벌에 대한 피해의식이 있다면 지금이라도 늦지 않았으니까 사이버대학이나 학점은행제를 이용해 공부에 도전을 해보라. 만학도로서의 아름다운 모습만큼 아이에게 귀감이 되는 것도 없다. 그러면 아이는 저절로 공부하게 될 것이다.

## 돈에 대한 가치관을 실천하라

'돈'과 '건강' 중에서 어떤 것을 선택할 것인가, 라는 질문을 던지면 요즘 사람들은 대다수가 '돈'을 선택한다고 한다. 돈이 있으면 병원 검진도 편하게 받을 수 있고 건강식품을 사 먹을 수도 있다면서 말이다. 건강도 돈으로 살 수 있다는 것이다. 그러면 삼성의 이병철이나 현대의 정주영, 애플의 스티브 잡스가 돈이 없어서 죽은 것일까? 결국 돈으로 건강을 살 수 있다는 생각은 착각이다.

돈을 벌겠다고 죽어라고 일만 하다가 몸에 병이 들어 그동안 저축해둔 돈을 병을 고치는 데 다 쓰고도 모자라 빚더미에 앉는 일을 우리는 주변에서 종종 본다. 병이 커지기 전에 병원 한 번 가지 못했을까를 생각하면 안타깝기만 하다. '돈은 돌고 도는 것'이라고 해서 돈이라고 부른다고 했다. 돈은 있다가도 없고, 없다가도 있는 것이라고도 했다. 그런 돈 때문에 살기도 하고 죽기도 한다.

돈에 대한 욕심은 '딱 한 번만'이라는 자기합리화를 방패 삼아 유혹에 첫발을 내딛는 그릇된 방법으로 돈맛을 들이는 순간 이미 되돌릴 수가 없게 된다. 죽더라도 돈에 한번 깔려봤으면 하는 사람도 있다. 사용해보지도 못 하고 죽는다는 데 그것이 소원이라니, 참으로 어리석다고밖에 할 말이 없다.

고려 말, 최영 장군은 16세 때 사헌부간관을 지냈던 부친으로부터 "너는 마땅히 황금 보기를 돌 같이 하라."라는 유훈을 받고 그것을 평생의 좌우명으로 삼았다. 돈은 삶을 보다 편리하게 살게 하는 수단의 하나다. 돈이 인생의 목표가 되면 돈보다 더 귀한 것을 잃어버릴 수 있다는 것, 그것을 부모가 아이에게 가르쳐주어야 한다.

### 권리와 의무에 대한 가치관을 심어줘라

'권리'는 어떤 일을 행하거나 타인에 대해 당연히 요구할 수 있는 힘이나 자격이고, '의무'는 사람으로서 마땅히 해야 하는 책임으로 이행하지 않았을 시 법에 의해 처벌을 받을 수도 있다. 그런데 이 둘은 독립적으로 존재하지 않는다. 의무를 이행해야 권리도 생기는 법이다. 그런데 우리 사회에는 의무는 없고 권리만 있다.

나에게는 지하철 빈 자리에 앉을 권리가 있다. 돈을 주고 승차권을 구입했기 때문이다. 이에 이의를 제기할 사람은 없을 것이다. 그런데 목적지가 아직 한참 남았는데 임산부나 노약자가 내 앞에 서 있다. 순간 두 생각이 충돌을 일으킨다. 얼른 자리를 양보하라는 마음과 모르는 척 잠을 자는 척해 버리라는 마음이다. 이런 때 옆에 앉아 있던 어르신이 나에게 "젊은이가 좀 양보하게"라고 말이라도 하면 상황은 심각해질 수밖에 없다. 서 있는 사람에게도 앉아서 갈 권리는 있다. 그러나 노약자라고 해서 양보 받아야 한다는 권리는 없다. 그러면 나에게는 노약자에게 자리를 양보해야 하는 의무가 있는 것일까?

자유로울 권리가 있으면 남의 자유를 침해하지 않을 의무도 있다. 말할 권리가 있으면 남의 말을 막지 말아야 할 의무도 있는 것이다. 아이를 자유롭게 키울 권리가 있지만 공공장소에서 뛰어다니게 함으로써 다른 사람에게 피해를 주는 것은 그 사람의 자유를 침해하는 행위다. 즉, 의무를 이행하지 않은 것이다. 물론 이 경우 법의 처벌을 받지는 않는다. 그러나 사회적으로, 통념적으로 지탄의 대상이 된다.

일방적인 자신의 권리만 주장하고 의무와 책임을 다하지 못하면 갈등을 불러일으킨다. 민주시민으로서의 의식은 권리와 의무가 균형 있게 이행될 때 완성된다는 것을 잊지 말아야 한다.

### 생명존중사상을 몸소 실천하라

생명을 존중한다는 것은 생명 그 자체를 높여 귀중하게 대한다는 것을 의미한다. 이 세상에 존재하는 것 중 생명만큼 아름답고 존귀한 것은 없다. 그런데 우리나라는 OECD국가 중에서 자살률 세계 1위라고 하는 오명을 안고 있다. 하루에 43명이 스스로 목숨을 끊는다. 그런데 더 큰 문제는 부모라는 지위를 가진 사람들이 그중 절반이 넘는다.

스웨덴 카롤린스카대학과 덴마크의 코펜하겐대학 연구팀은 1만5천명이 넘는 10대 이상 젊은이들을 대상으로 부모의 자살 또는 정신질환과 자녀의 자살시도에 대한 상관관계를 조사했다. 그런데 부모가 자살시도를 했거나 정신질환으로 입원치료를 받은 경우 그 집의 아이는 2년 이내에 자살시도를 할 가능성이 높다는 결론을 얻었다. 아이는 부모의 말과 행동뿐만 아니라 부모가 가진 생명에 대한 생각에도 영향을 받는다는 의미다.

아이들은 감정통제 능력이 부족하다. 그래서 모든 일들을 쉽게 결정짓는 단점이 있다. 아이들이 자살을 선택하는 데 많은 시간이 걸리지 않는 이유이기도 하다. 하지만 평소 생명존중에 대한 확고한 생각이 있는 부모의 말과 행동은 아이로 하여금 어떤 극한 위기상황에 직면해도 꿋꿋하게 버티게 해준다. 부모가 삶에 대해 애착을 갖는 것이 중요하다. 우리는 사업이 어렵고 힘들다고, 사는 게 힘들다고 아이 앞에서 쉽게 투덜거리고 삶을 포기하는 듯한 발언을 일삼는다. 이는 자신의 정신건강에도 유익하지 못할 뿐만 아니라 아이의 정신건강에도 바람직하지 않다.

인성의 중요성은 학생과 교사, 그리고 학부모, 어느 누구를 막론하고 누구나 너무도 잘 알고 있다. 하지만 문제는 실천이다. 요즘 가정에서는 부모나 할머니, 할아버지께 버릇이 좀 없어도 그냥 넘어간다. 밥상머리 예절이 사라진 지 오래다. 모든 것이 아이 위주로 바뀌었다. 그야말로 아이가 상전이 되었다. 핵가족화에 한 자녀 가정이 늘어난 탓이다. 그러다 보니 집 밖에서도 아이가 남에게 폐를 끼쳐도 대수롭지 않게 여긴다. 옆에서 훈계라도 할라치면 "웬 참견이냐"며 면박을 주기 일쑤다. 내 아이만 귀하게 여기기 때문이다. 학교폭력에 있어서 가해자의 부모가 더 큰 목소리를 내는 것도, 학부모 사이에서 공공연하게 "차라리 때리고 다니는 게 낫다."고 하는 것도 다 이런 이유다. 일부 학부모는 아이가 맞고 오기보다 차라리 때리고 오라고 강요하지만 이제는 더 이상 이유 여하를 막론하고 학교 내에서 학생들 간에 폭력은 용인되지 않는다. 특히 학교폭력 예방 및 대책에 관한 법률에 따라 비록 원인 제공은 상대방이 했다지만 폭력을 행사한 사람은 엄격하게 처벌받는다. 내 자녀가 잘못되는 것을 좋아할 부모는 없다. 그러나 내 아이가 귀한 만큼 다른 사람의 아이도 귀하다. 생명을 가진 모든 것들에 대한 경외심을 가져야만 학교폭력도, 예절도 제자리를 잡을 것이다.

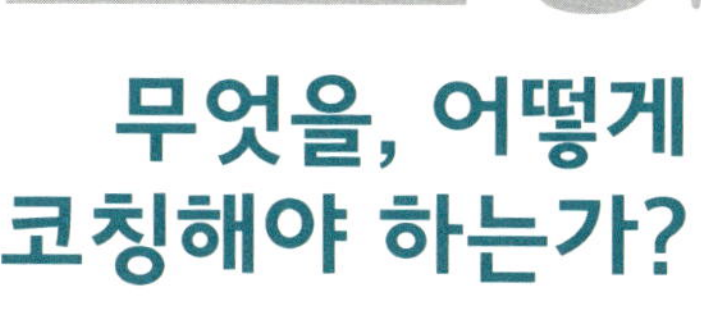

# 무엇을, 어떻게 코칭해야 하는가?

## 자녀의 가치관을 코칭하라

가치관이란 어떤 일정한 방식으로 행동하게 하는 원리나 신념이다. 자기를 포함하여 세계나 어떤 대상에 대해 갖는 근본적 태도나 관점을 말한다. 쉽게 말하면 옳은 것, 바람직한 것, 해야 할 것, 하지 말아야 할 것 등에 관한 일반적인 생각이다. 따라서 진로를 결정하는 데 있어서도 중요한 요인이다. 사람에 따라 외재적인 가치를 추구하기도 하고, 내재적인 가치를 추구하기도 하는데, 우선 외재적인 가치는 돈이나 사회적 명예, 정치 지도자들의 권력, 지위와 같이 어떤 일에 대한 가치가 눈으로 보이는 것을 말한다. 반면 내재적인 가치는 어떤 일을 하면서 얻게 되는 정신적인 즐거움과 만족, 보람, 성취감 등을 의미한다.

그런데 돈을 모으는 과정에 있어 수단과 방법을 가리지 않는 사람들을 우리는 종종 보아 왔다. 그 사람의 목적은 오직 돈이다. 건강이나 나눔이나 행복, 자신으로 인한 남의 불행 따위는 관심의 대상이 아니다. 오로지 목적을 위해서 매진할 뿐이고 수단은 상관없다는 사고 역시 그 사람의 가치관이다. 돈이 목적이고, 그로 인해 보람을 얻었다고 해서 올바른 가치관을 갖고 있다고 말할 수 있을까?

공부도 마찬가지다. 성적만 올려 전교, 아니 전국 1등이 되는 것을, 나아가 좋은 대학에 들어가는 것만을 목표로 공부하는 이들이 적지 않다. 이들 중 몇몇은 성적을 위해 부정행위도 서슴지 않는다. 공부를 잘하는 그저 1등만이 최고라는 가치관을 갖고 있으나 이런 가치관이 바람직하지 않다는 것은 이미 우리 모두가 잘 알고 있다.

이화여대 미래과학자전형의 수리물리학부에 합격한 B학생은 수학.과학 분야에서 우수한 학업성적을 나타냈으며, 과학 분야에서 다양한 활동과 실적을 보였다. 교내 동아리 창의발명반에 가입해서 꾸준히 자신의 호기심과 관심을 해결하기 위한 실험을 했으며 과학적 소양을 쌓았다. 어릴 때부터 관심이 많았던 거울과 렌즈에 관한 실험을 많이 했으며 높은 역량을 발휘한 것으로 나타났다. 렌즈를 이용해 학습도구를 제작하는 발명으로 고2때 은상을 받았지만 이에 만족하지 않고 고3이 된 후에도 지속적으로 연구하여 금상을 수상하였다. 추천인은 "발명반 학생들은 보통 고3이 되면 활동을 줄이거나 중단하는 경우가 많은데 이 학생은 지속적으로 연구하여 더 나아진 결과를 보여주었으며 이렇게 한 분야에 대해 2년 동안 꾸준히 연구한 사례는 발명반을 지도한

12년 동안 처음"이라고 밝혔다. 과학 분야에서의 적극적인 활동뿐만 아니라 이 학생은 평소에도 매우 정직하고 신뢰할 수 있는 성품을 지닌 것으로 담임교사는 평가했다. 긍정적이고 건강한 가치관을 바탕으로 정서적으로 안정되었으며 책임감이 강하고 창의적인 사고가 뛰어나다는 평가를 받았다.

B양의 경우처럼 자신이 좋아하는 분야에 대한 집요한 학구열과 열정, 발명반 활동에서의 정직하고 신뢰할 수 있는 성품, 긍정적이고 건강한 가치관은 하루아침에 이루어지는 것이 아니다. 바로 부모가 보여주는 끊임없는 관심과 사랑, 자녀에게 올바른 가치관을 심어주기 위해 노력한 평소의 부모의 행동이 B양의 인생관을 그렇게 건강하고 긍정적인 학생으로 자랄 수 있게 만든 원동력이 된 것이다.

사실 부모의 최대 관심사는 오로지 아이의 성공뿐이다. 아이를 임신하는 그 순간부터 아내는 남편에 대한 사랑과 관심의 대부분을 잊어버린다. 태교에서부터 출산, 영 · 유아기, 초등 · 중학교 시기를 거칠수록 아내의 인생은 자녀교육을 위한 것으로 탈바꿈한다. 물론 아내보다 아이에게 집중하는 남편도 더러는 있다. 어쨌든 양자 모두 아이의 인생에 부모의 인생도 매몰되어 간다는 문제가 있다. 하지만 더 큰 문제는 부모의 목표가 아이의 성공, 좋은 성적을 받거나 좋은 대학을 가거나 좋은 직장을 얻는 것, 바로 외재적 가치에 치중되어 있다는 점이다.

외재적 가치들에 목적을 두어서는 올바른 인간으로 성장할 수 없다. 청소년기는 각자 타고난 잠재력을 개발해 미래를 향한 방향, 목적을 선택하고 결정해야 하는 시기다. 자신이 살고 있는 사회와 문화 속에서 다양한 경험을 통해 삶의 목적, 가치, 태도, 습관, 행동 규범 등을 결정해야 하는 것이다. 이때 근간이 되는 것이 바로 아동기에 부모가 심어준 자아 개념과 가치관이다. 이것들은 모두 부모의 태도, 습관, 가치관 등이 내재화되면서 확립된다. 따라서 돈만 밝힌다고 아이를 타박하기 전에 부모가 먼저 올바른 가치관을 갖고, 그에 따른 올바른 행동을 보여라.

## 자녀의 건강한 성격을 코칭하라

아이의 사회성은 가정에서 길러진다. 대인관계에서 서로 이해가 부족하면 자기 입장에서만 생각하고 항상 자기는 옳고 남은 그르다고 생각하기보다 남을 이해하고 서로 원활하게 교류해야 훌륭한 사람으로 성장할 수 있다.

다른 사람과의 관계를 원만하게 하려면 대화법이 중요하다. 대인관계를 좋게 하는 대화법 중 가장 중요한 것은 '들어주기'다. 다른 사람의 이야기를 들을 때는 그에 대한 내 생각과 감정에 귀 기울여라. 사적인 대화나 수업 시간에 선생님의 설명을 듣거나 친구들과 토론을 할 때에도 마찬가지로 다른 사람이 하는 말을 들으면서 자신의 생각과 감정이 무엇인지 정리하고, 그것을 상대방에게 표현하여 반응하는 것이 학습이다. 이는 다른 사람과 함께하는 여러 가지 상황 속에서 자신이 무엇을 생각하고 느끼는지 스스로 점검해볼 수 있는 기회를 갖는 것이다. 그리고 적극적인 태도를 가지고 그 관계를 만들어가고 유지해 나갈 수 있도록 도움을 주라.

자녀들에게 다른 사람의 말을 잘 들어주는 아이로 성장하게 하기 위해서는 타인과의 커뮤니케이션 기술 중 적극적인 '경청하기' 능력을 키워주는 게 우선이다. 적극적인 경청은 상대방이 하는 말의 내용은 물론 그 밑에 깔려 있는 동기나 감정에 귀를 기울이고 듣는 것이다. 자신이 듣고 이해한 것을 상대방에게 적극적으로 반응하라. 말하는 사람에게 듣고 있는 사람이 적극적으로 경청하고 있다고 생각하도록 흉내내기와 들은 내용 재구성하기, 감정 나타내기, 내용 재구성 및 감정 나타내기의 4단계 방법을 써라. 가령 "내일 국어 시험을 보는데 시험 공부를 반밖에 하지 못했어."라고 어느 학생이 푸념을 늘어놓았다고 치자. 이를 '적극적인 경청하기' 과정에서 살펴보면 1단계 '흉내 내기'에선 "낼 시험 보는데 반밖에 공부 못했어." 하고 화자의 말을 흉내내며, 2단계 '들은 내용 재구성하기'에선 "내일 국어 시험을 보는데 공부를 많이 못했구나." 하고 걱정해주며, 3단계 '감정 나타내기'에선 "00이가 공부를 많이 못해서 걱정이겠네." 하고 공감의 마음을 보낸다. 마지막 4단계 '내용 재구성 및 감정 나타내기'를 통해 "내일 국어 시험을 보는데 00이가 시험공부를 많이 못해서 걱정이 많겠구나." 하며 타인의 말에 적극적으로 경청하는 대화법을 연습하고 또 연습하고 실천하라.

코치로서 코칭의 개념이나 목표 설정이 부족하다면 프로가 될 수조차 없다. 다른 사람이 눈치 채기 이전에 먼저 알아차리고자 하는 노력이 필요하다.

그렇다면 부모는 자녀의 무엇에 관심을 가질까? 건강한 아이, 공부 잘하는 아이, 똑똑한 아이로 키우는 데 관심이 많다. 반면 성격 좋은 아이로 키워야겠다는 생각은 별로 없다. 물론 몸이 건강하다는 말 속에는 신체적 건강뿐만 아이라 정신적 건강이 포함되어 있다. 하지만 신체적 건강은 출생 후 영양관리 상태에 따라 얼마든지 달라질 수 있는 것이지만, 정신적 건강은 태아 때부터 시작해 출생 후 유아기를 겪는 동안 주변의 양육형태 및 태도에 따라 달라진다.

대인관계에서 가장 중요한 요소 중 하나로 많은 사람들이 '성격'을 꼽는다. 심지어 세상을 살아가는 방법이나 과정에서의 성공과 실패도 성격이 좌우한다고 주장하는 성격예찬론자들도 있다. 그렇다면 자기 자신의 성격에 만족하는 사람들은 얼마나 될까?

성격은 성인이 되고 늙어 죽을 때까지 쉽게 바뀌지 않는다. 신체적으로 허약하거나 특이체질이라면 의학적인 방법을 동원해서 성장을 촉진시키고 체질을 개선할 수 있다. 하지만 한번 형성된 성격은 평생을 두고 애써도 잘 고쳐지지 않는다. 영 · 유아기 때 부모를 통해서 좋은 성격을 형성해야 할 이유가 바로 여기에 있다.

물론 나중에 성격의 결함을 깨닫고 고치기 위해 노력할 수는 있다. 실제로 성격검사 등의 심리검사를 통해 자기 성격의 장단점을 정확하게 분석한 다음 장점은 유지하고 약점은 고치려 애쓰는 사람들도 많다.

가끔 공공장소에서 "애가 도대체 누굴 닮아서 이래?" 하고 소리치는 엄마들이 있다. 그런 모습을 볼 때마다 나는 '누굴 닮긴 누굴 닮아? 엄마 아빠를 닮아서 그렇지' 하고 속으로 중얼거린다. 그런 말은 제 얼굴에 침 뱉는 것과 다를 바 없다. 사실 성격이야말로 부모가 물려줄 수 있는 최고의 유산이다. 물론 하루아침에 성격 좋은 아이로 키울 수 있는 것은 아니다. 하지만 아이의 사회적 관심의 발달 초기에는 어머니에서 가족구성원, 가족 이외의 주변인 순으로 영향을 받는 만큼 어릴 때부터 진실하고 변함없는 사랑을 보여주는 것이 중요하다. 물론 사랑이 지나쳐서도 안 된다. 또 배우자에게만 관심을 갖고 아이에게 무심하다면 아이는 스스로 사랑받지 못하는 무의미한 존재라고 느끼게 된다. 정서적으로 격리가 되는 것이다. 부부관계도 중요하지만, 정서적 지지를 어떻게 조절하느냐에 따라 과잉보호가 될 수도 있고 정서적 격리가 될 수 있다.

신체적 건강뿐만 아니라, 밝고 명랑하고 적극적인 성격을 지닌 더불어 살아갈 줄 아는 아이로 기르는 것은 온전히 부모의 몫이다. 운동선수들은 코치와 함께 지내는 시간이 많으면서 점점 코치의 성격과 비슷하게 변해간다. 마찬가지로 부모와 가장 많은 시간을 보내는 아이들은 부모와 판박이처럼 똑같아질 수도 있다. 때문에 부모는 아이의 성격 형성에 최전선에 있다는 것, 부모의 생각과 행동이 아이에게 그대로 옮겨 갈 수 있다는 것을 명심하라.

한편 자신의 성격 장단점을 파악한다는 것은 매우 중요하다. 그러나 입사할 때도 대다수의 많은 사람은 회사의 이미지, 규모나 급여, 복지 등만을 고려할 뿐 실질적으로 본인이 어떤 성격이나 태도를 갖고 있으며 대인관계 정도는 어떤가에 대해서는 별로 중요하게 생각하지 않는다. 기업은 면접과정에서 가능한 한 기업의 특성과 지원자의 적성이나 성격이 잘 맞는 사람을 선발하려고 한다. 반면 정작 지원자는 자신의 적성과 맞지 않는 직장에서 일한다는 것이 얼마나 힘들고 어려운지를 모른다. 시간이 지날수록 부적응을 경험할 수밖에 없기 때문에 자신의 능력을 발휘할 수도 없고, 정신적인 스트레스도 크다. 결국 그만두거나 이직을 고려할 수밖에 없는 위기 상황에 봉착할 수밖에 없다.

적성을 판단하는 기준은 '어느 정도의 능력을 발휘할 수 있느냐'다. 일반적으로 업종이나 업무 특성에 따라 개인의 성격과 태도가 달라져야 하는데, 예를 들어 영업직에는 적극성이, 기술직에는 지구력이 필요하다. 또 회의에서 자기주장을 펴지 못하는 사람이라면 기획이나 상담직으로는 부족하다. 그러나 아무리 적성에 맞고 협동심이 강하다 해도 이기심이 강한 사람은 곤란하다. 협동심은 어려운 일을 어떻게 대처해가는가를 결정짓는 요인이고, 사교성은 상대의 기분을 파악하고 잘 어울리는가를 결정짓는 요인이며, 인내력은 일을 추진함에 있어 중간에 중단하지 않고 끝까지 끈기 있게 계속할 수 있는가를 결정짓는 요인이다. 또한 자주성은 타인에게 의지하지 않고 스스로 처리할 수 있는 능력이고, 사고력은 사물을 유심히 관찰하는 습관이며, 자기 신뢰성은 자신 있게 모든 일에 대처하는 능력이다. 따라서 자신의 성격이나 태도를 정확하게 파악해야 적성을 찾는 데 훨씬 도움이 된다. 또한 희망직종의 기업에 따라 성격을 살린 업무에 배속 받는 것이 훨씬 시너지 효과를 향상하는 지름길이다.

### 내향성과 외향성

어떤 이는 타인과 협조를 잘하고, 환경을 자연스럽게 받아들이며, 상대에게 장단을 잘 맞추고, 매사에 사교적이며, 누구하고든 편히 마음을 터놓는 관계를 맺는다. 정반대로 어떤 이는 남과의 교제를 별로 좋아하지 않고, 혼자 있거나 책을 읽거나 음악을 듣거나 산책하는 것을 좋아하는 등 자기만의 세계에 틀어박히며, 좀처럼 다른 사람과 화합되지 않는 폐쇄적 성향을 갖고 있다. 주위 상황이나 환경은 이런 외향성이라거나 내향성이라고 하는 성격 형성에 커다란 영향을 미친다. 일반적으로 직장에서는 내향성보다 외향성 타입을 원하는 경향이 있다.

### 수동성과 능동성

능동적인 성격의 사람은 매사에 적극적으로 제의하거나 행동하려고 하며 상대를 강제로 자신의 페이스로 끌어들이려는 면이 있다. 반면 수동적인 성격의 사람은 자기주장을 거의 하지 않는다. 상대의 사고에 추종하는 경향이 커서 상대의 의견을 그대로 받아들이곤 한다. 또한 어떤 일에 대해 판단하거나 주장하지 않는다. 때문에 "예", "아니오"를 분명하게 하지 않는다. 그러나 분명한 것은 대인관계에서 어떤 태도를 보이느냐에 따라 관계 형성의 폭이 달라진다.

수동적이냐 능동적이냐에 따라 '어떤 상황에서 어떻게 행동하는가'를 예측할 수 있다. 따라서 부모들이 평소 생활 속에서 보이는 아이의 신중성, 책임감, 적극성, 협조성, 자율성, 활동성 등의 정도를 잘 알고 있는 것도 실제적으로 큰 도움이 된다.

**신중성**

평소 행동에 있어 주의나 사고가 깊은가, 계획성이 있는가를 보면 신중한지 그렇지 않은지를 알 수 있다. 신중한 사람은 주의가 깊고 감정을 억제할 줄 알며 꼼꼼하다. 그러나 신중하지 못한 사람은 매사에 신경질적이고 즉흥적이라 실수를 일삼기도 하며 또 열등감에 빠져 있는 등 정서적으로 감정적이고 충동적인 성향을 보인다.

**책임감**

책임감은 일에 대한 성실성과 근면성을 말하는데, 책임감이 강한 사람은 독립심이나 정의감이 있는 반면에 책임감이 부족한 사람은 인내력이나 도덕심, 열정이 부족하다. 대인단계에서 가장 중요한 1차적 요인은 책임감이다.

**적극성**

적극적인 사람은 매사에 참여의식이 높고 활동적인 경향이 강하다. 자신감이 있고 말하기를 좋아하며 친구관계에서도 분위기를 이끌어가는 편이다. 반면 소극적인 사람은 결단력이 부족하고 사교성 또한 부족하다는 단점을 갖고 있다.

**협조성**

협조성이 강한 사람은 기본적으로 사람에 대한 친밀감을 갖고 있어서 인간관계를 형성하고 유지하는 데 큰 장점이 있다. 타인을 존중하려는 마음도 가지고 있다. 물론 협조성이 업무적 실적이나 능력으로 바로 연결되는 것은 아니다. 하지만 협조성이 낮으면 자기중심적이고 고독에 빠져 있거나 자폐적인 성향을 보인다. 또 신경질적인 반응으로 사람들의 관계를 원만하게 형성하지 못한다.

part 2

# 명문대 입학의 핵심 전략, 인성코칭

# 학생부종합전형 대비 전략 인성코칭

1장에서 우리는 인성코칭이 무엇이며, 인성코칭에서 부모님의 역할이 얼마나 중요한지를 실제 가정생활의 예를 들어 살펴보았다. 무엇보다 과거엔 학생들의 도덕성이나 품성, 타인에 대한 배려, 준법정신 같은 인성 요인이 대입 전형에서 제대로 반영된 경우가 별로 없었다. 아무래도 학생의 성적만이 대학 합격과 불합격의 주요 평가요인으로 작용하다 보니 평소에 학생의 됨됨이나 학생으로서의 자질은 대입에선 수면 아래로 가려져 있었던 것이 사실이다.

하지만 이제는 분명히 학생부종합전형에서 인성평가와 관련된 인성평가 지표를 개발하여 학생 선발 과정에서 지원자들의 인성을 최우선적으로 평가하는 인성 중심의 선발 방식이 보다 확대되고 전면적으로 시행될 전망이다. 물론 아직까지도 학생의 학생부에 객관적인 정양 평가보다는 교사의 관찰을 통한 주관적인 정성 평가가 주를 이루고 있기는 하지만 앞으로는 어떤 방식으로든 학생의 인품과 덕성이 대입 전형자료로서 평가될 것으로 보인다. 무엇보다도 학생부종합전형에서 수험생이 제출하는 자기소개서와 학업계획서, 선생님이 제출하는 추천서에 학생의 자질이나 품성을 평가할 수 있는 근거가 되는 자료들이 평가위원들에게 제출되게 된다. 또한 면접을 통해서도 면접관들이 수험생들의 자질이나 학업 열정을 평가할 수 있는 인성적인 질문을 많이 하게 된다. 이러한 평가요인들은 바로 부모님들이 자녀가 어렸을 때부터 인성코칭에 신경을 쓰지 않을 수 없게끔 하는 주요한 대입 환경이 될 것이다. 왜냐하면 인성은 하루아침에 뚝딱 형성되는 게 아니라 학생들이 자라면서 꾸준히 쌓아야 비로소 학생 개인의 성격으로 형성되는 것이기 때문이다. 결국 공동체적인 삶을 영위하기 위해 인간에게 기본적으로 필요한 배려, 책임감, 이타심, 예절 등의 덕성을 생활화하고 실천하도록 하여 자신의 삶을 바람직한 방향으로 이끌어 갈 수 있도록 해야 대학 입시에서도 원하는 대학에 합격할 수 있다. 또한 인성 함양을 위해서 혼자보다 다른 사람과 함께 공동으로 수행하는 활동에 대해서도 대학은 학생의 배려와 협동심, 공동체 의식을 평가하는 주요 잣대로 삼을 것으로 보인다.

대학의 학생부종합전형에서 입학사정관은 학생의 지원 서류를 검토한 뒤 학생들의 성장 환경이나 경험의 다양성, 과외 활동, 수상 경력, 지역 사회 기여도, 인생관 · 세계관, 수학 능력, 예술 활동, 리더십 및 대학 발전에 기여할 수 있는 가능성 등을 종합적으로 판단해 다단계에 걸쳐 학생을 평가한다. 눈에 보이는 정량적 평가가 아니라 눈에 보이지 않는 개인의 잠재적 능력을 끄집어내 평가한다는 뜻이다. 다른 영역에서 좋은 평가를 받지 못했는데 시험 점수만 높은 학생은 '공부밖에 모르는 학생'으로 간주 돼 탈락하기도 한다.

## 학생부종합전형에서의 인성평가 강화

한국대학교육협의회http://www.kcue.or.kr는 지난 2012년도 입학사정관 전형의 주요 평가 요인으로 "바른 인성을 갖춘 학생 선발을 위해 개인 평가 전형자기소개서, 교사추천서, 면접 등에서 수험생의 인성평가를 강화할 예정"이라고 밝혔다. 또한 학교폭력 예방 및 근절을 위해 적극적으로 노력한 학생은 긍정적으로 평가할 것이며, 학생부에 학교폭력 관련 징계 사항이 기재되어 있더라도 이후 개선된 모습이 함께 기재된다면 긍정적으로 평가하겠다고 수험생들의 '인성 관련 사항'을 구체적으로 발표했다.

학생부종합전형은 기존의 점수 위주의 선발방식에서 벗어나, 대입전형 전문가인 입학사정관이 참여하여 학생의 성적, 잠재력, 창의성, 인성 등을 종합적으로 고려하여 학생을 선발하는 제도로, 기존에도 인성은 입학사정관전형에서 중요한 평가 요소 중 하나였으나 사회적으로 학교폭력 문제가 심각해지고 학생들의 인성교육의 중요성이 부각됨에 따라 인성평가 요소를 더욱 강화하고자 한 것이다.

이는 지난 2013년 한국교원단체총연합회가 주최하고, 300여 개 민

간단체가 참여한 '인성교육 실천포럼'의 '인성을 반영한 입시제도 방안 마련이 필요하다'는 내용과도 맥을 같이한다.

2013학년도 입학사정관전형에서는 지난 3월부터 학교생활기록부에 인성발달 사항을 핵심 요소별로 기록하도록 한 것과 연계하여 학생의 인성을 평가했다. 본 전형의 핵심 인성 평가 요소는 크게 배려, 나눔, 협력, 타인 존중, 갈등 관리, 관계지향성, 규칙 준수 등 청소년으로서의 바른 품성과 공동체 사회에서의 대인 관계를 주로 평가하려는 의도이다.

이와 관련, 학생들이 학교폭력 상황에서 방관자로 머무르지 않고 학교폭력 예방 및 해결을 위해 적극적으로 노력한 경우 긍정적으로 평가될 수 있다. 그리고 입학사정관제는 학생의 징벌적 사항을 파악해 떨어뜨리는 데 목적이 있는 것이 아니라 긍정적인 측면에 초점을 두는 제도이기 때문에, 학교폭력 징계사항이 학생부에 기재되어 있다 하더라도 이후 학생의 개선된 모습이 함께 기재된다면 오히려 긍정적으로 평가될 수 있다.

입학사정관전형에서의 인성평가 강화 내용은 구체적으로 자기소개서에서 분명히 기재토록 했다. 즉 대교협 · 입학사정관협의회의 '자기소개서' 공통양식에 인성관련 문항이 신설되며, 입학사정관제 정부재정지원 대학에서는 이 문항을 공동으로 활용할 계획이다.

고교의 인성교육 관련 프로그램 및 수상 내역 등을 기재할 수 있도록 개선하고, 대학은 학생의 고교 인성교육 내용을 참고하여 평가할 수 있도록 했다. 또한 정부재정지원 대학 중 교사추천서에서 '인성 및 대인관계 평가 항목'을 사용하는 대학을 계속 확대해 나가고 있다.

결론적으로 대학은 학생부종합전형에서 '인성 및 대인관계 평가항목'을 학교생활기록부 · 자기소개서 · 교사추천서 등에 기재된 핵심인성요소에 대해 질문함으로써, 기재된 내용을 확인할 계획이다.

## 학생부종합전형, 그것이 알고 싶다

### 학생부종합전형이란?

학생부종합전형은 수험생의 학교생활기록부, 서류자기추천서, 자기소개서 등, 면접 등의 전형요소를 다양한 방법으로 조합하여 대학이 원하는 인재상에 부합되는 우수한 학생을 선발하려는 대학입시 전형을 말한다.

학생부종합전형에서는 교과영역과 비교과영역으로 수험생의 대학 수학 능력 가능성을 평가한다. 교과영역에서는 수험생의 전공적성 및 기초학업 능력을 평가하며 이중 가장 중요한 평가기준은 내신으로 대표되는 교과성적이다. 비교과영역에서는 교과 영역 이외의 학생의 잠재 능력과 발전가능성을 수험생이 제출한 서류와 기타 방법으로 평가한다.

학생부종합전형에서는 평가의 공정성과 신뢰성을 확보하기 위하여 대학 특성에 맞추어 다수, 다단계 평가를 실시한다.

## 학생부종합전형의 학생 평가 요소

### 학업수학능력學業修學能力

대학 신입생 선발시 최우선 고려요소이다. 수험생이 한 분야에 특별한 능력이 있다고 하더라도, 기본 학업수학능력이 아주 부족하다고 판단되면 선발하지 않는다. 학생부종합전형은 기본적인 학업수학능력을 갖춘 학생 중에서 지원한 모집단위와 관련된 소질과 적성, 잠재력이 뛰어난 학생을 선발한다.

또한 수험생이 지원하고자 하는 학과에 대하여 성적뿐만 아니라 여러 요소를 종합적으로 분석하여 정성적 평가질적인 평가를 중시하는 태도 방식을 취한다. 양보다는 질. 지속적이고 자기주도적이며 진실성 있는 활동을 더욱 선호한다.

### 비교과 활동

교과 이외의 모든 활동을 의미하며, 학교생활을 충실히 하면서 얼마나 자기주도적인 생활을 하였는가를 평가한다. 자신의 꿈을 이루기 위해 역경을 극복하고 잠재능력과 발전 가능성을 제시할 수 있다면 좋은 평가를 받을 수 있다.

### 학생부종합전형에 대비한 준비 과정

| | |
|---|---|
| 목표 설정 | 자신이 미래에 하고 싶은 일이 무엇이고 내가 잘할 수 있는 일은 무엇인지 찾아야 한다. |
| 평소 준비 철저 | 학생부종합전형에서는 결과보다 과정을 중요하게 평가하기 때문에 평소에 자신이 원하는 학과에 맞는 준비를 꾸준히 해야 한다. |
| 학교생활 충실 | 학교생활에 충실하고 학교 프로그램에 열심히 참여하여 주도적으로 활동해야 좋은 평가를 받을 수 있다. |

### 학생부종합전형에 대비한 학교생활기록부 기록 준비 방법

| | |
|---|---|
| 인적사항 | 가족소개 - 자기소개서 중에서 성장배경, 역경극복 사례를 자세하게 상술한다. |
| 학적사항 | 학적 변동 사유가 있다면(전학, 휴학, 유예, 자퇴 등) 구체적인 이유를 확인한다. |
| 출결사항 | 학교생활의 가장 기본이며 당연한 의무인 출결상황은 엄격하고 냉정한 잣대로 평가한다. 학생의 근면성과 성실성을 판단한다. 출결사항에서 무단결근을 중요시하며, 질병 관련 출결(장기 결석)은 어려움을 겪으면서 학업에 정진하려는 모습을 평가한다. 기타 결석은 가족 봉양, 간병 등으로 인한 학생의 행동 특성을 서술할 수 있다. |
| 수상경력 | 수상경력을 통해서 사정관은 '인성+교과' 즉, 인성+전공적합성 여부를 평가한다. 수상경력을 통해 교내 중심, 학생의 인격, 변화, 노력이 드러나는 활동으로 개수와 상관없이 수험생이 열정을 가지고 변화하는 과정이 드러난다고 판단한다. |

기입 방법

— 재학 중 학생이 교내에서 수상한 상의 명칭, 등급(위), 수상연월일, 수여기관명, 참가대상이 입력된다.

— 동일한 작품이나 내용으로 수준이 다른 상을 여러 번 수상하였을 경우 최고 수준의 수상 경력만 입력된다.

— 모의고사(전국연합학력평가 포함)와 관련된 교내 수상실적은 입력하지 않는다.

**사정관평가**

— 교과와 비교과의 모든 수상은 전공, 학업계획, 고난 극복 등의 평가 대상이 된다.

— 학생의 적성이나 모집단위와 관련된 특성을 확인하는 데 활용, 학생의 구체적인 상황이나 활동과 관련되어 수여된 것이 분명히 확인되는 경우에 한한다.

— 교과우수상의 경우 학교별 시상 범주를 확인하여 객관적 지표로 활용한다.

— 3개년 동안 교과 및 비교과 분야의 수상 현황이 기록되어 있으므로 수험생의 특기, 관심과 노력, 인성과 개성, 리더십과 봉사성 등을 파악할 수 있다.

**유의할 점**

— 수상내역과 수상실적 등이 저조한 경우가 많은데 각종 대회에 참가하도록 소개 및 독려, 각종 교내대회를 개발, 수상결과도 중요하지만 과정도 중요하다. 개인프로파일 관리가 중요하다.

## 자격증 및 인증 취득 사항

자격증과 인증 사항을 수험생이 가지고 있는 특정분야의 특기와 능력을 객관적으로 확인하는 인증으로 기관이나 단체에서 인정한 것이므로 사정 자료로 확고한 변별기능을 한다.

### 진로희망 사항

진로희망 사항을 기록할 때는 폭을 좁게 해서 구체적인 자신의 진로 방향을 밝힌다. 예를 들어 '의학 연구'라고 기입하기 보다는 의사, 교사로 기입하고 바뀐 이유를 서술한다. 진로에 대한 변화가 있다면, 그 이유와 그에 따른 노력의 과정 등을 기록해야 한다.

학기 중에 진로지도를 실시하여 파악한 학생의 특기 또는 흥미, 학생과 학부모의 진로 희망을 입력한다.

— 입학사정관의 필수 필독 사항이다.

— 진로성숙도가 중요하다 과학자 → 핵공학자 → NASA연구원

— 담임 교사가 진로지도와 관련된 특이 사항을 추천서에 자세하게 기록할 수 있다.

— 수험생과 학부모의 진로 희망이 모집단위와 연관성, 일관성이 얼마나 있는가를 판단하는 귀중한 사정자료가 된다.

— 입학사정관이 보는 핵심의 첫째가 진로관련 사항이다. 독서, 봉사, 인턴십, 기타 활동이 수험생의 모집단위와 어떻게 연관되어 있는가? 수상과 체험 활동까지 진로와 관련성을 확인하는 일이 중요하다. 물론 다양한 활동과 수상, 독서 등이 권장되어 마땅하지만 학생부종합전형의 기본 취지가 내신점수, 수능점수 등이 아니라 자기발전의 노력과 과정을 평가한다.

— 충분한 상담 또는 사전 조사를 한 후 결정하여 입력하되, 추후 정정사항이 발생하지 않도록 유의한다.

### 창의적 체험활동

— 봉사활동 : 교내 + 교외(중요도 차이 없음 - 봉사활동을 통한 변화 과정이 중요)

— 진로활동 : 진학과 관련된 활동을 해야 함(진학 박람회 참가 등)

— 동아리 활동 : 교과 + 예체능 - 지원학과와 관련된 활동 중심

— 자율활동 : 학교에서 이루어지는 행사활동으로 자신의 역할, 생각, 변화된 모습이 나타날 수 있어야 함(학생수련활동, 교내체육대회, 효행교육, 양성평등교육, 학교폭력추방활동 등)

리더십, 나눔과 배려, 사회성, 진로활동 등 학생활동의 모든 면을 창의적 체험활동을 통해 평가한다.

— 학교교육계획서, 학교 프로파일의 핵심 기재사항

— 학교의 인성과 진로를 위한 마인드가 드러나는 핵심사항

— 대부분의 대학에서는 봉사활동은 핵심 사정자료로 활용

— 인성과 리더십, 그리고 지역사회 서비스 활동과 관련하여 지속적이고 인성적 내용의 봉사 활동은 필수적

— 학생의 구체적인 활동 결과와 학생들의 호응도, 지속적이고 솔선한 활동인지를 평가

— 학생회장, 동아리대표 등의 평가는 이들이 어떤 과정으로 리더가 되었고, 재임기간 중 활동한 결과물, 활동과정 등이 평가의 요소

## 교과학습발달 사항

교과학습발달사항은 학생부종합전형시 사정관 지표 중 중요한 요소이다. 전공이나 모집 단위와 관련이 깊은 교과목에 대한 방과 후 학교 수업, 대학과목 선이수제 등은 중요 평가지표가 된다.

교과특기사항 기록시에는 수험생의 수업 내용, 실험실습 내용, 독서교육 내용, 진로교육 내용 등 수업활동 등을 전반적으로 기록해야 한다. 학생이 특별한 재능을 보인 부분을 부연 설명하여 학생의 교과에 대한 특기를 부각할 수 있다.

## 독서활동 사항

학생부종합전형에서 독서활동은 독서분야, 독서에 대한 흥미 이해수준을 기록하는 것이다. 이때 1학년은 다양한 분야의 독서를, 2, 3학년 때에는 지원학과와 관련된 독서 + 교양의 독서활동을 기록하면 된다.

### 학생부종합전형 대비 독서활동 방법

— 많은 대학에서 3~5권의 읽은 책 소개하기를 자기소개서에서 권하고 있는 실정이다.

— 독서는 진로 관련, 적성과 비전 관련 서적을 주체적으로 읽어야 한다.

— 입학사정관의 면접 및 발표시 필수 질문 사항이며, 깊이 있는 추가 질문이 이어진다.

— 전공과 관련된 독서를 읽음으로, 지원자의 적성과 소질, 흥미도를 살피게 되어 학과 선택의 이해를 돕기 위함이다.

**독서활동 자료 준비 요령**

— 독서기록장, 독서 포트폴리오 등의 증빙자료는 학생 개인이 보관하되, 대학에서 증빙자료 요구시 제출하도록 한다. '독서활동 상황'란에는 종합서술형으로 독서활동을 기록하며, 학생이 감명 깊게 읽은 주요 도서명도 구체적으로 기록하여 학생의 독서활동 사항에 대한 상세한 정보를 제공한다. 따라서 대입 전형에서 면접시험자료나 사정자료로 반드시 활용한다. 형식적으로 기입하는 경우가 있으므로 독서 내용을 확인하고, 결과물을 정리하는 절차가 학교와 학생에게 꼭 필요하다.

### 행동특성 및 종합의견

학생에 대한 교사의 추천서이다. 지도 평가서1,2학년 담임교사가 추천서를 쓰는 느낌로 서술하면 된다.

학생의 나눔, 갈등관리, 타인존중, 배려, 협력, 관계지향성, 규칙 준수, 봉사, 잠재력, 자기주도학습, 창의성 등에 관한 교사의 의견을 쓰면 된다.

## 대학별 학생부종합전형 인성 평가 요소

### 서울대학교

서울대 입시에서는 '학교 내에서 이루어지는 교육과정'을 중요하게 본다. 서울대에서 바라보는 우수하다는 기준은 학교생활을 "어떻게 열심히 하였는가?"이다. 공부만 잘하는 것이 우수하다는 개념과 꼭 일치하지는 않는다. 학교교육과정 안에서 열심히 공부하고, 학교생활을 충실히 한 학생이 우수하다고 보는 것이다.

주어진 학교교육과정 속에서 자신의 꿈을 위해 열심히 노력하였는가를 보기 위해, 전반적인 GPA 뿐만 아니라 학생의 관심 영역, 모집단위에 대한 열정충성도 또는 일치도, 집중 이수, Honors Program 이수심화과목 이수 정도 및 성적, 3년간의 성적 추이, 정규교육과정에서 제공되지 않는 내용을 성취하기 위한 노력, 교과 관련 활동, 교과외 활동, 다양한 리더십 기회, 질 높은 봉사활동 등을 두루 살펴본다. 객관적인 산출지표점수에 의한 선발만으로 선발하지 않으며, 모집단위와 관련된 분야의 탁월한 재능과 경력을 가진 학생을 선발하되, 기존의 기계적 환산방식에서 고려할 수 없었던 개별 학생들이 처한 상황이나 여건, 학교교육과정을 통한 학생의 성장과정, 창의력, 잠재능력을 종합적으로 두루 고려하여 평가하고 선발하게 된다. 결과적으로 1.1등급이 떨어지고 1.5등급 학생이 합격할 수도 있다.

서울대에 지원하는 수험생들은 제출하는 서류에서 나만의 장점특기, 재능이 있어야 하고, 상대적인 비교우위가 분명하여야 한다. 자기 자신의 장점을 나타내는 일관적인 서술로 평가되고, 대학에서 공부하는데 유용한 학생의 능력이 뛰어남을 나타내 주어야 한다. 아무런 특징이 없는 1등보다 장점이 뚜렷한 2등을 선호한다.

대학은 학생이 학교를 통해서 얼마나 성장했는지를 보고 싶어 한다. 학교에서 제공하는 다양한 교과 및 교과 외 프로그램의 결과가 1

학년 때부터 학생 개인의 파일에 기록되고, 학교 파일school profile이 작성되며, 누가累加 관리하는 것이 서울대 입시를 준비하는 가장 좋은 방법이다. 대학에서는 수험생의 출신 학교에서 제출한 파일 내용을 토대로 학생을 선발한다. 따라서 학생뿐 아니라 학교에서도 각종 서류를 제출할 때 증빙자료를 충분히 제출하여 전형위원이 지원자를 잘 이해할 수 있게 하여야 한다. 추천서나 증빙서류에도 학생의 장점과 잠재적인 가능성이 무엇인지 보여주어야 한다.

### KAIST

KAIST는 1단계 서류전형에서만 성적을 확인한다. 2단계 면접은 그룹토의 · 개인별 면접 · 개인별 과제발표 세 가지를 하루 종일 진행하게 된다. KAIST가 뽑으려는 학생은 '리더십을 갖춘 창의적 인재'다. 그룹토의나 개인별 과제 발표에서 각각 리더십과 창의성을 주로 평가한다.

### 고려대학교

고려대는 자기소개서에 '다른 의견 이해하고 설득한 경험 쓰기'라는 독특한 형식의 기입항목이 있다.

이 항목에는 구체적인 경험을 들어 친구, 선생님, 부모님 등과 의견이 다를 때 그 의견을 어떻게 이해하고 다른 사람을 설득하였는지 구체적인 경험을 들어, 상황과 과정 그리고 결과를 400자 이내로 설명하기를 주문한다. 하루에도 수차례 마주치는 이견의 충돌과 대립을 얼마나 슬기롭게 설득했으며, 자신의 오해, 곡해와 경험 부족을 어떻게 받아들였는지 구체적 경험을 요구하고 있다. 삶의 깊이를 묻는 문제라고나 할까. 진정성 있는 인간관계를 물을 수도 있고, 지혜로운 처신과 인격적 소통을 요구하는 문제라고 볼 수 있다. 시적 정의라는 말도 있듯이 삶은 교과서의 가르침대로 내 앞에 펼쳐지지 않는다. 고3의 수많은 인생에는 나름의 삶의 무게가 묻어 있기 때문이다.

### 연세대학교

연세대는 일정 수준의 교과 성적 능력을 갖출 경우 서류평가와 면접평가를 중시한다. 굳이 비중을 따지자면 면접평가보다 서류평가가 더 큰 영향을 미친다. 따라서 자기소개서와 추천서 등을 잘 써야 한다. 자기소개서는 단순한 성장 과정 기술보다 성장 과정의 경험과 그 경험이 자신에게 미친 영향 등을 구체적으로 기술하는 것이 바람직하다. 연세대 학생부종합전형에서 대학은 학생들에게 '자랑스런 경험 쓰기'를 기입토록 해 지원자의 품성과 배려, 자기주도 학습 여부에 대해 평가하고 있다.

**연세대의 자랑스런 경험 쓰기**

자신에게 가장 중요하다고 생각되는 개인적 자질(성격 또는 재능 등)에 대해 설명하고 그것으로 인해 지원자 자신이 가장 자랑스러웠던 경험에 대해 기술하는 자기소개서 내용이다. 자기주도적 학업성취의 가슴 벅찬 성취감, 스스로 배우고 감동하는 봉사활동, 전국을 제패하는 수상경력, 나만의 장기와 경쟁력 있는 특기, 예능, 저술, 리더십 등 경험에서 우러나는 내용을 기술할 수 있다.

### 성균관대학교

성균관대는 학업성적 뿐 아니라 올바른 품성, 리더십과 봉사정신을 강조하고 있다. 성균관대의 자기소개서에는 '단어로 자기 대변하기'를 통해 학생의 자기 철학을 본다.

#### 성균관대의 '단어로 자기 대변하기'

'본인을 가장 잘 대변할 수 있는 단어와 그것을 선택하게 된 이유를 구체적인 사례를 들어 기술하시오.'라는 활동기록보고서의 자기추천전형 선택 문항이다. 이를 통해 지원자의 자기 철학, 자기주도 역량, 품성 등을 평가하고자 한다.

### 외국어대학교

한국외대는 각 전형마다 입학사정관이 주안점을 달리 두는데 자기소개서 등 서류 평가보다 심층면접이 당락을 좌우한다.

#### 한국외국어대의 자기 경쟁력 기술하기

외국어 이외의 자신의 경쟁력에 대해 400자 이내로 기술하기이다. 신언서판(身言書判)이란 옛말도 있다. 건강하고 민첩하며 잘 발달된 신체와 운동신경은 정말 경쟁력 있는 자산이다. 말하기, 좀 더 자세하게 말하면 설득하기와 발표의 기술이다. 소통능력이 중요한 이 시대의 화술과 유머감각이 들어갈 것이다. 글쓰기는 논리력과 정확한 나를 표현하는 핵심이다. 학생들의 다양한 국제적 경쟁력, 문화적 경쟁력, 신체적 · 지적, 예능과 타고난 다양성을 논리적으로 진술할 수 있다.

## 건국대학교

건국대 입시에서는 수험생의 모집단위에 대한 열정을 가장 중점적으로 본다. 2009학년도 입학사정관전형자기추천전형으로 15명을 선발했던 건국대는 2010학년도에 60명으로 선발인원을 대폭 늘렸다. 그 이유는 모집단위에 대한 열정과 준비가 훌륭했던, 다시 말해서 뽑고 싶었던 인재들이 많았는데 다 뽑지 못한 아쉬움 때문이다. 건국대 입학생 중 수능 성적으로 대학에 진학한 학생들의 경우 점수에 맞추어 진학하는 경우가 많고, 대학 입학 후에도 적응력이나 대학 생활 만족도에서 떨어지는 경우가 많았다. 또한 대학 입학 후 고시 공부 등으로 모집단위와 무관하게 움직이는 학생들이 있어, 전공교수들의 눈에 어긋나는 경우들도 많았다. 이런 이유 등으로 모집단위에 대한 열정과 그 준비가 뛰어난 인재들을 대학, 특히 전공교수들은 높게 평가하는 경향이 있다. 이러한 대학의 필요로 인해 건국대에서는 자기추천전형에서 1박 2일 합숙면접을 실시해, 지원자들의 숨겨진 학구열과 품성 등을 철저히 검증하고 있다.

## 경북대학교

경북대는 학생의 독서 경험을 중시한다. 이 학교는 2012년 리더십우수자전형과 이웃사랑전형에 입학사정관제를 도입하면서 학생들의 독서활동에 대해 자세히 평가했다. 대학 입학 전 어떤 책을 읽었는지, 어느 정도로 이해했는지를 물어 학생의 관심사와 적성을 파악한 것이다.

## 입학사정관들이 중요시하는 사항
### —학업성적과 열정, 창의성 중시

학생부종합전형에서 입학사정관들이 우선순위로 꼽는 것은 '학업성적과 열정, 창의성'이다. 입학사정관들은 주어진 자료와 면담을 통해 해당 학생이 '얼마나 주어진 자기 환경에서 열심히 생활했는가'에 초점을 두고 학생들을 평가한다.

대학들의 학생부종합전형 평가기준은 제각각이지만 모든 대학들이 이 전형을 통해서 보고자 하는 것은 학생들의 품성과 학업성취를 향한 열정이다.

성균관대의 입학담당자는 성대의 학생부종합전형 평가기준에 대해 "학생부종합전형은 공부 못하는 학생을 선발하려는 것이 아니다. 특별한 조건과 경험이 있어야 하는 것은 아니지만 학업에 대한 열의는 기본이며 올바른 품성과 리더십, 자기주도성을 보여주는 것이 가장 중요하다."고 나름의 인성평가 기준을 밝혔다.

고려대의 한 입학사정관도 "힘든 환경을 극복한 학생들의 미래 발전 가능성과 지도자로서의 성장 가능성을 살펴본다."고 말해 수험생의 미래 발전 가능성이 주요한 평가요인임을 분명히 했다.

한양대의 책임입학사정관도 "어려운 환경과 상황 속에서도 특별한 성취를 보이거나 장애를 극복한 학생, 자신의 잠재적 능력을 개발하고 선행을 계속한 학생을 뽑을 것"이라고 밝혔다.

건국대의 책임입학사정관은 "자신이 가진 재능과 관심을 미루거나 포기하지 않고 오히려 자신이 할 수 있는 것을 적극적으로 찾아 나서는 학생이 필요하다."면서 "가지고 있는 열정과 포부를 학교 공부 속에서 매몰시키는 것이 아니고 오히려 학교생활 속에서 꽃 피울 수 있는 적극성과 용기를 가진 학생을 선발할 계획"이라고 말했다.

> 건국대학교 이과대학 합격자 K군. 수년간 어머니가 투병 중(장애등급 有)이며 아버지는 일용직으로 근무하고 계심. 어머니의 영향으로 화학과에 진학을 결심하였음. 앞으로 약학전문대학원에 진학하여 신약 개발 등의 연구를 하고자 함. 열악한 환경 속에서 고등학교 내에서의 활동을 충실히 하고, EBS 등을 시청하면서 자기주도적 학습을 통해 스스로 성적을 관리함. 3년간 학급 임원으로 활동하였으며 한국과학교육단체 총연합회에서 주최한 과학 관련 대회 또는 캠프 등에 참가하는 등 모집단위와 관련된 활동도 꾸준하게 해옴.

이과대학에 합격한 K군의 사례는 건국대의 학생부종합전형 기준이 어디에 있는지를 여실히 입증하고 있다. 곧 어려운 환경 속에서도 학교 활동에 충실히 임한 K군의 성실성이 합격의 비결이었던 셈이다.

결론적으로 대학에서 학생들에게서 보고자 하는 것들은 학교생활에서의 학업성취과정과 잠재적 능력을 각종 서류와 면접들을 통해서 충분히 검증해 보겠다는 것이다. 그리고 이 평가의 바탕에서 올바른 인성--성실성, 대인관계, 공동체 속에서의 배려와 준법성 등--을 갖춘 인재를 가려뽑겠다는 것의 다른 표현일 뿐이다.

## 개인의 인성잠재능력을 평가하는 서류들
### —자기소개서, 추천서, 학업계획서

**자기소개서**

학생부종합전형에서 제출하는 자기소개서에는 자신의 일을 소상히 소개하며 자신의 개인적 특성과 능력을 솔직하게 피력하여야 한다. 다른 사람이 대신 소개서를 써주거나 글을 다듬어 준 것은 평가과정에서 바로 알 수 있으며 투박하고 매끄럽지 못한 글이라도 자신이 직접 써야 한다.

입학사정관은 열악한 교육 환경시골 농촌에 놓여 학교 수준이 낮더라도 두드러지는 교과외활동을 한 학생을 발굴하고자 한다. 이런 학생이 좋은 환경이 제공되면 더 높은 성취도를 보여 줄 것이라는 믿음 때문이다. 어려운 환경에서 나름대로 노력한 학생은 자생력이 있어 잠재력이 크다고 평가한다. 예를 들어 월미도 섬 소녀가 호텔리어가 되기 위해 준비했던 과정과 전 세계 호텔에 편지를 다 보냈다는 사실을 높이 평가하여 하버드에서 입학을 허가했다. 이 학생이 서울대에 지원했지만, 당시 뽑고 싶은 간절한 생각에도 불구하고, 선발기준이 마련되어 있지 않아 놓친 것을 후회하였다고 한다. 이런 점이 학생부종합전형 도입의 필요성이며 자기소개서는 자신만의 독특한 특성과 능력, 경험과 체험, 장래 비전을 위해 기울인 노력과 과정을 솔직하게 기술해야 한다. 대학은 지원자가 경험적 사실로부터 터득한 자신의 가치관과 사회현상을 보는 안목을 중요하게 읽는다.

### 천편일률적인 자기소개서

저는 고등학교 기간 동안 내신성적을 잘 받았습니다. 국영수 모두 1등급을 받았으며 교내 독서감상문대회와 수학경시대회에서 각각 금상과 은상을 수상한 경험이 있습니다. 학교에서는 수학경시반활동을 하고 있습니다. 2학년 때부터 해왔고 친구들 6명이 수학선생님과 함께 공부하고 있습니다.

### 학업성취과정이 들어간 자기소개서

저는 1학년 때부터 학교 공부에 전념해 왔습니다. 학교 선생님들께서 가르쳐주시는 내용이 모두 공부에 기본이라고 생각하여 수업시간에 졸지 않고 들으려고 노력했고, 예습보다는 공부에 많은 시간을 할애해 왔습니다. 학교 공부와 더불어 독서는 저의 생활에 빼놓을 수 없는 부분입니다. 독서를 통해 저는 수업시간에 부족했던 부분을 채울 수 있었습니다. 고등학교 때 가장 기억에 남는 책은 황석영 님의 《오래된 정원》이라는 소설이었습니다. 원래 영화 제목을 보고 관심을 가지게 되었지만, 읽는 내내 단순히 남녀 간의 사랑의 문제가 아니라는 점이 특별하게 다가왔습니다. 역사는 단절된 것이 아니라 계속 이어지고 있으며, 이 시대를 살고 있는 저도 그 영향에서 벗어날 수 없다는 사실을 느끼게 해준 책이었습니다. 그 후 독서감상문대회에서 이 책을 주제로 쓴 글이 금상을 수상하기도 했습니다.

저는 과목 중에서 수학을 가장 좋아합니다. 그래서 2학년 때부터 친구들 6명이 수학경시반을 만들어 활동하고 있습니다. 3학년 때 부장으로 활동하기도 했는데, 주제를 정해 매주 토요일 오후에 모여서 토론도 하고 문제를 풀기도 하였습니다. 수학 가운데 미적분은 어려우면서도 수학적 사고가 여러 방면에 응용된다는 것을 배우게 해주었습니다. 이 수학경시반활동은 문제풀이보다는 수학의 원리와 기본 개념을 스스로 이해하는데 도움이 되었으며, 토론과 다양한 독서에 매진했던 노력이 교내 수학경시대회 은상으로 이어졌습니다.

### 상투적 자기소개서

2학년 학급부반장: 저는 리더십과 봉사정신이 우수합니다. 이러한 점을 인정받아 2학년 부반장에 선출되었습니다. 저는 매사에 열심히 한 결과 반장보다 더 나은 부반장이라는 말을 들을 수 있었습니다.

### 남과 다른 나를 부각시킨 자기소개서

2학년 처음 부반장에 선출되었을 때 제가 할 수 있는 일은 무엇일까 고민하였습니다. 사실 반장이 되지 못했다는 점이 서운하기도 하였지만, 반장을 도와서 학급 친구들에게 도움이 되는 역할을 하기로 결정하였습니다. 학급 친구들끼리 '하루 한 번 칭찬하기'를 시도하였습니다. 최초 계획과는 다소 다르게 되었지만, 친구들 사이에 우정을 쌓는 데 많은 기여을 하였다고 생각합니다. 조그만 생각의 차이가 매우 다른 결과를 낳을 수 있다는 점에서 많은 것을 느끼는 계기가 되었습니다. 1학년 도덕 시간에는 그룹프로젝트로 여성의 사회 참여와 육아에 대한 주제로 탐구활동을 하게 되었습니다. 6명의 조원과 함께 지역 어린이집과 여성단체를 방문하고 인터뷰하여 정리하는 과정에서 초기에는 조원들의 참여가 저조하여 어려움을 겪기도 하였습니다. 그때 저는 각 조원의 역할 분담과 진행 일정을 세분화하여 성공적인 프로젝트 결과를 이끌어 낼 수 있었습니다. 그 결과 우리 반에서 최우수 조가 되었을 때 큰 기쁨을 맛보기도 했습니다.

### 추천서

학생부종합전형에서는 추천서를 쓰는 지도교사의 판단을 중시한다. 추천인은 적어도 추천하는 학생에 대하여 소상히 알고 있어야 하기에 학생의 입학부터 현재까지 학교생활 전반을 파악하고 있어야 한다. 추천서는 학생부에 드러나지 않는 개인적 특성학생의 능력, 개성을 중심으로 써주면 좋다. 사회적 지도자가 되기 위한 자질이나 소양, 어떤 덕목을 가진 학생인가 하는 인간성, 어떠한 어려움을 극복했는가?생각의 획기적 변화를 일으킨 계기가 무엇인가?, 교과외 활동portfolio:자신의 이력이나 경력 또는 실력 등을 알아볼 수 있도록 자신이 과거에 만든 작품이나 관련내용 등을 모은 자료철, 작품집, 실기와 관련된 경력증명서, 잠재적 가능성, 리더십 등을 기술하고 부각시키는 것이 좋다. 학생에 대한 정보를 정확하고 많이 제공해야 하며 추천서는 고등학교와 대학과의 신뢰도 구축의 기초가 된다. 칭찬 일색으로 근거 없는 내용이나 비슷한 내용으로 추천서를 작성하면 해당 학생의 개인적 특성을 전혀 알 수 없으며 1단계 서류평가과정에서 관심을 받지 못한다.

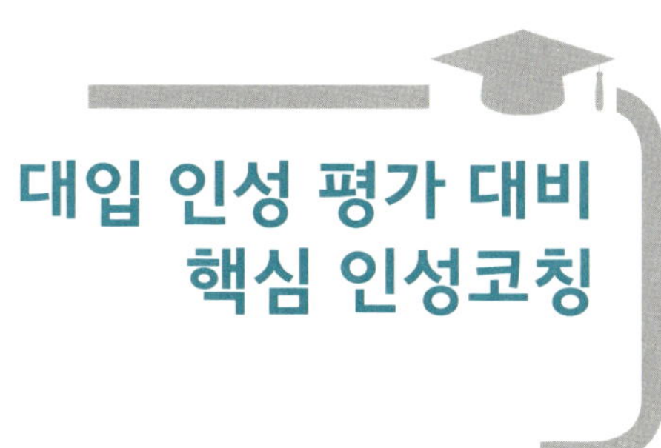

# 대입 인성 평가 대비
# 핵심 인성코칭

**핵심 인성코칭 1 :**

## 자신감을 키워라

자신감이란 내가 어떤 일을 성공적으로 해낼 수 있다는 확신이다. 새로운 일에 도전하거나 목표를 계획하고 그것을 추진할 때 자신감은 성공 여부에 큰 영향을 미친다. 자신감이 충만하면 안 될 일도 되게 할 수 있지만 자신감이 없으면 그 반대인 것이다.

자신감은 대인관계에서도 중요하다. 남들이 뭐라고 하는 것에 지나치게 연연해 하기보다는 내 식대로 행동하는 것이 좋다. 누군가와 대립하게 되더라도 자신감이 충만해야 자기의 의사를 분명하게 밝힐 수 있고, 문제를 해결해나갈 수 있다.

성균관대 자연과학계열에 합격한 L학생은 5살이 되던 해에 부모님의 이혼으로 조부모님 손에서 자랐다. 그러나 조손가정이라는 핸디캡에도 불구하고 늘 당당함을 잃지 않았다. 늘 자신감이 없었던 초등학교 시절, 이를 극복하기 위해 시작한 간부활동은 초, 중, 고교 내내 반장과 부반장의 자리를 내놓지 않고 계속 할 수 있었던 계기가 되었다. 고등학교 2학년 때에는 학급반장과 학교 내 국악관현악단 15기 부단장을 동시에 역임했는데, 이처럼 학창시절 내내 일관성 있게 유지해온 '리더십'활동 내역을 자기소개서에 충실히 기록하였다.

고등학교 3학년 때 지원자는 장기기증 신청과 더불어 사랑의 장기기증 운동본부와 만성신부전 요양원을 후원하기도 하였다. 1학년 때부터 계속해오던 1급 장애인 요양소 봉사활동도 쉬지 않았으며, 성적 관리도 철저해 고등학교 3년을 통틀어 그해 1학기 성적이 가장 좋았다. 담임선생님은 불우한 환경 속에서도 다방면에서 두각을 드러낸 자원자를 '대한민국 인재상' 후보로까지 추천해주었다.

1차 서류 통과 이후 지원자는 수학의 주요 정의와 공식들을 큰 소리로 암기하거나, 수학선생님 앞에서 직접 판서하며 문제를 푸는 등 본격적인 수리면접 준비에 돌입하였다. 수리면접은 만족스럽지 않았지만, 면접관들 앞에서 소신껏 자신의 주관과 생각을 말할 수 있었다. 최종 합격 발표를 기다리던 L지원자는 뜻밖의 좋은 소식을 전해 듣게 된다. 바로 열악한 환경을 극복하고 우수한 성적을 거둔 학생들에게 대통령이 직접 수여하는 '대한민국 인재상'을 수상하게 된 것이다. 수상자 선정 다음날, 지원자는 마침내 성균관대로부터 최종 합격 통보를 받을 수 있었다.

부모의 양육형태에 따라 아이들의 자신감은 커지기도 하고 작아지기도 한다. 그런데 어릴 때부터 자신감이 부족하면 어른이 되어서도 자기표현을 쉽게 하지 못한다. 또 다른 사람에게 이용당하기도 쉬워 자신의 권리조차 지키지 못하는 등의 불상사가 일어날 수 있다. 따라서 아이를 교육한답시고 무조건 누르기만 하는 것은 옳지 못하다.

반대로 자신감이 너무 강하기만 해도 곤란하다. 자신감이 너무 강한 사람은 순진하지만 주위에 대한 배려가 없는 행동을 종종 한다. 그러다 보니 다른 사람과의 충돌을 일으키고 결국 친구를 만들기보다 적을 만든다. 독단적으로 자기주장만을 강하게 펼치거나 자랑하는 것을 좋아하는 사람, 완고한 사람들의 특징이다. 그러나 이런 자신감은 시간이 지난 후에 많은 후회를 낳을 수밖에 없다. 약점은 약점으로 인정하는 것도 매우 중요한데, 자신감이 지나치게 큰 사람의 단점은 바로 약점을 인정하지 않는다는 것이다.

**자신을 다른 사람과 비교하지 마라.**

—비교를 계속하다 보면 자신에 대한 열등감을 느낄 수 있다.

**모르는 것을 아는 척하지 말고 약점은 약점으로 인정하라.**

—나중에 들키면 더 큰 화를 당하게 된다.

**지나치게 강한 야심은 내려놓아라.**

—야심이 강하면 자신감이 없어질 수도 있다.

**어려운 일일수록 처음부터 된다고 생각하고 시도하라.**

—애초에 안 된다고 생각해서는 시도도 할 수 없다.

남이 잘하는 일은 나도 똑같이 잘해야 한다는 생각 자체를 버려라.

—나에게는 내가 할 수 있는 일이 따로 있다.

## 핵심 인성코칭 2 :
## 낙천적인 사람이 되어라

자신이 평소에 낙천적으로 생각하는지, 아니면 비관적으로 생각하는지 냉정하게 들여다보라. 이는 세상 살아가는 방식에 많은 영향을 미치기 때문에 중요하다. 인성코칭에서 가장 중요한 것 중 하나가 바로 낙천적인 성격을 길러주는 것이다. 한번 비관적이 되면 쉽게 낙천적으로 바꿀 수 없다. 따라서 가능한 한 어릴 때 부모의 긍정적인 양육태도를 통해 기본적인 낙천적 인성의 틀을 잡아주어야 사물을 내다보는 관점 자체가 긍정적일 수 있다.

사람이 어떤 것을 믿게 되었을 때 그 마음과 몸이 스스로 반응하여 믿음을 주는 좋은 방향으로 개선되어진다는 말이 있다. 바로 '위약효과'다. 위약이란 심리적 효과를 얻기 위해 환자가 의학이나 치료법으로 받아들이지만 치료에는 전혀 도움이 되지 않는 가짜 약제를 말한다. 영어로는 'placebo'라고 한다. 따라서 위약효과란 의사가 환자에게 가짜 약을 투여하면서 진짜 약이라고 하면 환자는 좋아질 것으로 믿게 되고, 그 결과 병이 낫는 현상을 말한다. 어려운 상황이라도 낙천적인 태도를 보이면 긍정적인 효과가 나타난다는 것이다.

반면 비관적인 태도로 생각하면 부정적이고 비관적인 결과를 불러일으킨다. 비관적인 눈으로 사물과 자신을 들여다보기 시작하면 끝없이 부정적으로 생각하게 된다. '나는 운이 나쁜 사람'이라고 생각하면 항상 운이 없는 일만 생겨날 수밖에 없으며, '나쁜 인간'이라고 생각하면 그것이 원인이 되어 병이나 불행을 초래하는 것이다. 어떤 사람은 자신의 장래희망이나 비전을 매일 노트에 15번씩 쓰면서 큰소리로 외쳤더니 수년 후에 노트에 기록한 대로 꿈이 현실로 이루어졌다고 했다.

그러면 무엇이 원인이 되어 누구는 낙천적인 사람이 되고 누구는 비관적인 사람이 되는 것일까? 심리학자들의 공통적인 의견은 유년기 부모의 양육방법과 태도에 따라 결정된다는 것이다. 비판적이고 비관적인 부모 밑에서 자란 아이는 대체로 비관적인 생각과 행동을 하게 된다. 그러나 긍정적이고 낙천적인 생각과 행동으로 삶을 살아온 부모 밑에서 자란 아이는 희망찬 태도를 갖고 적극적이고 긍정적이며 미래지향적인 행동을 한다.

M대학에 합격했던 P학생이 가장 기억에 남는다. 일반전형으로는 그 대학에 갈 수 없었던 학생이었다. 특별전형을 잘 활용하여 정말 학생부 성적에 비해 몇 단계 높게 대학에 합격했다. 그 학생의 경우 처음 시작부터 입시 정보를 얻기 위해 정말 많이 노력하고 찾아보고, 찾아보다가 좋은 정보를 찾거나 자신에게 맞는 전형인지 뛰어 내려와서 물어보았다. 나를 연구하게 하고 공부하게 만드는 몇 명의 학생 중 하나였다. 잘 파악이 안 되고 이해가 안 되는 부분이나 유리한 전형을 알려주

기 위해서 지원하고자 하는 대학 입학처의 상담하시는 분들을 붙들고 늘어졌다. 그 힌트를 가지고 작년 데이터를 분석하면서 방향을 찾아나갔다. 결국 그 학생은 뒤지고 뒤져서 정말 자신에게 유리한 전형을 찾아내었고, 결국 학생부에 비해 갈 수 없었던 대학에 합격할 수 있었다. 정보를 잘 찾고 또 찾고 노력하면 때로는 기대보다 더 좋은 결과를 얻을 수 있다는 것을 알게 한 사례였다.

이 사례는 서울 용산구 원효로 소재 S여고에서 고 3 담임을 맡아 32명의 수험생 중 28명을 서울 소재 대학교에 합격시킨 조00 선생님의 사례 중 하나이다. M대학에 합격한 P학생이 부족한 성적을 만회하고 대학에 합격할 수 있었던 중요한 마인드가 바로 무한 낙천적 성격에 기인한 치밀한 정보 검색과 대학 입학처에 무모하다 싶을 정도로 유익한 정보를 찾기 위해 노력한 결과였다.

P양처럼 낙천적인 성격을 키운 학생은 자신의 처지를 유익한 국면으로 활용할 줄 아는 지혜로운 처신을 잘하는 사람으로 성장해 원하는 성과를 이룰 수 있는 것이다.

환경은 생각의 지배를 받을 수밖에 없다. 낙천적인 사람은 무의식중에 자신의 힘과 능력을 가장 효율적으로 사용하지만, 비관적인 사람은 의심이 많고 자신감이 부족해서 항상 주저하며 자신의 능력을 대담하게 사용할 기회를 잡지 못할 뿐만 아니라 행동한 후에도 항상 후회를 하곤 한다. 이런 행동의 습관은 실패를 자처할 수밖에 없다.

실패한다고 생각하면 할수록 그만큼 실패할 확률도 높아진다. 하지만 성공한다고 생각하면 그 이상으로 성공할 확률도 높아진다는 것을 명심하라.

—유쾌하지 못한 일이 있어도 그 안에서 플러스가 되는 것을 찾도록 노력하라.

—가능한 한 낙천적인 사람을 만나서 그들의 행동을 관찰하고 배워라.

—자신이 안고 있는 문제를 너무 깊게 생각하지 말고 괴로워하지 마라. 대신 그 시간에 성공을 위해 모든 정열을 쏟아라.

—상황이 어떤가에 관계없이 가장 좋은 태도를 보이는 것이 무엇인지 파악하라.

—성공은 낙천적인 태도 덕분이라는 것을 기억하라.

**핵심 인성코칭 3 :**

## 정신적으로 자립하라

모든 사람의 마음속에는 남녀노소를 불문하고 자립에 대한 목표가 있다. 그러나 일상생활에서 그것을 실현한다는 것은 여간 어려운 일이 아니다. 자립한다는 자체가 성공의 길로 들어선 것이나 다름없다고 해도 과언이 아니다.

자립은 다른 사람의 의견에 속박되거나 노예가 되는 것이 아니라 어떤 규칙이나 제제에도 끄떡없이 일상생활을 한다. 그렇게 살 수 있다면 골치 아픈 일들이 모두 사라지고, 그로 인해 더욱 편안한 삶을 누릴 수 있을 것이다. 더 이상 남을 위한 인생도 아니요, 누구를 위해 대신 살아주는 그런 삶도 아니다. 나만을 위한 인생을 살고 있다는 것을 진정으로 실감해야 한다.

서울대학교에 합격한 K양은 학교에서는 우수한 성적이었지만 교과 성적만을 기준으로 하면 합격권에 들지 못했다. 초등학교 때부터 어려운 형편이었으며, 경제활동이 가능한 어머니와 오빠 모두 지병과 사고로 인한 투병 생활을 하는 등 혼자서 공부하기에도 벅찬 입장이었다. K양이 다니는 학교는 2001년 개교 이래 서울대학교에 단 한 명의 합격자도 배출하지 못한 학교였다. 지역적인 교육여건도 열악한 편이었다. 하지만 자신에게 격려와 관심을 보여준 선생님들의 영향으로 우수한 학업성적을 보이며 성장한 K양은 선생님들의 배려에 깊은 감동을 받아 교사가 되고자 하는 강한 의지를 보여주었다.

K양은 학교의 교육 여건이 좋지는 못했으나 그러한 상황에서도 본인의 재능을 개발하기 위한 노력을 꾸준히 수행(교내 수학동아리에서 토론과 발표를 하면서 수학 실력을 향상시킴. 수학교과는 학교에서 가장 우수한 것으로 인정받고 있음)했다. 사정관들은 K양이 지원한 모집단위에 대한 적성과 소신 등을 확인할 필요가 있다고 판단하고 면접고사를 통해 서류평가 내용을 재확인한 결과 충분히 실력과 자질을 갖춘 학생이라고 평가하고 K양을 최종 합격자로 결정하였다.

가족관계, 특히 부모와 자녀와의 관계에서 정신적인 자립이 이루어지지 않으면 결혼을 하고 한 가정을 이루게 되더라도 진정으로 독립된 자립이 이루어지지 않는다. 마마보이가 그 대표적인 경우다. 결혼을 했으면 당연히 남편은 아내의 이야기를 듣고 아내는 남편의 이야기를 들으며 살아가는 것이 정상적인 가정이다. 그러나 정신적으로 자립하지 못한 남편과 아내는 육체적으로만 함께 살 뿐 정신적으로 함께 사는 것이라 할 수 없다. 결혼 전과 마찬가지로 그 모든 면에 있어서 부모의 명령이나 지시에 따를 테니 말이다. 이런 사람은 매사에 부모의 권위에 순종하고 복종함은 물론이고, 배우자의 의견보다는 부모의 판단을 중시한다. 그래서 부모의 말만 따르고 부모가 시키는 대로만 하려 한다. 당연히 부부관계는 멀어질 수밖에 없다. 즉, 정신적 자립 없는 결혼생활은 이혼으로 가는 지름길이다.

—자신이 정신적으로 의존하고 있다고 생각하는 사람을 생각해보라.

—의존관계를 끊어버릴 수 없다면 무엇 때문인지 고민해보라.

—인생을 스스로 살고 있다는 것을 실감하려면 정신적으로 자립하라.

—지금까지 나를 속박하고 있는 문제들을 떨쳐버려라.

—정신적으로 왜 자립해야 하는지를 설명하고 상대방을 설득시켜라.

**핵심 인성코칭 4 :**

## 타인의 심리나 성격에도 관심을 가져라

사람들은 자기 자신뿐만 아니라 다른 사람의 심리나 성격을 판단하는 것에 관심을 갖는다. 물론 직관적 판단력이라는 것은 나이가 들어감에 따라 보다 정확해진다. 부모가 그렇고, 어르신들이 그렇다. 사람 보는 눈이 생기는 것이다. 이 눈은 갖고 싶다고 해서 갖게 되는 것도 아니고 정확해지고 싶다고 해서 정확해지는 것도 아니다. 그저 될 수 있는 대로 많은 사람과 접하고 그들과 함께 많은 이야기를 나누며 그들을 잘 관찰해야 얻게 되는 선물이다.

얼굴의 표정이나 몸짓도 다 다르고 생각과 행동을 겉으로 드러내 보이는 것도 천차만별이다. 눈과 귀를 열고 사람들이 표현하는 여러 가지가 무엇을 의미하는지를 의식적으로 이해하려고 노력해야 뉘앙스의 미묘한 차이를 더 잘 파악할 수도 있고 상대를 이해할 수도 있다.

말을 듣는 입장에서 보면 다른 사람이 말하는 내용을 그대로 받아들이는 사람도 있고, 그 속에 감추어진 미묘한 감정이나 갈등을 먼저 알아차리는 사람도 있다. 그런데 남의 말을 있는 그대로 믿었다가는 사기를 당하거나 남에게 이용당하기 쉽다. 후자의 경우라야 위기를 모면할 수 있는 법이다. 사람들이 자신의 마음보다 상대방의 마음을 알기, 즉 독심술 같은 것에 더 많은 관심을 갖는 이유다.

말을 하는 입장에서 보면 생각을 객관적인 사실 그대로 전달하려는 사람이 있는가 하면, 진짜 본심은 숨겨둔 채 자기 살 궁리만을 위해 상대방을 이용하려는 사람도 있다. 이런 이는 사람을 상대할 때 미리 함정을 파놓기 때문에 조심성 없이 그를 믿었다가는 그 함정에 빠져들기 쉽다. 무조건 잘해주고 좋은 느낌이라고 해서 모두가 좋은 것이라 할 수 없다. 세상을 살아가는 방법도 중요하지만, 때로는 상대방이

던져놓은 미끼에 걸려 들지 않는 방법도 중요한 것이다. 스스로 좋은 인성을 가지는 것도 중요한 일이지만, 좋은 인성이나 인품을 가진 사람을 만나는 것도 말할 수 없이 중요하다.

우리는 다른 사람의 심리와 성격을 종종 잘못 판단하게 된다. 어떤 사람이 좋으면 그 사람의 긍정적인 측면만 보게 되고, 싫으면 부정적인 것들만 보게 되는 특징이 있다. 또 사람은 평소에 자기가 알고 있는 A라는 사람과 비슷한 B를 만나게 되면 B에 대해 잘 알지도 못하면서 그를 새로운 사람으로 보는 것이 아니라 '투사적 속임수'에 기인하여 'A와 비슷한 한 사람'으로 결론짓는다. 이는 모두 잘못된 판단으로 선입견에 사로잡혀서 사물을 객관적으로 판단하지 못하는 오류를 범하기 쉽다.

—처음 만나는 사람을 어떤 타입의 사람으로 보려고 하지 마라.

—처음 만나는 사람은 중립적인 입장으로 대하고 선입관을 갖지 말고 대하라.

—처음 대하는 사람에 관한 판단을 서두르지 말고 충분한 시간을 가지고 관찰하라.

—사람을 볼 때는 상대의 표정, 몸짓, 목소리, 말투에 더 많은 관심을 가져라.

—평소 알고 있던 사람과 닮은 사람이라고 잘못된 특성을 그 사람에게 투사하지 마라.

—만일 싫은 사람이 있다면 싫어하는 이유를 알기 위해 주의해서 그 사람을 살펴라.

—사람은 누구를 막론하고 서로 다른 감정과 특성을 가진 존재임을 기억하라.

**핵심 인성코칭 5 :**

## 포용력을 가져라

인성코칭의 하이라이트는 어쩌면 '내가 아닌 다른 사람을 포용'하는 포용력이 아닐까 싶다. 포용력은 가장 아름다운 지혜로서 그 사람의 인격을 대변한다. 포용력이 있고 없음은 다른 사람을 너그럽게 받아들이느냐, 받아들이지 못하느냐의 차이이다. 포용력이 있는 사람은 자신과 다른 생각, 행동, 생활 스타일, 종교, 가치관, 출신 지역, 출신 학교 등을 가진 사람과 잘 어울린다. 대단한 능력이다.

토의나 의논 과정에서 보면 "옛날에 이렇게 했으니까 지금도 이렇게 해야 한다."거나 "아빠는 옛날에 이렇게 살았으니까 너희들도 그래야만 한다."고 하는 사람도 있다. 또 자기 위주로만 말하면서 자기주장을 정당화시키거나 변론하기만 한다. 이런 이들은 다른 사람은커녕 자기 자신도 받아들이지 못하는 사람이며, 이기주의자에 옹고집쟁이에 불과하다. 우리는 아직도 경험이나 학식, 가치관, 대인관계, 경제적 능력 등을 기준으로 다른 사람과 나를 구분한다. 하지만 우리의 인생에서 포용력의 중요성은 세상을 어느 정도 살아보았다면 잘 알고 있을 것이다. 조금만 더 포용할 수 있었다면 부부간의 사랑도 달라지고, 이혼율도 그렇게 높아지지 않는다. 부모와 자녀와의 관계도 당연히 달라질 수 있고, 직장에서의 상사와 동료와의 관계에도 엄청난 변화가 찾아온다. 따라서 진정한 성공을 이루고 싶다면 지금부터라도 포용력을 갖도록 노력하라.

한양대학교 영어영문학부에 합격한 L양은 부친의 사업 실패 등 어려운 가정환경 속에서도 사교육 없이 자기주도학습을 통해 영어와 일본어 등 전공 관련 기초 학업 및 외국어교과에 우수한 학업성취도를 보였다. 교내 영어토론동아리 조직, 외국어 영화 제작, 지역 영어방송 리딩활동 등 교내활동을 바탕으로 자신의 활동영역을 자발적으로 확대해나간 것이 돋보였고, 국제시장에서 외국인들과의 접촉을 통해 살아 있는 현장 외국어 실력을 배양하는 등 적극적으로 외국어 실력 향상을 위해 노력하였다.

L양의 경우처럼 자신의 학업환경을 탓하지 않고 주어진 환경을 최대한 활용해 자신이 하고자 하는 바에 대한 열정을 구체화한 경우엔 그 밑바닥에 함께 동아리활동을 한 동료 친구들에 대한 포용과 배려가 있었다. L양이 영어토론동아리, 외국어 영화 제작, 지역 영어방송 리딩 활동 등을 활발히 할 수 있었던 데는 타인에 대한 배려와 조직을 잘 운영해 내는 포용력이 그 기반이 되었음은 말할 것도 없다.

어떤 사람은 개방적이면서 포용력이 있기도 하고, 또 어떤 사람은 자신은 물론 다른 사람의 작은 실수도 용납하지 못할 만큼 포용력이 부족하다. 그런데 우리는 대담하면서도 포용력이 있는 사람을 부러워하고 좋아한다. 대부분의 여성이 포용력이 넓은 남자를 결혼 대상자로 선호하는 것도 그 때문이다. 자신의 의견과 다른 이야기도 잘 들어주는 사람, 편견에 사로잡히지 않는 사람, 마음을 열어놓고 이야기할 수 있는 사람, 많은 사람들이 자신은 그러하지 못하면서도 다른 사람은 그러기를 원한다. 그러나 일단 자기 자신을 포용할 수 있을 때 다른 사람에 대한 포용력도 생긴다.

포용력이 없으면 피곤한 인생을 살 수밖에 없다. 왜 그럴까? 흑과 백의 논리밖에 전개할 줄 모르기 때문이다. 색상에는 흑백만 있는 것이 아니고 무지개의 일곱 색깔 외에도 다양한 색깔이 존재한다. 그러나 포용력이 없는 사람은 중간색에는 관심이 없다. 중간을 알게 되면 더 아름답고 더 화려한 세상을 만끽할 수 있는데 말이다. 사람이 세상을 살다 보면 흑과 백의 논리로만 설명할 수 없는 것들이 더 많다. 중간의 색에 주의를 기울이면 옳고 그름만이 아니라 하나의 것에도 옳은 점도 있고 틀린 점도 있을 수 있다는 것을 발견하게 된다.

아파트 1층에 살면 잔디밭이나 주차장밖에 보지 못한다. 하지만 고층의 펜트하우스에 살면 한강이 흘러가는 모습이나 시내 전체를 한눈에 보는 안목이 생긴다. 또 1층에서 보면 인간이 가장 위대해 보이지만, 옥상에서 내려다보면 그렇게 위대하게 여겼던 사람이 점으로밖에 보이지 않는다. 당장 눈에 보이는 모든 것이 인생의 전부가 아니라는 의미다.

**따뜻한 사랑과 정이 있는 사람은 포용력이 높다.**

—포용력이 높은 사람 주위에는 동료가 들끓게 마련이다.

**부끄러움을 당하기 전에 마음을 열어라.**

—자신의 주장만 고집해서는 안 된다.

**명대로 살고 싶다면 포용력을 가져라.**

—그래야 초조하지도, 울화통이 터지지도 않는다.

**말할 권리도 있지만 들어야 할 의무도 있다는 것을 명심하라.**

—말하는 입은 하나인 것에 반해 다른 사람의 말을 듣고 이해하는 귀는 두 개다.

**바보 같은 소리라도 들어주는 사람이 되어라.**

—들어 주지 않는 사람은 더 바보 같은 사람이다.

**포용하지 못하는 원인을 분석하라.**

—불안을 느끼거나, 내가 무능하다고 느끼기 때문에 그런 것은 아닌지 원인을 정확히 알아야만 문제를 해결할 수 있다.

# 대입 평가 항목에서의 인성 및 대인관계

인성이 합격을 좌우하는 중요한 변수로 떠올랐다. 학생부종합전형이 서서히 정착하면서 내신성적이나 수상경력 같은 것이 아닌 지원자의 인성으로 합격을 결정짓게 된다. 하지만 학교생활만으로 학생의 인성을 판단하기란 쉽지 않다. 더욱이 고3 담임의 경우 짧게는 학생을 만난 지 몇 개월 안 된 시점에서 추천서를 써야 하기 때문에 현실적으로 어려움이 많다. 이런 경우 1, 2학년 때의 담임이나 교과 담당 교사의 말을 참고하는 것도 정확한 평가를 돕는 일이 될 것이다.

인성평가는 시험이나 자치활동이 아닌 선생님의 관찰에 의해 작성된 기록을 토대로 한다. 학생부가 그만큼 중요해진 것이다. 따라서 학생부의 행동특성 및 종합의견란이 보다 세부화되고 구체화되었다. 또 담임교사에게는 학생생활 규칙 준수, 평소 생활태도 등 학교생활을 핵심 인성 요소별로 구체적으로 기재해야 하는 책무가 주어졌다. 배려, 나눔, 협력, 타인 존중, 갈등 관리, 규칙 준수 등을 인성발달 관련 특기사항에 적어야 하는데, '배려' 활동을 많이 했다면 주간 단위로 해당 활동을 얼마나 했는지까지 자세히 기재해야 한다. 하지만 아직까지는 학생부에 인성평가를 기록하는 것이 교사의 의무사항은 아니다. 따라서 교사가 인성평가에 얼마나 관심을 갖고 있는지에 따라, 그리고 어떻게 기록하는지에 따라 그 결과가 달라질 수밖에 없다. 그런데 서류전형만으로 학생에 대한 자료가 부족하다고 판단될 때는 봉사활동이나 인터뷰 등을 통한 방문조사도 이루어지므로 과장되거나 거짓된 내용으로 작성하고 면접에 임하면 엉뚱한 결과를 나을 수 있다.

## 인성 및 대인관계 7대 평가항목

최근 들어 급격하게 '학생부종합전형'이 대입의 유일무이한 대안처럼 교육관계자나 언론, 학부모들이 대단한 관심을 보이는 것은 아마도 학생부종합전형에 대한 막연한 기대 때문일 것이다. 과거 입시에서는 성적에 의한 선발이 가장 객관적이고 공정하다고 믿었고, 단 1점, 아니 0.1점에 의해 희비가 갈린 수많은 수험생들의 눈물을 뒤로 해야 했다. 그러나 학생부종합전형은 점수만이 아닌 잠재력, 소질, 특기, 교육적 환경, 리더십, 봉사정신, 희생정신, 인성, 다양한 고교의 교육과정 등을 고려하여 선발하겠다고 하니 귀가 솔깃해지는 것이다.

사실 그동안 교육현장에 근무하는 교사뿐만이 아니라 학부모나 교육관계자들은 한목소리로 다가오는 미래에 필요한 인재상은 기계적인 반복학습에 의한 점수기계가 아닌 창의력과 인성, 리더십, 희생정신을 두루 갖춘 인재가 필요하다는 생각이 암암리에 사람들 마음속에 형성되어 있었다. 그러던 차에 학생부종합전형 시행 취지와도 어느 정도 일맥상통하다고 여기게 되면서 대입의 새로운 대안으로 '학생부종합전형'이 자연스럽게 부상하게 된 것이다. 고질적인 '성적'에 의한 대학입시에 대한 불만을 가졌던 학생과 학부모에게는 현재의 능력성적이 아닌 앞으로의 발전가능성잠재력을 평가한다는 데에 대한 일말의 기대감이 작용하여 많은 궁금증에도 불구하고 호의적인 반응을 보이고 있다.

최근까지 기성세대는 좋은 대학을 가야 성공한다, 돈을 많이 벌어야 성공한다 등의 경쟁 우위 가치관을 중요시해 인성교육이 아닌 좋은 대학을 가기 위한 교육, 돈을 많이 벌 수 있는 교육에 중점을 두어 왔다. 이런 사회 풍토는 자연스럽게 자라나는 청소년들의 인성이 많이 부족해지고 이로 인한 사회문제가 빈번히 발생하는 요인이 되었다. 인성교육은 선택요소가 아니라 필수적 요소이다. 그러므로 이러한 인성교육을 위해 모두 함께 노력해야 한다. 우선, 부모가 아이에게 진정 행복한 사람이 어떤 사람인지 자신이 진짜 원하는 게 무엇인지를 가르쳐주고 더불어 살아갈 줄 아는 사람이 되도록 가르쳐야 한다. 그리고 선생님도 입시교육과 인성교육의 균형을 잘 맞추어 아이들을 가르쳐야 한다. 또한 부모님, 선생님 모두 아이가 어떤 일을 해냈을 때 관심을 갖고 칭찬하는 것이 매우 중요하다. 아이 스스로도 성인이 되었을 때

부모님과 선생님의 그늘을 벗어나 혼자 결정하고 해결하는 능력을 키우도록 학습하는 것이 중요하다.

학생부종합전형뿐만 아니라 교사 추천서 양식에도 공통적으로 인성 및 대인관계 평가 항목을 사용하는 대학이 확대되고 있다. 그동안의 성적 위주 선발에 비해 인성을 고려한 선발 방법은 국가백년대계를 위한 범국민적 패러다임의 일대 변혁이다. 그러나 이러한 입시제도를 확대 · 시행 중인 대학이 급증하고 있다는 사실에 더 많은 관심을 갖기보다 평가 항목을 눈여겨봐야 한다.

인성 및 대인관계는 모두 7개 항목에 대해 평가하며, 책임감, 성실성, 준법성, 자기주도성, 리더십, 협동심, 나눔과 배려가 그것이다. 물론 대학의 판단에 따라 문항 일부를 수정하는 것이 가능하며 대학별로, 전공특성에 맞는 인성평가 항목을 추가할 수 있다. 그렇다 하더라도 위의 7개 항목들이 가장 기본이 된다. 여기에 앞서 가는 대학일수록 자체적으로 인성평가 방법이나 기준 등을 구체적으로 세분화시키고 있고, 그 평가를 학생 선발에 있어 중요한 기준으로 삼는다. 면접 항목에는 학교생활기록부, 자기소개서, 교사추천서 등에 기재된 핵심 인성 요소를 나열하고 있다. 그런 다음 배려, 나눔, 협력, 존중, 갈등 관리, 관계지향성, 규칙준수에 대해 질문함으로써 실제로 기재된 내용을 확인한다. 각종 지원서 및 추천서의 내용 구성 자체가 인성 위주로 작성될 것에 대비하여 세부항목별 면접 방법이나 내용도 분명하게 정해져 있다. 이제부터 인성평가나 대인관계를 준비하지 않으면 결코 좋은 결과를 기대할 수 없게 된 것이다.

따라서 대학에 가기 위해서는 고등학교 입학과 동시에 학생부종합전형이 가장 큰 평가 요소로 강조하는 다음 평가 요소에 대한 철저하고 구체적인 전략과 준비가 필요하다. 인성평가 부분은 하루아침에 급조하거나 만들어질 수 있는 영역이 아니기 때문이다. 평소에 지구력을 높이는 것처럼 인성을 높이려는 부단한 노력 없이는 좋은 결과를 기대할 수 없다. 학생들의 인성을 위해 가장 신경 쓰는 부분은 예술 · 체육 분야다. 또 학생들이 주도적으로 행사를 기획 · 진행하는 등의 동아리를 운영하는 과정에서 리더십을 키우고, 배려심을 배울 수도 있다. 스포츠클럽에 참여하면 친구들과의 협동심을 기르고, 위기상황에 대처하는 방법을 배울 수도 있다.

### 핵심 인성평가 항목 1 :
## 책임감

책임감은 대체로 어릴 때부터 부모의 양육방법에 의해 형성된다. 우리 주변에는 어른이 되고 결혼한 후에도 마마보이로 살아가는 사람이 의외로 많다. 대학생이면서 수강신청을 하는 데 부모의 의견을 묻거나 아예 부모가 대신 수강신청을 해주는 경우도 있다. 스스로 선택하고 결정하고, 그리고 그 결과를 책임지는 능력, 바로 책임감이 없기 때문이다. 하지만 이는 아이의 책임이 아니라 아이를 향한 과도한 부모의 사랑이 만들어낸 결과다.

부모는 자녀에 대해 막연한 불안감을 가지고 있다. 부모 눈에는 자녀가 늘 부족해 보이고, 불완전해 보인다. 때문에 부모가 해줄 수 있는 것만큼 다 해주려 한다. 부모는 자녀 곁에 늘 있어 줄 수도, 필요할 때마다 도움을 줄 수도 없는데도 말이다. 결국 이렇게 양육된 아이는 부모의 그림자 내조에 길들여진 탓에 부모 없이는 매사가 불안하고 자기주도적인 삶을 살아갈 자신이 없다.

부모의 과잉보호는 아이의 건강한 성장을 막는다. 뭔가 미숙해 보이고 불안전해 보이더라도 몇 번의 시행착오를 거치도록, 그래서 성숙의 기회를 만들어주어야 한다. 아이가 스스로 선택하고 결정하고 책임질 줄 아는 사람으로 변화될 수 있도록 말이다. 이를 위해서는 결정의 기회를 아이에게 맡기고, 아이로 하여금 목표를 세우도록 하는 것이 효과적이다.

한편 책임감이 있는 아이에게는 일일이 공부하라고 잔소리를 할 필요가 없다. 자신의 목표를 이루기 위해, 자신의 인생을 스스로 책임지기 위해 공부 계획을 세우고, 자신과의 약속을 지키기 위해 그 계획에 따라 준비하기 때문이다. 공부에 있어서 책임감만큼 중요한 동기는 없다. 평소 학생들의 학교생활에서 자연스럽게 터득할 수 있는 책임감 강화 사례는 다음과 같다.

**—걸스카우트 활동을 하면서 보장을 맡아 그동안 배웠던 것을 보원들에게 전달하는 역할을 맡았다.**

—학급의 모든 일을 반 구성원 전체가 나누어 맡아 지정된 일의 성과에 대한 결과를 책임졌다.

—잘한 친구에게는 반 구성원 전체가 칭찬해주고 잘하지 못한 친구에게는 잘할 수 있도록 격려해 주었다.

—학교에서 받은 과제를 모두 수행하지 못하여 결과에 대해 걱정을 하고 있더라도 과제를 도와주지 않고 본인 스스로 완료할 수 있도록 한다.

—반장이나 부반장 등 교실에서의 직책을 맡아 직책을 맡은 사람으로서 해야 할 일들을 수행하게 한다.

—학교에서는 학업 목표를 정하고 목표를 달성할 수 있도록 한다.

—팀 프로젝트를 통해 본인이 맡은 부분에 대한 과제를 수행하여 팀에 도움이 될 수 있는 경험을 한다.

### 동아리활동

동아리활동 영역은 자기 평가, 학생상호 평가, 교사 관찰, 포트폴리오 등의 방법으로 평가하여 참여도, 협력도, 열성도, 특별한 활동실적 등을 구체적으로 입력한다.

| 활동 | 입력 예시 |
|---|---|
| 정규교육과정 내 동아리활동 | (영어회화반)(34시간) 영어에 관심이 많고 ~ |
| 자유학기 동아리활동 (중학교만 해당) | (방송반 : 자유학기)(17시간) 방송국 프로듀서가 되기를 꿈꾸고 있으며 ~ |

| 학교교육계획에 의한 자율동아리활동 | (로봇반 : 자율동아리) 로봇공학 관련 기본 개념 ~ |
|---|---|
| 학교교육계획 이외의 청소년단체활동 | (○○단 : 청소년단체) ○○단의 일원으로서 주말, 방학기간을 활용하여 ~ |
| 정규교육과정 내 학교스포츠클럽활동 (중학교만 해당) | (발야구반 : 학교스포츠클럽)(34시간) 팀의 분위기 메이커이자 에이스로 ~ |
| 정규교육과정 이외의 학교스포츠클럽활동 | (축구발리킥클럽 : 방과 후 학교스포츠클럽)(68시간) 클럽의 주장으로, 공격과 ~ |

— 동아리활동 영역의 특기사항은 [학생생활]-[창의적체험활동]-[동아리활동부서별기록]의 '동아리활동 학교생활기록부 반영기록'에서 입력하며, 방과 후 학교스포츠클럽(정규교육과정 이외 학교 스포츠클럽) 활동의 특기사항은 [학생생활]-[학교스포츠클럽관리]-[학교스포츠클럽 학생부자료 기록]에서 입력한다.

— 동아리활동의 유형을 구분하는 ': 자유학기', ': 자율동아리', ': 청소년단체', ': 학교스포츠클럽', '방과 후 학교스포츠클럽'과 두 번째부터 입력하는 동아리활동 부서명은 직접 입력한다.

**핵심 인성평가 항목 2 :**

## 성실성

칸트는 성실을 인간 성격의 기본적 특질이자 본질이라고 했다. 그런데 우리의 학교에서는 성실성이 비교적 단순한 방법으로 평가되고 있다. 출석만 잘하면 성실한 학생으로, 결석이나 조퇴가 많으면 성실성에 문제가 있는 것으로 보는 것도 그중 하나다. 그러다 보니 개근상이 중요할 수밖에 없었다. 열이 40도를 오르내리는 아이를 업어서라도 학교에 보냈던 이유가 바로 여기에 있다.

직장에서도 성실성은 가장 높게 평가하는 항목으로 상사들은 이유에 관계없이 부하직원이 일단 결근을 하면 인사고과를 떠나 자기 할 일을 하지 못한다는 인식을 갖고 있다. 그만큼 조직생활이나 사회생활에서 성실성이 중요하다는 의미이다.

일반적으로 성실성에는 부지런하고 한결같다는 의미가 포함되어 있다. 하지만 더 중요한 것은 속임이나 거짓이 없는 양심적인 상태다. 출석도 잘하고 성적도 좋다고 하더라도 시험 때마다 커닝을 했다면 결코 성실하다고 할 수 없는 것이다. 또 남이 보는 데서는 착한 학생이었다가, 남이 보지 않는 데서는 친구들의 돈을 뺏고 폭력을 휘두른다면 역시 성실한 사람이라고 할 수 없는 위선적인 학생이라고 밖에 평가할 수 없는 것이다. 남들에게 거짓말을 일삼는 것 역시 성실하지 못한 것이다. 평소 학생들의 학교생활에서 자연스럽게 터득할 수 있는 성실성을 강화하는 사례는 다음과 같다.

—초등학교 6년, 중학교 3년 동안 개근하였다.

—학급 일에 솔선수범하여 성실어린이 상을 받았다.

—평소 남을 속이지 않고 솔직하게 말하는 연습을 했다.

—부지런하게 생활할 수 있도록 체계적인 시간을 활용했다.

—규칙적으로 수행하야 하는 과제를 설정해주고 그것을 스스로 기록할 수 있게 한다.

—규칙적인 생활 계획에 맞추어 아이가 학교나 학원엘 성실하게 다닐 수 있도록 하라.

—학습 계획표를 세워 그에 맞게 과제를 수행할 수 있게 하라.

—본인이 좋아하고 하고 싶어 하는 일을 꾸준히 할 수 있도록 하라.

—본인 스스로 성실하게 생활할 수 있도록 다이어리나 플래너를 사용하여 본인이 해야 할 일을 체크한다.

인하대 기계공학부에 합격한 A양은 농촌의 소규모 초등학교를 다니면서도 유난히 비행기나 로켓처럼 '하늘에서 나는 것'에 관심이 많았다. A양은 고등학교 입학 후 과학동아리에 가입하게 되면서 자신의 관심과 재능을 펼쳐나갔다. A양은 교내 발명반을 통해 매년 2회 정도 팀별 과학탐구 발표활동을 수행하는 가운데 교내의 과학경진대회, 과학독후감대회, 과학탐구토론대회 등에서 우수한 성적을 거두었으며, 이러한 경험을 바탕으로 전국학생천체관측대회에서는 교육과학기술부장관상(대상)을 수상하기도 하는 등 두각을 나타내었다. 이러한 과학에 관한 관심은 봉사활동으로도 이어져 서울과학축전행사, 대한민국별축제, 천체관측대회 등 각종 과학 관련 행사와 국립과천과학관에서 지속적으로 도우미활동을 했다. 또한 교과성적도 상위권을 유지함으로써, 학생부우수자전형의 평가요소를 모두 충족시키는 학생으로 평가받았다. 앞으로 항공우주산업 발전에 이바지하고 싶다는 A양은 자신의 진로목표를 향해 성실하고 꾸준하게 노력하고 있다는 점에서 잠재가능성이 있다고 판단하여 최종합격의 영광을 안을 수 있었다.

농촌의 소규모 초등학교에서 변변한 학습조차 별로 받은 일이 없었던 A양이 뛰어난 교내외활동을 할 수 있었던 요인은 바로 자신이 관심을 가졌던 분야에 대해 꾸준히 한우물을 파는 성실성이었다. 고교 과학동아리에서 성실함과 뛰어난 실력을 바탕으로 꾸준히 각종 대회에 참석하며 소위 비교과 스펙을 하나둘 쌓았던 A양의 저력이 입학사정관들의 주목을 받기에 충분했던 점. 이 점이 바로 A양을 최종합격의 영광으로 만든 요인이었다.

성실한 사람에게는 거짓이 없고, 남이 보든 안 보든 행동이 한결같다. 거짓은 거짓으로 나에게 되돌아오는 법이다.

**핵심 인성평가 항목 3 :**

## 준법성

준법성은 말 그대로 규칙을 잘 지키는 것을 말한다. 집단생활에서 준법성은 매우 중요하다. 사람이 모이는 곳에는 정도의 차이는 있지만 반드시 규칙이 존재한다. 국가의 법, 회사의 사칙, 학교의 학칙이 그것들이다. 그중 학교에서는 학교선도위원회나 학교폭력대책위원회가 준법의 여부를 판단하고, 그에 상응하는 상벌을 수여하는 역할을 담당하고 있다. 최근에는 학생들의 인권침해 소지가 교사의 신체적 폭력이나 언어폭력을 비롯한 과격한 인격모독 행위에 있다며 이 역시 관리 대상이다. 따라서 벌점 점수제를 도입하고 어떤 일정 수준 이상의 경고에도 불구하고 지속적으로 문제가 발생했을 때는 이를 가차 없이 학교폭력대책위원회에 상정하거나 자체 징계위원회를 소집하여 그에 상응하는 처분을 내린다.

준법성이 새삼 중요하게 떠오른 데는 학생들의 학교폭력이 늘어났기 때문이다. 2012년 학교폭력사범 구속자가 333명으로 2011년에 비해 세 배 이상 늘어난 것이 그 증거다. 전체 학교폭력사범 중 구속자 비율도 2011년 0.5%에서 2012년에는 1.4%로 급증했다. 그만큼 폭력의 강도가 강해졌다는 의미다.

한편 모 대학교에서는 입학사정관제로 2012년에 입학했던 '봉사왕' A씨의 합격을 전격 취소한 일이 있었다. A씨가 고2 때 지적장애 여중생 10여 명과 집단으로 성폭행했다는 사실이 드러났기 때문이었다. A씨의 고교 담임교사가 이 같은 사실을 알고도 추천서를 통해 봉사왕으로 둔갑시켜 버린 탓이었다. 대학 측은 '집단 성범죄 가해 전력을 은폐하고 추천 교사의 허위 추천서를 제출함으로써 입학전형의 공정성을 해하는 부정행위를 저질렀다'며 입학을 취소한다고 밝혔다. 양심을 속이고 위법 사실을 밝히지 않는 이에게 엄중 단호하게 조치한 것은 당연한 일이라 하겠다.

학교 홈페이지에 들어가면 학칙에 관한 자료를 얻을 수 있다. 여기에는 학생이 규정을 위반했을 때 어떤 처벌을 받게 되는지, 그리고 규정의 항목들이 무엇인지에 관해 상세히 설명하고 있다. 그런데 학교의 학칙에 대해 살펴보는 부모가 얼마나 될까? 대부분 '우리 아이는 학교 학칙에 위배되는 일을 하거나 어떤 사고나 문제를 일으키는 아이가 아니다'라는 생각을 가지고 있기 때문에 굳이 학칙에 관심을 갖지 않는다. 하지만 학교에서 일어나는 모든 문제는 '내 아이만큼은 그럴 리가 없다'는 부모의 잘못된 생각에서 비롯된다. 심지어 자기 아이가 가해자인데도 "아이들끼리 싸울 수도 있지 그게 뭐 대수냐"며 오히려 큰소리치는 부모도 있다.

학칙뿐만 아니라 우리를 둘러싼 모든 규칙에 위배되는 일이 없도록 하기 위해서는 무엇이 잘못인지 부모가 정확하게 알고 있어야 한다. 자신은 시시때때로 가족에게 신체적 · 언어적 폭력을 행사하면서 아이에게는 그러지 말라고 해봤자 아무 소용이 없다. 무엇보다도 부모가 모범이 되어야 한다. 평소 학생들의 학교생활에서 자연스럽게 터득할 수 있는 준법성 강화 사례는 다음과 같다.

—도덕과 법을 배우며 무엇이 옳고 그른 일인지를 알아간다.

—친구들 간에 각자 다른 점을 인정하게 하여 모두가 어울릴 수 있도록 환경 변화를 시도한다.

—규칙에 대한 인식을 키워주기 위해 아이가 원한다고 해서 다 해줄 것이 아니라 규칙을 정하고 그 규칙에 맞추어 행동하라.

—부모와 한 약속을 꼭 지키게 하고 부모 역시 아이와 정한 약속은 꼭 지키도록 한다.

—스스로의 책임이 더욱 중요해지는 고등 · 대학과정에서는 가정뿐만 아니라 사회 규칙에 맞게 행동하라.

—자신과의 약속을 지켜나가는 연습을 통해 사회에서 약속도 지킬 수 있는 능력을 키워라.

## 핵심 인성평가 항목 4 :
## 자기주도성

자기주도성이란 자기가 혼자 무엇을 독단적으로 시작해서 고집스럽게 끌고 가려 하는 행위에 대한 이야기가 아니다. 상황에 따라서는 '누군가와 상호적으로 이끌어가는 능력'이기도 한 것이다. 어릴 때부터 자기 스스로가 무엇도 시도해보지 못한 아이들에게 자율성이나 자기주도성을 바라는 것은 힘든 일이다. 취학 전 아이들이 경험하는 세계는 취학 후 학습능력과 밀접한 관련이 있다. 또 성인이 되어서도 마찬가지로 상당한 영향력을 행사한다. 특히 자기주도성은 학습결과에 결정적인 역할을 하기 때문에 중요하다.

그렇다면 자기주도성은 어떻게 형성되는 것일까? 일단 부모가 가장 큰 역할을 한다. 대부분의 부모들은 아이가 놀이를 할 때도, 책을 읽을 때도 아이 스스로 해내는 것을 천천히 기다리지 못한다. 블록을 쌓을 때도 대신 해주고, 마치 아이가 해낸 것처럼 호들갑을 떤다. 실제로 아이는 제 손으로 한 것이 아닌데도 칭찬을 받는 셈이 된다. 이런 상황에서 스스로 해야 한다는 생각을 갖기는 어렵다. 중요한 것은 기다려주는 것이다. 그 인내의 끝에서 얻을 수 있는 것이 바로 자기주도성이다.

학교에서 얼마나 능동적으로 학교활동에 참여했는가를 알 수 있는 자료들은 많다. 시험성적, 동아리활동, 방과 후 학습, 각종 대회 수상 경력 등……. 물론 부모의 강요에 의한 것도 있다. 그렇다 하더라도 중학생 때까지일 뿐이다. 고등학생이 되면 부모가 자녀의 모든 것을 통제하기 어렵다. 종국에는 자기주도성에 의해 결정된다.

중앙대학교 다빈치형인재전형을 통해 정경계열에 합격한 Y군은 국제기구에서 활동하겠다는 구체적인 계획을 가지고 정치, 경제, 사회과학 분야의 독서를 꾸준히 해왔으며, 그 결과 국제사회 전반에 대한 이해 수준이 매우 높았다. 또한 어려운 여건 속에서도 국제 관련 교내 동아리를 창설해 동아리회장으로서 활발히 활동하였으며, 지역복지센터를 통해 지속적으로 봉사활동을 하였다. 이외에도 다수의 교내 수상을 통해 뛰어난 자질을 증명하였다.

Y군의 사례에서 알 수 있듯이 학생들이 얼마나 자기주도적으로 학교활동에 참여했는가는 학생부종합전형에서는 가장 높은 평가요인이 될 수 있다. 특히 Y군처럼 어려운 집안 환경 속에서도 굴하지 않고 스스로 학업 계획을 갖고 독서를 하고 교내 동아리를 창설해 열심히 활동하는 등의 열정적 교내활동이 대학 입학 후에 이 학생의 학업 성취도

가 그대로 그려져 입학사정관에게 좋은 인상을 주었음은 말할 나위가 없다.

학습 환경이 아무리 좋아도 아이의 직접적인 참여 없이는 더 좋은, 특히 창의적인 결과물을 얻을 수가 없다. 창의 없이는 앞으로 나아갈 수가 없다. 제자리걸음만 하거나 남의 뒤만 따르게 된다. 학생부종합 전형에서 자기주도성을 학생 선발의 주요 기준으로 삼은 이유가 바로 여기에 있다. 평소 학생들의 학교생활에서 자연스럽게 터득할 수 있는 자기주도 강화 사례는 다음과 같다.

—자기가 할 수 있는 과제들은 스스로 완수할 수 있게 성급하지 않게 도와줌으로써 무력감을 느끼지 않도록 한다.

—일본어를 배우고 싶어서 스스로 결정하여 배우기 시작하였고 2년 동안 정해진 과제를 성실하게 하며 즐겁게 배웠다.

—주입식 교육 위주가 아닌 생각해보는 수업을 제공한다.

—현장을 체험해 볼 수 있는 경험을 제공한다.

—책을 많이 읽도록 유도한다.

—자신의 힘으로 완수하지 못한 과제에 대해 기회를 주고 과도하게 칭찬하지 않는다.

—스스로 할 수 있는 일들은 찾아서 할 때까지 기다려 준다.

—자기주도적인 학습을 위해 스터디 플래너를 통해 스스로 계획을 짜고 학교나 학원에서 배운 것들을 예습, 복습하는 시간을 갖는다.

## 창의적 체험활동 사항

창의적 체험활동은 학생들이 자발적으로 참여하여 개개인의 소질과 잠재력을 계발 · 신장하고, 자율적인 생활 자세를 기르며, 타인에 대한 이해를 바탕으로 나눔과 배려를 실천함으로써 공동체의식과 세계 시민으로서 갖추어야 할 다양하고 수준 높은 자질 함양을 지향하는 교육과정으로 지식과 인성이 겸비된 균형 있는 교육을 실천하는 것이다.

창의적 체험활동의 하위 4개 영역은 '자율활동', '동아리활동', '봉사활동', '진로활동'으로 각 영역별 세부활동 내용은 표와 같다.

| 영역 | | 세부활동 내용 |
|---|---|---|
| 자율활동 | 적응활동 | 입학, 진급, 전학, 기본생활습관 형성, 축하, 친목, 사제동행, 학습 · 건강 · 성격 · 교우 등의 상담활동 등 |
| | 자치활동 | 학급회, 학생회 협의활동, 모의 의회, 토론회, 자치법정 등 |
| | 행사활동 | 시업식, 입학식, 졸업식, 종업식, 전시회, 발표회, 학예회, 경연대회, 학생건강체력평가, 체육대회, 수련활동, 현장학습, 수학여행, 문화답사, 국토순례 등 |
| | 창의적특색활동 | 학생 · 학급 · 학년 · 학교 · 지역특색활동, 학교전통수립 · 계승활동 등 |
| 동아리활동 | 학술활동 | 외국어회화, 과학탐구, 사회조사, 컴퓨터, 인터넷, 신문활용, 발명, 다문화탐구 등 |
| | 문화예술활동 | 문예, 창작, 회화, 조각, 서예, 전통예술, 현대예술, 성악, 기악, 뮤지컬, 오페라, 연극, 영화, 방송 등 |
| | 스포츠활동 | 구기, 육상, 수영, 체조, 배드민턴, 인라인스케이트, 하이킹, 야영, 민속놀이, 씨름, 태권도, 택견, 무술 등 |
| | 실습노작활동 | 요리, 수예, 꽃꽂이, 조경, 사육, 재배, 설계, 목공, 로봇제작 등 |

| | | |
|---|---|---|
| | 청소년단체활동 | 스카우트연맹, 걸스카우트연맹, 청소년연맹, 청소년적십자, 우주소년단, 해양소년단 등 |
| | 학교스포츠클럽활동 | 정규교육과정 내에서 이루어지는 중학교 '학교스포츠클럽 활동'과 정규 교육과정 이외의 학교스포츠클럽 활동(방과 후 학교스포츠클럽 등) |
| | 또래조력활동 | 또래 상담, 또래 중재(조정, 중재) |
| | 교내봉사활동 | 학습부진 친구, 장애인, 병약자, 다문화가정 학생 돕기 등 |
| | 지역사회봉사활동 | 복지시설, 공공시설, 병원, 농 · 어촌 등에서의 일손 돕기, 불우이웃돕기, 고아원, 양로원, 군부대에서의 위문 활동, 재해 구호, 국제 협력과 난민 구호 등 |
| | 자연환경보호활동 | 깨끗한 환경 만들기, 자연 보호, 식목 활동, 저탄소 생활 습관화, 공공시설물, 문화재 보호 등 |
| | 캠페인활동 | 공공질서, 교통안전, 학교 주변 정화, 환경 보전, 헌혈, 각종 편견 극복 등 |
| 진로활동 | 자기이해활동 | 자기 이해 및 심성 계발, 자기 정체성 탐구, 가치관 확립 활동, 각종 진로 검사 등 |
| | 진로정보탐색활동 | 학업 정보 탐색, 입시 정보 탐색, 학교 정보 탐색, 학교 방문, 직업 정보 탐색, 자격 및 면허 제도 탐색, 직장 방문, 직업 훈련, 취업 등 |
| | 진로계획활동 | 학업 및 직업에 대한 진로 설계, 진로 지도 및 상담 활동 등 |
| | 진로체험활동 | 학업 및 직업 세계의 이해, 직업 체험 활동 등 |

## 핵심 인성평가 항목 5 :
# 리더십

리더십은 자신의 잠재능력을 인정받을 수 있는 외형적 특성 중 하나다. 인적 네트워크를 형성할 수 있는 주요 능력이기 때문이다. 리더십이 있는 사람은 어느 곳에서나 어떤 사람들과 있어도 무리를 이끈다. 또한 번쩍이는 아이디어가 있고 동일한 상황에서 아무도 생각지 못하는 것을 끌어낼 수 있는 보이지 않는 힘을 가지고 있다.

가정이 행복하려면 아버지가 리더십을 보여야 한다. 가족 구성원에게 기준 없이 이리저리 끌려다니다 보면 그 가정은 갈 방향을 잃게 되고, 잘못하면 정신적으로 붕괴될 수도 있다.

학급도 마찬가지다. 학급대표에게는 기량을 발휘하여 학급을 선도적으로 끌고 갈 임무가 있다. 학급대표나 전교대표, 동아리회장이라는 직함을 가졌다고 무조건 '리더십이 있다'고 평가되는 것이 아니다. 리더가 되기 이전과 된 이후에 이끌고 있는 집단에 어떤 변화가 있었는지, 그가 어떤 변화를 이끌었는지가 리더십의 평가 기준이 된다.

그렇다면 리더는 어떤 자질을 가지고 있어야 하는 것일까?

먼저 리더는 언행 즉 말과 행동이 일치될 때 구성원의 신뢰를 얻을 수 있다. 리더는 계획적이고 목표 지향적이어야 한다. 목표 없는 배는 산으로 간다. 항로를 모르는 배는 목적지에 가지 못하고 헤맬 뿐이다. 리더는 과감한 결단력과 함께 실천을 할 줄 알아야 리더의 자격이 있으며 리더십은 신체적 덩치에서 나오는 것이 아니라 내면의 자기존중감과 자기주도성이 강하게 결합되었을 때 밖으로 표출되는 것이다.

단국대학교 건축학부에 합격한 A군은 봉사활동의 양과 내용이 압도적으로 많았고, 중고등학교 학생회장을 역임하면서 키워온 자기주도 학습능력과 리더십의 우수성이 긍정적으로 평가되었다. 자신이 하고 싶은 말을 요령있게 표현하였으며, 과장 없이 자연스러웠다. 답변하는 태도 역시 성실했고, 그 속에서 지원자의 진정성을 확인할 수 있었다. 마지막으로 건축학 전공자에게 요구되는 창의력과 종합적 사고력 또한 우수했다.

학생부종합전형에서는 '리더십'과 '협동성'을 종합의견과 봉사, 동아리활동 등을 통해 확인하고 이러한 항목들을 유기적으로 평가한다. 평소 학생들의 학교생활에서 자연스럽게 터득할 수 있는 리더십 강화 사례는 다음과 같다.

—반장과 회장 역할을 통해 학급 친구들을 이끌어 나가고 학급회의를 진행하며 여러 의견들을 종합하여 더 나은 환경이 조성되도록 노력하다.
—학급임원활동, 봉사활동, 동아리활동을 통해 여러 가지 역할을 경험하라.
—자신의 주장과 함께 다른 사람의 의견도 경청할 수 있는 능력을 키워라.
—타인의 의견을 존중하고, 그런 자세를 통해 서로의 생각을 이해하고 수용할 수 있도록 적극성을 보여라.
—문제를 보는 다양한 시각을 키울 수 있도록 창의적 사고를 많이 하라.
—학교에서 직책을 맡아 동료를 이끌어 나가는 경험을 통해 리더십을 키워라.
—남들보다 자신이 좋아하고 자신 있는 분야에 대해 다른 사람 앞에서 설명해보는 발표 경험을 가져라.
—작게는 팀 프로젝트에서 리더 역할을 맡아 구성원들의 의견을 종합하고 역할을 분배하며 프로젝트에 맞는 아이디어맨이 되라.

**핵심 인성평가 항목 6 :**

## 협동심

학생부종합전형이 실시된 후에 나타난 변화는 학생들이 동아리활동에 적극 참여하고 있다는 것, 그리고 학교에서 동아리활동을 적극적으로 지원한다는 것이다. 동아리활동이 협동심을 평가하는 중요한 요소가 되었기 때문이다. 실제로 동아리활동은 협동심을 가시적으로 확인할 수 있는 최선의 항목이기도 하다. 재능 개발과 취미 생활이라는 목적 외에도 공동체 생활 속에서 발생하는 다양한 스트레스를 해소하는 과정에서 정상적이고 건전한 인격, 그중에서도 협동심 형성에 중요한 역할을 하기 때문이다.

협동심이 없는 사람은 개인주의, 이기주의로 치우치기 쉽다. 협동심은 공동체를 통해서만 가능하다. 그리고 자신의 인내심 없이는, 다른 사람에 대한 배려 없이는 절대로 가능하지 않다. 즉, 협동심은 더불어 살아가야 하는 사회 속에서 반드시 필요한 덕목이다.

한양대학교 서울캠퍼스 건축학부에 합격한 C양은 사교육이 없는 상황 속에서 관심은 많으나 부족한 수학, 과학에 대한 자신감과 실력을 배양하기 위해 스스로 다빈치코드라는 동아리를 조직하였다. 수학, 과학과 관련된 연구와 문제풀이 활동, 그리고 평소에는 고민해 볼 수 없었던 일상 속의 황금비 등과 같은 연구를 통해 수학, 과학에 대한 자신감을 높이고 실력을 키워왔다. 또한 본인의 관심분야인 수학, 과학뿐만 아니라 상대적으로 취약한 인문학적 소양을 배양하기 위해 시사토론반에 들어가 반장으로 활동하며 인문학적 소양과 리더십을 배양하였다.

평소 학생들의 학교생활에서 자연스럽게 터득할 수 있는 협동심 강화 사례는 다음과 같다.

—학예회 때 반대표로 부채춤에 나가게 되었다. 부채춤은 여러 명의 부채가 모여 하나의 꽃모양을 만들기 때문에 한 명이라도 이탈하게 되면 아름다운 꽃 모양이 되지 않았다.

—운동회, 학예회 등 개인뿐만 아니라 단체활동을 준비하도록 했다.

—체육시간활동을 통해 페어플레이와 팀워크를 키워 나가도록 했다.

—엄마와 함께하는 혹은 친구들과 함께하는 활동을 통해 협동을 체험하라.

—또래 친구들과의 협동을 통해 결과물을 만들어내는 과정들을 경험하라.

—협동활동에서 자신의 의견이 반영되고 있다는 것을 인식하게 해준다.

—어떤 일을 설명할 때 충분한 이유를 들어 설명함으로써 자신이 원하는 일보다 타인을 배려하는 일을 실천하라.

—걸 스카웃이나 컵 스카웃과 같은 단체활동을 경험할 수 있게 하여 가정에서 독립되어 다른 사람들과 어울려 협동할 수 있도록 하라.

—가정에서 집안일이나 중요한 일이 있을 때 직접 참여시킴으로서 자신도 협동하고 있다는 경험을 하게 하라.

—학교에서도 조별 과제나 학급 과제를 수행함으로써 협동심을 기르라.

—자신의 이익만을 추구하지 않고 다른 사람의 이야기도 들을 줄 알고 이해할 줄

아는 자세를 가져라.

—다양한 팀 프로젝트에서 자신의 역할이 잘 수행될 수 있도록 하여 다른 팀원들 에게 피해를 주지 않도록 노력하라.

## 핵심 인성평가 항목 7 : 나눔과 배려

나눔과 배려는 기본적으로 다른 사람을 대상으로 한다. 그러나 어려운 것도, 멀리에서 찾아야 하는 것도 아니다. 가정에서는 형제나 부모, 학교에서는 친구나 선생님도 그 대상이 될 수 있다.

나눔과 배려는 그 행위 자체만으로도 아름답다. 그렇다고 대단한 것, 나의 큰 희생을 전제로 하는 것은 아니다. 나눔과 배려는 베푸는 사람에게는 별것 아닌 것이 대부분이다. 그러나 베풂을 받는 사람에게는 큰 사랑이 되고, 감동이 된다. 문제는 베푸는 사람의 마음이고 감정이다. 거짓된 마음으로, 봉사 점수를 받기 위해서 하는 나눔과 배려는 상대에게 감동을 줄 수 없다. 또 상대를 얕잡아 보는 마음으로 하는 행위는 진정한 나눔과 배려라 할 수 없다. 나눔과 배려는 상대방의 정서적인 기분이나 감정을 고려하는 것에서 출발하라. 제 아무리 많은 도움을 준다 해도 자존심에 상처를 입거나 인격적인 모멸감을 느끼면서까지 도움을 받고 싶어 하는 사람은 아무도 없다. 차라리 안 받고 기분 상하지 않는 것을 택한다. 그런데 우리는 사회복지시설의 활동이나 장애인에게 도움을 주는 것을 엄청난 나눔과 배려의 실천으로 여긴다. 그런 곳에서 봉사활동을 해야만 봉사한 것으로 인정해주는 우리 교육도 문제다. 그래서 부모가 대신 복지시설에 가서 봉사를 하고 학생의 봉사시간을 인정받는 엄마가 있고, 자기는 손 하나 꼼짝하지 않고 그 점수로 대학을 가는 어처구니없는 일도 있다.

단국대학교 영어영문학과에 합격한 S양은 학생부종합전형에서 두드러진 봉사활동으로 합격한 특이한 케이스이다. 그녀의 고교 봉사활동 시간은 무려 150시간이었다. S양은 농촌지역 기숙학교에 거주하면서 사교육이 전무한 지역적 특성을 적극 활용해 의미있는 고교 생활을 했다. S양은 정읍 천사마을 봉사활동, 하늘향 노인복지센터 봉사활동을 통해 더불어 함께 사는 의미를 제대로 체험할 수 있었다. 학업 내용에 있어서는 입학 전 기숙사프로그램에 참여하면서 영어공부에 대한 뜻이 깊어졌다. 주민이 7천 명인 작은 도시 출신으로 사교육의 도움 없이 학교교육프로그램을 최대로 이용하여 영어공부에 전념하였다. S양은 교내 English Camp 참여, 영어로 된 고전 원서 읽기 활동인 English Bookcafe(교내 영어학습동아리) 활동, Teen Times 읽기, 영어 강독반 동아리활동, 영어올림피아드 참여, Teps 시험 응시 등을 통해 지역 교육여건을 충분히 활용해 자기주도적인 학습과 교내외 활동을 하였다. 또한 학습과 연계해 2~3학년 겨울방학 중 인근의 칠보초등학교 영어캠프 보조교사로 멘토링 활동, 영어급수반 보조교사활동 및 학업이 부족한 아이들을 대상으로 1:1 교사로 활동하면서 영어교사로서의 책임감을 익혀갔다.

평소 학생들의 학교생활에서 자연스럽게 터득할 수 있는 나눔과 배려 강화 사례는 다음과 같다.

—나는 초등학생 때 반이 바뀔 때마다 같은 반에 특수학급을 가는 아이가 한명씩 있었다. 반장이라서 더 챙긴 이유도 있지만 그들을 배려하기 위해 노력했었다.

—중학교 때 교실에서 급식을 먹었다. 그때 돌아가면서 급식당번을 하였는데 모든 친구들에게 동등하게 나눠주는 것을 배웠다.

—역할활동을 통해 서로의 마음을 이해하도록 배려한다.

—가까이에 있는 이웃을 위한 작은 도움부터 실천하기 위해 기회를 제공한다.

—친구들과 대화를 많이 한다.

—가족봉사활동을 통해 남을 돕는 경험을 해준다.

—스스로 나눔의 경험을 할 수 있도록 한다. 예를 들어 친구와 나눠가지기 경험을 하면서 남을 배려하는 자세도 키울 수 있다.

—본인 또한 배려 받고 있다는 느낌을 갖게 하는 것도 중요하다. 상대방의 말을 경청해주고 반대 입장에서 생각해본다.

—'사랑의 열매', '크리스마스 씰' 등 남을 도울 수 있는 프로그램들을 경험한다.

—지속적인 봉사활동을 통해 남들과 어우러져 살아갈 수 있도록 한다. 가족봉사도 효과적인 방법이다.

—나는 한 달에 3만원씩 기부하는 활동을 한다. 다양한 기부 활동에 지속적으로 참여하는 것도 보람 있는 일이다.

—지자체 보육원이나 도서관에 가면 봉사활동을 필요로 하는 곳이 많이 있다. 지속적이 아니더라도 나눔과 배려 정신을 체험할 수 있는 좋은 경험을 할 수 있을 것이다.

## 교육현장에서의 인성교육

한국교육개발원과 한국교원단체총연합회가 조사한 설문 결과 일반인, 학부모, 교사 모두 학생에 대한 인성교육 강화가 시급하다고 생각하는 것으로 나타났다. 한국교육개발원이 전국 성인 1천 8백 명을 대상으로 실시한 '2012년 교육 여론조사'에 따르면 우리 국민 10명 중 4명 가까이가 '정부가 가장 시급히 해결해야 할 교육 문제'로 '학생의 인성, 도덕성 약화'를 꼽았다. 다음으로 학교폭력, 높은 교육비 부담, 교권 약화, 학생인권 약화 순이었다. 이런 문제의식의 바탕에는 요즘 초, 중, 고 학생의 인성, 도덕성에 대한 부정적인 인식이 깔려 있었다. 인성교육은 초등학교뿐 아니라 중학교, 고교에서도 '지금보다 중시해야 할 교육' 1순위로 꼽혔다.

이제 인성교육은 그동안 잘못된 수월성 위주의 학력 위주 엘리트 교육에서 벗어나 모두가 행복할 수 있는 학생 · 학부모 · 교사가 바라는 올바른 교육의 핵심이 될 것이다. 교육 전문가들은 인성교육은 아무리 강조해도 부족함이 없다고 말한다. 무엇보다도 아이들이 고정관념이 굳어지기 전인 초등학교 때부터 인성교육을 실시할 필요가 있다.

초 · 중등과정에서는 부모의 역할만큼 아니면 그 이상으로 학교의 역할이 중요하다. 일단 학교에 있는 시간이 부모님과 얼굴을 맞대는 시간만큼 길고, 부모님 곁과는 다르게 다른 많은 아이들이 함께 생활하는 곳이기 때문에 학교와 부모의 연계가 중요하다.

성적표를 생각해보면 성적표에는 국영수부터 사회, 미술에 이르기까지 다양한 과목들의 내신과 실기 점수가 적혀서 나온다. 옆에는 백분율도 있고 그 점수가 반에서는 어떤 위치인지 전교에서는 어떤 위치인지, 다른 아이들의 평균 점수는 어떠한 지도 자세하게 알 수 있다. 그러면 인성에 대해서는? 물론 선생님은 그 아이들의 인성에 대해 간략한 평을 해준다. '위 아이는 성실하고 밝고 학급아이들과 사이좋게 잘 지냅니다.' 이것으로 무엇을 알 수 있을까. 이 아이의 인성이 다른 아이들에 비해서 어느 정도 수준인 건지, 고쳐야 할 점은 있는지, 어떤 항목이 모자라고 어떤 항목은 바람직한지. 부모님들은 어떤 것에 대해서도 잘 알지 못한다.

학교에 대한 잘못만은 아닐 것이다. 부모님도 입시교육에 밀려 우리 아이의 인성보다는 과목별 시험점수에 더 신경을 쓸 수밖에 없었을 것이다. 내 아이가 제일 중요하고 예쁘다는 과잉보호도 문제가 될 수 있다. 학교에서는 부모님에게 부모님은 학교에게 인성교육의 역할을 미루는 것도 문제이다.

학생부종합전형뿐만 아니라 교사 추천서 양식에도 공통적으로 인성 및 대인관계 평가 항목을 사용하는 대학이 확대되고 있다. 이러한 입시 제도를 확대 · 시행 중인 대학이 급증하고 있다는 사실에 더 많은 관심을 갖기보다 평가 항목을 눈여겨 봐야한다. 인성평가 부분은 하루아침에 급조하거나 만들어질 수 있는 영역이 아니기에, 평가 요소에 대한 철저하고 구체적인 전략과 준비가 필요하다.

대학의 판단에 따라, 전공특성에 맞는 인성평가 항목을 추가할 수 있지만 7가지 항목은 가장 기본이 된다. 최근에는 많은 교육기관들이 '인성교육'을 대표 슬로건으로 내세우고 있다. 학력과 인성을 동시에 갖춘 인재상을 원하는 기업들이 많아지면서 자녀교육의 뜨거운 감자로 떠오른 '인성교육'. 예전에는 인성이 아닌 학업능력을 우선순위로 인재의 기준으로 삼았다. 인성과 학업능력이 서로 밀접한 연관이 있다면, 상대적으로 평가하기 어려운 인성보다는 누가 봐도 학업능력을 살피는 것이 더 효율적으로 인식되었다. 하지만, 주요 대학들이 인성평가를 강화한 새로운 입시안을 발표했다. 배려, 협동심, 책임감, 성실성 등과 같은 덕목과 준법성, 자기주도성, 리더십, 자신감, 의사소통능력, 문제해결능력, 비판적 사고력 등을 고루 평가하고 있다. 이른바 인성교육이 중요한 시대가 된 것이다.

# part 3

# 명문대 입학의 꿈을 이루어주는 진로코칭

# 진로를 알아야 공부의 목적이 생긴다

대학은 나의 꿈을 이루어줄까?

이제 청운의 꿈을 안고 세상을 향해 한 발 한 발 내딛는 청소년의 가슴에 가장 와 닿는 물음표는 바로 이것이 아닐까.

학생들이 스펙을 쌓고 대인관계를 넓히며 공동체의 한 사람으로서 당당히 자신의 정체성을 찾아가는 과정의 종착지는 바로 '내 꿈을 이루어줄 내가 가장 좋아하고 잘할 수 있는 '목표를 찾는 것'이다. 그건 바로 자신의 장점을 계발하여 경쟁력을 높이는 시작이며 학과나 계열을 선택하는 것이다.

진로 선택은 '탐색-준비-결정'의 세 단계를 거쳐 이루어지게 된다.

여기서 진로 탐색은 자신이 가장 잘할 수 있는 것이 무엇인지 자신의 특성을 제대로 알고 이를 토대로 자신의 소질이나 능력, 흥미에 맞는 직업 분야가 어떤 것인지를 탐색하는 과정이다. 이어 진로 준비는 자신의 관심 분야에 맞는 객관적인 정보를 수집, 분석하여 나만의 안성맞춤 진로 자료를 준비하는 것이다. 진로를 선택하는 시기는 중 · 고등학생일 때도 있고, 대학생일 때도 있다. 진로 결정은 자신이 희망하는 학과나 계열이 있는 학교를 결정하고 자신에게 맞는 직업 기술과 지식을 배우고 준비하는 과정이다.

무엇보다도 진로 선택이 중요한 이유는 학생들이 왜 공부를 해야 하는지, 무엇을 공부해야 하는지 자신이 원하는 목표를 삼기 위해 꼭 필요한 과정이기 때문이다. 대학에 들어가는 이유는 바로 자신의 꿈을 이루기 위한 베이스캠프로 삼기 위해서이다. 그러기 위해서 중 · 고등학교 때 이미 자신의 진로와 희망하는 직업에 대한 밑그림이 그려져 있어야 한다.

자신의 진로를 결정하는 데는 하고 싶은 일을 우선적으로 선택하라. 로봇이 좋은 학생은 기계공학과를, 컴퓨터가 좋은 학생은 컴퓨터공학과를 선택하면 된다. 또한 현상의 순수한 이해가 좋으면 물리학과와 같은 이학을 선택하면 된다.

우리가 대학에 가야 하는 이유가 있다면 그건 바로 자신이 좋아하는 일을 하기 위해, 그 일의 전문가가 되고 전문지식을 익히기 위해 대학과 학과가 필요한 것이다. 대학과 학과가 결정되면 자연스럽게 문과나 이과 계열을 선택할 수 있다. 고등학교를 가서 문과와 이과를 선택한다면 너무 늦다. 자신의 미래를 결정지을 중요한 학과 선택을 대입 3년 전에 정한다는 건 그 자체로 조급한 선택을 할 수밖에 없는 위험한 결정이 될 수도 있다. 바라건대 부모님들은 아이들이 초등학교

고학년이 될 때부터 자신이 원하는 꿈이 뭔지를 생각해 보라고 자녀들에게 조언을 해줘라. 그래서 자연스럽게 중학생이 돼서 자신이 가지고 있는 재능과 재미있어 하는 것이 무엇인지를 스스로 고민하고, 그 고민의 결과로 어떠어떠한 공부가 꼭 필요하겠다고 스스로 인식하는 진로 선택의 자각이 일어나도록 자녀를 코칭하라. 자신의 재능이 무엇인지 고민하고 알아가는 시간을 갖지 못한다면 자신의 꿈과 공부를 연관시킬 수 없고 공부는 점점 어쩔 수 없이 해야 하는 지겨운 일이 되어버릴 수도 있다. 지금 하고 있는 공부가 자신의 꿈과 전혀 상관이 없어 보일 수도 있다. 그러나 내가 좋아하는 것이 무엇인지, 어른이 돼서도 계속 해보고 싶은 일이 어떤 것인지를 항상 생각하고 준비하는 노력이 필요하다. 그것이 곧 내가 공부하는 이유가 되기 때문이다.

## 진로코칭은 긍정적인 자아상을 갖게 한다

진로를 선택하기 전에 우선적으로 해야 할 일은 자기 효능감을 높일 수 있는 방법을 모색하는 것이다. 자기 효능감이란 어떤 목표를 성취하는 데 필요한 자기 자신에 대한 긍정적인 신념, 즉 행동을 조직하고 실행하는 자신의 능력을 믿는 기대감이다. 바꾸어서 말하면 어떤 일을 할 때 예상치 못한 장애에 부딪히더라도 혼자서 이를 극복하고 지속적으로 추진해갈 수 있는 힘이다. 따라서 자기 효능감을 높여주는 일은 진로 선택에 있어 중요한 에너지원이 된다. 그럴수록 자기가 목표하는 직업을 선택하기 위해 집중하게 되고 지속적으로 관심을 끌어올려 성취 수준을 높일 수 있기 때문이다.

자녀의 자기 효능감을 끌어올리기 위해서는 첫째, 목표한 것을 꼭 달성하겠다는 생각으로 과감한 행동을 시도하라. 계획만 그럴듯하게 세워놓는다 한들 실천하지 않으면 아무런 의미가 없다. 둘째, 주변 사람들의 끊임없는 격려가 필요하다. '충분히 할 수 있어'라는 식의 긍정적인 자기 최면은 의지를 강화시켜 주는 언어적인 힘이 된다. 이때 혼자만의 생각보다 주변인들의 칭찬이나 격려가 의지를 더욱 강하게 만드는 효과를 주는 것은 당연하다. 셋째, 주위에서 성공한 인물을 찾아내 벤치마킹하게 해야 한다. 가까운 사람이 자기와 유사한 분야에서 성공한 사례는 도전의식과 실현할 수 있다는 믿음을 높여주어 사기를 북돋운다. 마지막으로 현재 자기가 하고 있는 일의 추진과정을 수시로 점검하여 올바른 방향으로 가고 있는지 모색하도록 지도하라. 그래야 자신이 잘해오고 있다는 확신이 생겨 심리적인 안정감을 얻을 수 있다.

하지만 대다수의 사람들, 그중에서도 특히 성인들은 자기 효능감을 믿지 않는다. 지금 하고 있는 일이 자기가 생각했던 분야와 다른데도 여건이 안 된다는 이유로 일찌감치 포기를 하는 것이다. 또 웬만큼 현 직장에서 적응하고 있다면 순응하는 편을 택한다. 괜히 되지도 않을 것을 갖고 여기저기 기웃거리며 도전장을 내미는 사이에 죽도 밥도 안 될 수 있다는 생각을 하기 때문이다. 물론 취업에는 연령 제한이라는 분명한 한계가 있기에 제 아무리 유능하다 해도 언제까지나 도전장만

내밀 수 없는 것이 현실이다. 일부 특수 직종을 시작으로 점차적으로 연령 제한을 풀어가고 있다고는 하지만 알고 보면 그런 만큼 지원자들의 경쟁률만 치열할 뿐이다.

하지만 비록 지금은 안 되더라도 언젠가 그 일을 꼭 하고 싶다면 한 번쯤은 진지하게 고민해보아야 한다. 사람은 자신이 좋아하는 일을 하면서 살 때 훨씬 더 행복하다. 한 우물만 파는 사람에게는 언제까지 참을 수 있느냐 하는 인내력이 성공 여부의 관건이지만 이는 자신에게 적성과 탁월한 능력이 있다고 믿을 때 가능한 일이다. 이것이 아니면 안 되겠다 싶은 일이 있다면 자신의 확신을 믿고 끝까지 추진할 때 성공의 결실을 거두게 될 것이다.

## 진로코칭은 진정한 나를 위한 코칭의 시작이다

심리학자 리차드 브레들리는 직업을 선택하는 데 가족관계와 형제자매의 직업이 지대한 영향을 미친다고 강조했다. 개인마다 차이는 있겠지만 실제로 직업을 선택할 때 가족의 영향을 벗어나지 못하는 사람들이 많은 게 사실이다.

따라서 진로코칭을 위해서는 가족에 대한 이해가 필요하다. 이를 돕는 효과적인 도구 중 하나가 바로 가계도다. 가계도는 대부분 3세대의 가족 정보를 보여준다. 여기서 가족들이 경제적인 부를 중요시해 왔는지, 개인적인 성취와 명예를 중요시해 왔는지 살펴볼 필요가 있다. 또한 가족들이 어떤 직업을 가졌으며, 그 직업이 그들의 삶에 어떤 의미가 되었는지도 알아야 한다. 그것이 나의 가치관과 직업관에 은근히 영향을 미치고 있기 때문이다.

윗대의 할아버지부터 아버지에 이르기까지 가업이 전수되어 온 집안이 의외로 많다. 의사로, 법조인으로, 교수로 대를 잇는 것이 그것이다. 이런 경우 가정에서 자연스럽게 적성이 갖춰지는 경우도 있지만, 자신의 적성이 아님에도 불구하고 명성을 유지하기 위해 똑같은 직업을 가져야 한다는 강요와 압박을 받는 경우도 있다. 이는 수직적인 스트레스가 된다.

또 동기간의 직업군이 수평적인 스트레스로 작용하는 경우도 있다. 예를 들어 형제자매가 모두 특정 일류대학에 들어갔다면 자신도 같은 대학에 들어가야 한다는 압력을 받게 된다. 만약 들어가지 못하기라도 하면 "형들은 잘하는데 너는 왜 그러느냐"는 비교를 감수해야 한다. 또한 형제자매 모두 박사학위를 받았을 때 혼자만 학위가 아닌 다른 것을 선택하려고 하면 만만치 않은 갈등도 겪어야 한다.

이처럼 아무리 가계도가 특정 분야에 집중하고 있다 해도 그것은 참고할 사항일 뿐이다. 부모의 직업과 달리 다른 분야에 적성과 능력을 타고났다면 자신이 원하는 직업을 선택할 수 있도록 신념과 가치관을 강화시켜 주어야 한다. 가족도 물론 중요하지만 그보다 더 중요한 것은 자신이 평생동안 행복해 할 수 있는 일을 스스로 선택하는 것이다.

## 진로코칭은 고등학교 선택에서 시작이다

중학교 3학년들에게 있어 가장 고민되는 결정의 순간은 당연히 고등학교 진학 원서를 쓸 때이다. 보통 10월에서부터 12월 기말고사가 끝나고 고등학교 진학 원서를 쓰게 된다. 그런데 막상 쓰려고 하면 그저 막막하기만 하다. 진학의 뚜렷한 목적도 없고 생각해본 적도 그리 많지 않기 때문이다. 일반고와 특성화고에 어떤 차이가 있고, 진학하면 어떤 식으로 공부하게 되고, 졸업하면 어떤 길이 있는지 구체적으로 알지도 못한 채 고작 담임선생님과의 짤막한 진학상담으로 선택해야 한다. 참으로 난감하다. 부모가 평소에 아이가 어떤 분야에 흥미를 가지고 있는지 파악하고, 진로에 대한 대화를 이끌었다면 좋겠지만 불행히도 현실은 그렇지 못하다. 순간의 선택이 고등학교 3년뿐만 아니라 대학과 직업, 미래에까지 영향을 주는데, 이것 아니면 저것이라는 식으로 결정을 내리는 현실은 너무나 안타깝기만 하다.

부산 D정보통신고를 졸업한 J군은 입학사정관전형으로 카이스트에 합격했다. J군이 특별히 관심을 끄는 이유는 전문계고에서 국내 최고 명문대로 꼽히는 카이스트에 합격했다는 점. 합격의 요인은 그의 특기인 '로봇'이 큰 몫을 했다. 어릴 때부터 자신의 관심사, 즉 '취미'를 잘 발전시키면 비교과활동은 저절로 해결될 수 있음을 실력으로 입증해보인 케이스가 아닐 수 없다. J군은 보통 남자아이들이 그렇듯 어렸을 때 레고 장난감 등 로봇을 무척 좋아했다. 설명서 없이 형태만 보며 자신의 생각대로 이리저리 고치면서 로봇을 조립했다. 손목시계, 도어락, 메트로놈 등 궁금한 물건은 모조리 분해하기도 했다. "초등학교 2학년 때 과학 잡지에서 로봇대회 기사를 보고 처음 참가했는데 일등을 하면서 더욱 로봇에 관심을 갖게 됐다."고 전했다. 그때부터 J군은 '로봇만들기'라는 취미에 푹 빠졌다. 중학교 때까지 방과 후나 주말 등 시간이 날 때마다 쉼 없이 로봇을 만들었다. 뭔가 아이디어가 떠오르면 그 자리에서 바로 만들어야 직성이 풀렸다.

일반고에 들어간 J군은 로봇만들기에 대한 열정을 놓을 수 없어 결국 고1 2학기에 D정보통신고로 전학했다. "학교에 로봇동아리가 있다는 말을 듣고 선택했다."고 이유를 밝혔다. 진학 후 로봇동아리에 들아간 J군은 로봇 제작에 더욱 박차를 가했다. 2007년 국제 로봇 올림피아드 한국대회에서 대상인 과학기술부장관상을 받는 등 초등학교 때부터 각종 로봇대회에서 받은 상이 120여 개가 넘는다. 이러한 활동 내용을 인정받아 지난해 8월, 카이스트 입학사정관전형 합격자 명단에 당당히 이름을 올렸다.

과거에는 인문계일반고와 실업계특성화고를 선택하는 기준이 가정환경인 경우가 많았다. 가정형편이 좋지 않으면 졸업하고 바로 취업해서 돈을 벌 수 있는 실업계를 많이 선택했던 것이다.

요즘은 국 · 영 · 수 과목을 잘하느냐 못하느냐에 달렸다. 물론 국 · 영 · 수를 못하면 고등학교에 올라가서 국 · 영 · 수를 잘하는 아이들을 따라잡고 성적을 올린다는 게 결코 만만치 않은 일이 될 것이다. 하지만 비록 지금은 잘하지 못하더라도 꿈이 있다면, 그리고 그 꿈을 이루는 데 대학에서의 공부가 반드시 필요하다면 해보기도 전에 포기한 채 실업계를 선택하기보다는 고등학교에서 열심히 하겠다는 의지를 다지고 인문계를 선택하는 것이 좋다.

과거처럼 인문계일반고를 원하는데 경제적인 이유로 실업계특성화고를 선택하는 것 역시 잘못된 선택이다. 당장의 가정형편을 핑계로 하고 싶은 것을 포기한다는 것은 현실과의 적당한 타협일 뿐이다. 정말 원한다면 죽어라 열심히 공부해서 장학금을 받으며 학교를 다닐 수도 있기 때문이다.

얼마 전 서울시 교육청은 아주 흥미 있는 자료를 발표했다. 한 학기 동안 일반계 고등학교에서 특성화 고등학교로 전학한 학생이 397명이나 된다는 것이다. 이 숫자는 대학 진학을 위해 특성화 고등학교에서 일반계 고등학교로 전학한 236명보다 훨씬 많았다. 그뿐만이 아니다. 일반계 고등학교에 재학하면서 산업정보학교와 기술계학원, 공공직업훈련원 등에서 위탁교육을 받는 학생도 3천여 명이 넘는다고 한다.

2004년도부터 대학별 총 입학 정원의 3% 이내에서 특성화고 학생들을 뽑는 특별전형이 시작됐고, 2005년도에는 수능에 직업탐구영역이 신설됨으로써 대학 진학의 문이 훨씬 넓어졌기 때문이다. 실제로 2012년 2월 서울 시내 특성화고 졸업생 중 대학 진학자는 45.3%인 1만1천160명이었으며, 이 가운데 83.4%인 9천408명이 특별전형의 혜택을 누렸다. 이처럼 특성화고 내부에서도 변화를 위한 시도를 계속하고 있다. 특히 시대에 뒤처진 학과는 없애고 시대에 맞는 실용학문 학과를 개설하고 있다. 이는 적성과 진로를 고려하지 않고 무조건 일반계에 지원했던 사회적 분위기를 반전시키는 물꼬가 되고 있다.

또한 대기업에서도 고졸사원 채용이 갈수록 늘어가고 있으며, 정부에서도 공공기관의 고졸사원 첫해 연봉을 대졸사원 1년차 연봉의 70% 이상 수준으로 책정하도록, 고졸사원이 입사해 4년이 지나면 대졸 초임과 같은 수준으로 연봉이 인상되도록 유도하고 있다. 또한 고졸사원을 대상으로 하는 기업대학 운영도 활성화되고 있다. 직급도 대졸사원과 같아지도록 관련 제도를 보완하는 조치와 개혁 덕분에 이제는 대학 졸업장이라는 스펙이 아니라 자신의 능력이 진정한 경쟁력인 시대로 변해가고 있다.

위와 같은 결과는 단순한 기준으로 일반계고와 특성화고를 정확히 구분할 수 없다는 점을 시사한다. 일반계고는 무조건 대학, 특성화고는 무조건 취업이라는 이분법적 구분이 잘못되었다는 것이다. 또 일반계고에 가서 대학을 졸업해야 좋은 기업에 취직할 수 있다는 고정관념도 더 이상 통하지 않는다. 일반계고와 특성화고는 독립적이면서도 상호보완적인 것이며 새롭고 다양한 길로 인정받고 있다. 부모도 너무 고지식하게 일방적인 선택을 강요하기보다는 유연성을 가지고 끊임없이 아이와 의사소통해야 한다. 결국 아이의 꿈, 아이가 하고 싶어 하는 것에 충실한 선택이 가장 현명한 미래를 예약하는 지름길이다.

## 진로희망사항 기재 요령

진로지도의 목표는 자기의 진로를 스스로 개척할 수 있는 진취적 능력을 기르도록 도와주는 데 있다. 진로지도에 임하는 교사는 인간의 희망과 욕구가 성장 과정에 따라 변하고, 직업의 종류 또한 다양화 · 고도화 · 전문화되고 있으므로, 직업의 세계에 대한 정보를 제공하여 학생들로 하여금 자신의 적성과 능력에 맞는 진로를 선택하는 데 올바른 판단을 할 수 있도록 이끌어 주어야 한다.

초등학교에서는 5 · 6학년, 중 · 고등학교에서는 각 학년별로 조사하여 입력하되, '진로희망'란에는 자신의 특성적성, 인성, 지능 등을 이해하고, 주위의 환경을 충분히 고려해 자신의 능력에 맞는 직업을 구체적으로 선택하도록 하여 입력한다.

학생의 진로희망을 이해하는데 도움을 주고 진로상담 활성화 계기 마련을 위해 '진로희망사항'에 학생의 진로 '희망사유' 항목을 신설한다. '희망사유'는 2014학년도에는 중 · 고등학교 1학년, 2015학년도에는 중 · 고등학교 1 · 2학년, 2016학년도에는 중 · 고등학교 전 학년에 적용한다.

진로지도의 전문성을 위하여 진로희망사항의 '특기 또는 흥미', '진로희망학생 · 학부모', '희망사유'는 학급담임교사가 진로진학상담교사의 진로지도 자료를 받아 입력하거나, 진로진학상담 교사가 진로지도 자료를 근거로 하여 입력한다. '희망사유'는 학생의 희망직업에 대한 진로선택 동기, 이유, 계기 등의 상담 결과를 기초로 입력한다.

### 특기 또는 흥미

'특기 또는 흥미'는 특정 사물의 명칭을 그대로 입력하거나 포괄적 개념의 용어로 입력하지 않고 구체적인 용어나 구체적 행동과 관련된 용어로 입력한다.

예) 컴퓨터조립(○), 컴퓨터(×), 야구(○), 운동(×), 모형자동차조립(○), 자동차(×), 없음(×)

### 진로희망

'진로희망'은 구체적인 직업의 명칭을 입력한다.

예) 컴퓨터프로그래머(○), 컴퓨터(×), 의상디자이너(○), 디자이너(×)

상담활동 등을 통하여 기재하는 것을 원칙으로 하되, 부득이한 경우에 한하여 '미정'으로 표기 가능

—학생들이 직업에 대한 이해가 부족한 경우, 직업에 대한 안내 자료를 미리 제공하고 진로 희망은 구체적으로 입력하는 것이 바람직하다.

—학급담임교사의 진로지도와 관련된 상담 및 권고 내용은 창의적 체험활동상황의 '진로 활동' 영역에 입력한다.

### 희망사유

'희망사유'는 학생의 희망직업에 대한 진로선택 동기, 이유, 계기 등을 입력한다.

# 내가 정말로 원하는 것은 무엇인가?

## 중요한 건 내가 좋아하고 잘하는 것

"○○○는 커서 뭐가 되고 싶어??"

"○○이가 정말 잘하는 게 뭐야?"

이 질문에 주저주저한다면 자신의 미래에 대한 구체적인 꿈이 없는 상태이리라. 사랑하는 자녀가 좋은 대학에 가야 하는 이유는 한마디로 자녀의 꿈과 희망을 구체적으로 이룰 수 있는 배움의 장이 대학이라고 생각하기 때문이다. 물론 개중엔 '내가 ○○대 나왔는데 연고대는 나와야 하지 않겠어?' 하는 자신의 체면 유지를 자녀가 대학 가야 할 주요 이유로 생각하는 부끄러운 부모도 아직 우리 사회엔 있다. 그야말로 부모의 허세에 자녀가 희생되는 꼴이다.

이제부터라도 사랑하는 자녀가 위의 질문에 "나는 글 쓰는 게 좋아서 국문과에 갈 거예요." 내지는 "제가 좋아하는 로봇을 실컷 만들 수 있는 공학과에 가고 싶어요." 하는 구체적인 대답이 나오는 아이들로 성장시킬 필요가 부모에게는 있다. 아이들 입장에서는 아직 미래의 나에 대해 구체적으로 생각해 본 적도 없고 무엇이 되고 싶다는 목표도 없는데 어떤 대답을 하기가 무척 곤란하기도 할 것이다. 그만큼 평소에 자녀들 스스로 '나는 커서 뭐가 되고 싶지?' 하는 자신의 꿈에 대해 자주 생각하고 구체적인 꿈을 갖도록 부모와 함께 다양한 직업과 일에 대한 얘기를 하지 않은 결과이다.

'나는 이 일이 정말 좋다'고 하는 것을 일컬어 흥미라고 부른다. 흥미란 "어떤 현상이나 대상에 대하여 특별히 관심을 갖는 감정, 경향 혹은 태도"를 말한다. 사람들은 저마다 좋아하는 것이 다 다르다. 어떤 아이들은 음악에 관심을 보이는가 하면 또 다른 아이는 야외에 나가서 활동적으로 움직이는 운동을 좋아하는 아이들도 있다. 그 차이는 바로 '내가 더 재미있어 하고 잘하는 것이 분명하게 있다'는 표시이다.

다들 좋아하는 일은 서로 다르지만, 좋아하는 일을 할 때 사람들은 같은 모습을 보인다. '집중해서 열심히 그 일에 임한다'는 것이다. 좋아하는 일을 할 때 사람들은 몰입하게 된다.

러시아의 심리학자 미하이 칙센트미하이 교수는 '스스로 주인의식을 갖고 기분이 좋아져서 행복감을 맛보게 되어 시간의 흐름이나 공간, 더 나아가서는 자신에 대한 생각까지도 잊어버리게 되는 심리적 상태'를 '몰입'이라고 정의했다. 우리가 독서 삼매경에 빠지거나 만화 삼매경, 게임 삼매경에 빠졌던 경험이 있다면 그런 심리상태가 바로 몰입의 상태이다.

사람들은 자신이 좋아하는 어떤 일을 대하면 그 일에 자연스럽게 흥미가 생기게 되고, 흥미가 고조에 달하면 그 일을 하고 싶은 마음이 생긴다. 그때 하는 일은 누가 시키지 않아도 스스로가 즐겁고 재미있어서 더 잘하고 싶어져서 그 일에 몰입하게 된다. 이처럼 내가 잘해 낼 수 있는 힘이 하고 싶은 일이고 흥미를 가지는 일이다.

그렇다면 내가 잘하는 일, 즉 내 적성은 어떻게 알 수 있을까?

가령 똑같이 글쓰는 법을 배우더라도 어떤 사람은 유독 더 빨리 쉽게 글 쓰는 법을 배우면서 즐겁게 실력을 쌓아 간다. 그런 사람은 창작에 적성이 맞는 사람이다. 마찬가지로 다른 사람과 같이 수학을 공부하거나, 운동을 배울 때, 음악을 배울 때 남보다 배우는 속도와 실력이 더 는다면 자신은 그 분야가 적성에 맞다. 사람마다 성격이 다르듯 적성도 사람마다 다르기 때문에 자신이 어느 분야에 적성이 있는지를 알고 그 분야를 직업으로 선택하는 것이 중요하다.

대학은 자기소개서나 면접을 통해 지원자가 '왜 이 학과를 선택해서 공부하고 싶은가'를 확인하려 한다. 지원동기와 관련 분야에 대해 얼마나 좋아하는지를 파악하려고 하는 데는 이유가 있다. 단순히 고등학교를 졸업했으니 점수에 맞춰 진학하려는 사람과 달리, 지원하는 학과에 흥미를 느끼는 사람은 스스로 열심히 공부하고 사회에서 유능한 인재로 성장할 것을 믿기 때문이다.

## 명사형 꿈이 아닌 동사형 꿈을 꾸자

보통 초등학생들에게 장래희망을 물어보면 연예인, 변호사, 디자이너, 선생님, 의사, 화가 등 다양한 직업을 말하곤 한다. 그런데 자라나는 청소년들은 이렇게 규정된 직업보다 보다 넓은 시야의 꿈을 가질 필요가 있다. 예를 들어 '연예인이 되겠다'는 단순한 꿈보다는 '남을 즐겁게 해주는 엔터테이너의 일을 하고 싶다'고 보다 가능성 있는 역동적인 꿈을 꾸라는 것이다. 가령 '교사'가 되겠다는 꿈보다는 '가르치는' 일을 하겠다고 꿈을 가지라는 것이다. 이런 생각의 전환은 바로 '교사'라는 명사형 꿈을 '가르치는' 동사형 꿈으로 바꾸는 것이 된다. 그저 평소에 막연하게 '교사'가 되고 싶다고 생각하면 막연한 꿈에 머무를 가능성이 높다. 그보다는 고정된 '교사'라는 꿈 대신 '자라나는 청소년들의 잠재력을 개발해주는 일을 하고 싶다'는 좀더 구체적인 동사형 꿈을 갖게 되면 꼭 선생님이 되진 않더라도 자신의 동사형 꿈을 가능하게 해주는 다양한 직업을 가질 수 있을 것이다. 이럴 때 교사 자격시험에 합격해야만 이룰 수 있는 교사가 아니라 학원교사, 직업훈련 교사, 기업 교육 담당 HRD 담당자, 시민단체 교육자 등 앞서 '청소년들의 잠재력을 개발해주는 일'에 종사할 수 있는 다양한 직업을 가질 수 있는 가능성이 훨씬 높아지게 된다.

**미래 유망 직업**

| | |
|---|---|
| **첨단기술 관련 직업** | 안드로이드로봇 개발자, 생명공학자, 나노공학자, 항공우주공학자 |
| **세계화, 글로벌화를 이끄는 직업** | 국제변리사, 물류 전무가, 관세사, 국제회의 전무가, 국제의료 코디네이터, 항공기조종사, 선박도선사. |
| **산업과 기술의 융합형 직업** | 생체계측 의료기기 개발자, 금융상품 개발자, 미술치료사, 로봇공학자, 경영정보 전문가, 해수담수화 전문가, 테크니컬라이터 |
| **지구 온난화에 대처하는 녹색직업** | 태양광발전 연구원, 친환경건축 컨설턴트, 온실가스 인증 심사원, 전기자동차 개발자, LED제품 개발자, 연료전지 전문가, 기후변화 전문가, 탄소배출권거래 중개인, 폐기물에너지 연구원 |
| **일과 삶의 균형을 추구하는 직업** | 보육교사, 베이비시터, 커리어컨설턴트, 전직지원 전문가 |
| **유비쿼터스 시대를 이끄는 IT직업** | 정보보안 전문가, U- City 기획자, RFID시스템 개발자, 증강현실 엔지니어, 온라인 마케터, 스마트그리드 설계자. |
| **고령인구 사회를 위한 직업** | 치과의사, 임상심리사, 노인전문 간호사, 사회복지사, 임상실험 코디네이터 |
| **삶의 질 향상을 위한 서비스 직업** | 호텔컨시어지, PB(Private Banker), 파티플래너, 이러닝교수 설계자 |

## 내가 원하는 미래의 나를 상상해보자

이제 우리 사회에서 '평생 직장'이라는 말은 사라지고 있다. 직업은 돈을 벌기 위한 생업이라는 개념보다는 평생 즐기며 행복할 수 있는 일로 여겨지고 있다. 그래서 '평생 직장'보다는 '평생 공부'하는 것으로서 '직업'의 의미가 진화하고 있다.

현대사회에서 '직업은 평생 즐겁게 하는 일'로 의미매김되면서 이제 미래의 직업인들은 자신이 진짜로 원하는 직업을 갖기 위해 '나는 어떤 사람인가', '나는 무엇을 잘하고, 무엇을 좋아하고, 어떤 일에 관심을 갖고 있는가' 등의 다소 자기 성찰적인 마인드로 자신을 진단해 보는 일이 필수가 되었다. 그래야 나에게 어울리는 직업을 합리적으로 선택할 수 있기 때문이다.

이제 친구 따라 강남 가듯, 부모님이 하라고 하니까 하는 식의 외양적인 직업 선택은 곤란한 시대가 되었다. 그보다는 '내가 진짜로 좋아하고 잘하는 일이 무얼까?'를 고민하고 나서는 그 직업에 대해서 막연하게 무엇이 될까 생각하기보다는 그 직업을 선택하게 되면 과연 무엇을 하게 되는지를 구체적으로 탐색하고 최대한 다양한 정보를 찾아보는 것이 좋다. 그것이 나에게 적합한 직업을 선택할 수 있는 지름길이다.

자신이 원하는 직업을 선택했다면 가능하면 다양한 직업정보나 직·간접적인 방법으로 현장을 방문해서 그 직업을 직접 체험해보는 것도 좋다. 단 하루만이라도 그 직업을 직접 체험해본다면 내가 막연히 그렸던 직업과 현장의 직업이 어떤 차이가 있는지 알 수 있을 것이다. 또 인터넷 등을 통해 자료 조사를 해서 스크랩을 해보는 것도 방법이 될 수 있다. 자신만의 직업 파일을 만들어 자료를 모으다 보면 누구보다도 그 분야에 대해 다양한 정보를 취할 수 있을 것이다.

진로에 대한 확실하고 명확한 기준은 학습자가 학습에 임하는 데 있어 흥미를 유발하도록 하며, 이러한 흥미는 공부하는 것으로 연결되기 때문에 매우 중요하다. 따라서 진로에 대한 기준이 불명확한 경우 현재 무난하게 성적을 유지하는 학생일지라도 공부를 계속하도록 하는 동기를 방해해 장기적 관점에서 학업 성취에 나쁜 영향을 미칠 수 있다. 그러므로 적절한 기준에 따른 합리적 의사결정과정을 알려주고, 이를 통해 명확한 진로설정을 하도록 지도하여 학습자가 학습에 대한 흥미와 동기를 유지하고 더 나아가 보다 나은 성취를 할 수 있도록 도전정신을 심어주고 도와주는 것이 중요하다.

## 나를 말해주는 동사를 찾자

직업을 선택하는 데 있어서 자신이 좋아하고 잘하는 행동을 기억하고 있다면 훗날 대학 학과 선정이나 직업 선택에 큰 도움이 될 수 있다. 내가 잘하는 것들이 무엇인지, 내가 잘하는 것들을 표현하는 문장들이 어떤 것인지를 면밀히 검토해서 자신이 진정 원하는 분야가 어떤 것인지를 안다면 적어도 '자신이 원하지 않는 학과나 직업'을 선택하는 우를 범하지는 않을 수 있다. 아래 기준표에 솔직하게 대답해 보라. 다음 기준표의 문안 중 내가 다른 것보다 더 많이 표현하는 말이나 행동이 있다면 아래 해설표를 참고해 자신이 좋아하는 동사로 기억했다가 학과 선택이나 직업 선택에 활용하면 유익한 자료가 될 것이다.

## 내가 좋아하는 동사형 행동과 기호 분야

| | |
|---|---|
| 언어지능이 높은 사람 | -책을 읽는 것을 좋아한다.<br>-라디오나 TV에서 나오는 이야기를 듣는 것을 좋아한다.<br>-토론 하는 것을 좋아한다.<br>-글을 쓰는 것을 좋아한다.<br>-친구들과 농담하고 이야기하는 것을 좋아한다.<br>-이름, 장소, 날짜 또는 사소한 것을 잘 기억한다. |

위의 내용 중 일부나 많은 부분이 자신의 얘기라면 언어지능이 높은 사람일 수 있다. 글과 말을 통해 일을 할 수 있는 아나운서, 기자, 소설가, 수필가, 극작가, 번역가부터 교사, 광고기획자, 간호사, 검사, 변호사, 보험설계사 등의 직업이 맞을 수 있는 부류의 학생이다. 이 부류의 학생들은 "글을 쓰거나 말하는 것을 좋아하므로 언어를 배우는 학과를 선택하거나 사용하는 직업"을 선택해 보면 좋을 것이다.

| | |
|---|---|
| 공간지능이 높은 사람 | -공상하는 것을 좋아한다.<br>-책보다는 영화를 좋아한다.<br>-그림 그리는 것을 좋아한다.<br>-글보다 지도, 그림, 도표를 쉽게 이해한다.<br>-연습장에 낙서하기를 좋아한다.<br>-레고 쌓기, 도미노 등 블록을 가지고 노는 것을 좋아한다. |

위의 내용 중 일부나 많은 부분이 자신의 얘기라면 이런 학생은 공간지능이 높은 학생이다. 광고기획자, 만화가, 모델, 이미지 컨설턴트, 디자이너, 치과 기공사, 컬러리스트, 큐레이터, 패션 스타일리스트, 푸드 스타일리스트와 같은 직업에서 공간적 지능을 잘 활용할 수 있다.

| | |
|---|---|
| 신체-운동지능이 높은 사람 | -다른 사람의 몸짓이나 특징을 잘 흉내 낸다.<br>-달리기, 축구, 야구 등 몸으로 하는 운동을 좋아한다.<br>-진흙이나 손가락 그림과 같은 촉각적 느낌을 좋아한다.<br>-눈으로 보지 않고 손으로 만져 봐야 속이 풀린다.<br>-한 곳에 오래 있어야 하면 잠시도 가만 있지 않고 안절부절 못한다. |

위의 내용 중 일부나 많은 부분이 자신의 얘기라면 이런 학생은 신체-운동지능이 높은 사람이다. 운동선수가 되지 않더라도 마술사, 배우, 체육 교사, 동물 사육사, 모델, 병원 코디네이터, 소방관, 스포츠 기록 분석 연구원, 웃음치료사, 자동차 정비원, 지하철이나 기차 기관사, 크레인 운전원, 형사 등의 직업이 어울릴 수 있다.

| 대인관계지능이 높은 사람 | -친구나 동생에게 무언가를 가르치거나 조언하는 것을 좋아한다.<br>-동아리나 모임에 소속되어 있는 것을 좋아한다.<br>-어려움을 당한 친구를 찾아가 돕는 것을 좋아한다.<br>-사람들을 이끄는 것이 좋다.<br>-친구들 사귀기를 좋아한다.<br>-사람들과 함께 있는 것이 좋다. |
|---|---|

위의 내용 중 일부나 많은 부분이 자신의 얘기라면 대인관계지능이 높은 사람이다. 상대방의 몸짓, 말투, 표정만 가지고도 감정과 기분을 민감하게 파악할 수 있어 상담가, 심리치료사, 교사처럼 가르치는 직업이나 종교가, 정치가처럼 사람들에게 영향을 미치는 직업이 활용할 수 있다.

| 자연탐구지능이 높은 사람 | -도시보다는 자연에 있는 산이나 강, 바다를 좋아한다.<br>-꽃이나 나무 등의 이름을 잘 알고 있다.<br>-날씨의 변화에 민감하다.<br>-동물을 좋아한다. |
|---|---|

위의 내용 중 일부나 많은 부분이 자신의 얘기라면 이런 학생은 자연탐구지능이 높은 사람이다. 동식물을 분류하거나 자연을 탐구하는 능력이 높아 식물학자, 동물학자, 원예가, 수의사, 조류학자, 환경운동가 등의 직업에 적합하다.

위의 분류를 통해 자신이 언어지능, 공간지능, 신체-운동지능, 대인관계지능, 자연탐구지능 중 한 가지 이상의 지능을 갖고 있다는 것을 알았을 것이다. 이제는 각 지능에 해당하는 나만의 장점을 살려 자신에게 맞는 진로를 생각해 보면 현명한 진로 선택에 많은 도움이 될 것이다.

## 공부를 잘한다고 머리가 좋은 것은 아니다

앞서 언급한 지능 중 어느 한 지능이 다른 지능보다 특별히 더 중요하거나 훨씬 나은 것은 없다. 각각의 지능이 모두 중요하고 의미가 있다. 문제는 내가 무슨 지능을 갖고 있느냐가 중요한 것이 아니라, 나만의 지능을 어떻게 하고 싶은 일이나 직업으로 연결시킬 것인지 생각하는 것이 중요하다.

대체로 학교 공부를 잘하는 학생은 국영수와 관련이 있는 언어, 수리, 논리지능이 높은 편이다. 하지만 직업의 세계에서는 다양한 지능 중 한두 가지 자신이 잘하고 좋아하는 지능만 있어도 행복한 직업을 삼을 수 있다. 연예인에게 필요한 것이 대인관계지능이고, 논리학박사에게 필요한 것이 논리지각지능이듯이 말이다. 가수에게 필요한 음악지능이나 작가에게 필요한 언어지능이 자신에게 있다면 그 방면의 학과나 직업을 고려해 보는 것도 지혜로운 직업 선택의 방법 중 하나가 될 것이다. 물론 각자 자기만의 지능이 높은 분야에서 직업을 갖게 되면 일을 더 잘할 수 있는 가능성이 높지만 그렇다고 해서 그 직업을 잘할 수 있는 절대적인 기준이 되는 것이 아니다. 그보다는 그 지능을 살리고 개발하는 자신만의 노력이 더해져야 진정한 직업인으로 거듭날 수 있다.

사람은 꼭 한 가지 지능만 높은 것도 아니다. 두 가지 이상의 지능이 높을 수도 있다. 운동지능이 높으면서 언어지능이 높은 사람도 있다. 이 사람은 운동과 언어를 많이 사용하는 전문직, 즉 스포츠 앵커,

스포츠 기자나 아나운서 등을 하게 되면 자신이 잘하는 지능을 모두 활용할 수 있다.

같은 의사라도 자신이 어떤 지능이 높은가에 따라 적합한 전공을 선택해야 한다. 논리적 사고 능력이 높으면서 신체-운동지능 중에서 손재주가 뛰어나다면 외과가 적합하다. 손을 많이 쓰는 외과의사는 의학 지식뿐만 아니라 고도의 손기술을 필요로 하는 분야이기 때문이다. 사람들의 이야기를 잘 들어주고, 공감 능력이 높은 대인관계지능이 높은 사람은 의사 중에서도 정신과 분야인 임상 심리가 더 적합할 수 있다.

## 좋아하는 과목을 공부하라

자녀들이 미래의 직업을 생각하고 진학할 때에 첫 갈림길은 인문계고로 진학하느냐, 특성화고로 진학하느냐를 선택하는 것이다. 우리나라에서 요즘은 웬만한 학생들은 대학 진학을 염두에 두고 인문계고에 진학하는 게 대부분이지만 일찍부터 아이가 특정 분야에 취미를 느끼거나 일찌감치 그 분야로 진출하기를 원한다면 특성화고에 보내는 것도 좋은 진로코칭이 될 것이다.

먼저 특성화고를 선택하려면 성적보다는 자신이 배우고 싶은 것을 배울 수 있는 학교로 진학토록 하는 것이 현명한 방법이다. 요리나 관광, 제빵, 전문기술 등 특성화고들은 일찌감치 그 분야에 대해 전문적이고 국제적인 기술과 지식을 가르치기 때문에 어느 특성화고에 들어갔느냐에 따라 자녀의 미래 꿈을 한층 빨리 현실화시킬 수 있고, 당당히 전문적인 사회인으로 성장할 수 있는 장점을 지니고 있다. 하지만 이때도 자녀가 특성화고에서 배운 기술이나 지식을 보다 큰 배움터에서 더욱 정진하고 싶은 마음을 갖고 있다면 고교를 다니면서 대입 공부도 병행하게끔 하는 방법도 생각해 볼만하다. 지금은 특성화고등학교도 인문계고 못지 않게 전문기술과 능력을 배우면서도 대학 진학률이 70% 이상이다. 결론적으로 자녀가 특성화고에 진학할 때는 자녀의 꿈에 한층 가까이 갈 수 있는데 실제적인 도움을 줄 수 있는 학교로 진학토록 권해야 한다. 이를 위해서는 다양한 정보를 취합하여 자녀를 코칭하는 부모의 현명한 선택이 요구된다.

자녀가 인문계고에 진학하고자 할 때에는 눈에 보이는 국영수 세 과목 중 어느 하나를 잘하느냐를 놓고 자녀의 미래를 판단하기보다는 중요과목 외에 사회나 과학, 제2외국어 등에서 자녀가 특별히 재능을 보이거나 관심 있어 하는 과목을 유심히 살펴 그에 맞는 지도를 해주는 것이 중요하다.

인문계 고등학교에서 공부하는 과목 중 자신이 잘하는 과목을 접목하면 어느 학과를 선택해 어떤 대학 공부, 나아가서는 자신의 직업에 맞는 학과를 선택할 수 있을지 결정할 수 있다. 가령 사회를 좋아하는데 수학도 곧잘 한다면 문과 계열 중에 경제경영, 통계학과 등의 학과를 선택하도록 권해 볼 수가 있다. 또한 수학을 좋아하면서 과학에도 흥미를 보인다면 이과 계열로의 진학을 권할 만하다. 이밖에도 의류,

생활과학, 보건, 간호 계열 관련 학과 등은 대학에 따라 문과와 이과에서 각각 신입생을 뽑을 수 있으니 이 분야로 진출을 원하면 대입 전형 요강을 꼼꼼히 잘 살펴 원하는 분야의 학과를 선택해야 할 것이다.

문과 성향을 지녔으면서 수학이나 과학 등의 과목에 조금이라도 흥미와 적성을 갖고 있다면 과감히 이과를 선택하도록 권유하는 것도 좋은 계열 선택의 숨겨진 1인치를 찾는 길이 될 것이다. 왜냐하면 대학 입학 후에도 이과 전공자는 문과 계열 학과를 부전공으로 가질 수 있기 때문이다. 반면에 문과 계열 학과 학생이 이과 계열 학과를 부전공으로 갖기엔 사실상 불가능하기 때문에 문과 학생보다 훨씬 더 폭넓은 대학 공부를 할 수 있다는 이점이 있다는 것도 간과하지 말아야 할 학과 선택의 노하우이다.

## 혼자 고민하지 말고 함께 고민하라

진로와 학과를 선택하는 데 있어서는 혼자만의 힘으로 할 수 없는 것들이 많다. 우선 아이는 자신이 뭔가에 흥미를 느끼고, 어느 것은 남보다 더 잘하고, 어떤 가치관으로 살고 싶고, 이 학교에 맞는 성적을 갖출 수 있는지 등등의 평가기준이 스스로 판단하기에는 너무 버거운 것이 사실이다. 물론 자신의 성격이라든가, 가치관, 적성 정도는 스스로 어느 정도 파악하고 있는 학생도 있을 수 있겠지만 대부분의 학생들은 그렇지가 못하다. 여기에 더해서 자신이 원하는 대학의 학과에 가기 위해서는 성적은 어느 정도가 되야 하고, 무엇을 더 중점적으로 공부해야 하는지를 모르는 경우가 태반이다. 따라서 이러한 모든 여건을 염두에 둘 때 자신과 가장 가까이 친밀하게 의견을 나눌 수 있는 사람과 대학과 학과, 미래 직업 등에 대해서 많은 얘기를 허심탄회하게 나눌 필요가 있다. 무엇보다도 자녀가 원하는 학과나 계열에 대해서는 먼저 대학을 다녀봤고, 똑같은 고민으로 선배의 도움을 필요로 했던 부모 세대가 가능한 큰 그림에서의 아우트라인은 얘기해 줄 수 있다. 다음의 대학 계열 소개를 잘 참조해서 부모가 자녀에게 관련 학과에 대한 정보나 미래 가능성 등에 대해서 부모의 입장에서 객관적으로 얘기해 준다면 자녀들은 부모의 또다른 면에 감동하면서 허심탄회한 대화도 나눌 수 있는 1석 2조의 효과를 볼 수 있을 것이다.

자녀들이 자신의 진로나 학과를 혼자 결정한다는 것은 아무래도 부담스러운 선택일 수밖에 없다. 희망 직업이나 관련학과에 대한 충분한 정보가 아직은 부족하고, 미래 사회에 대한 전망과 직업 세계의 변화를 고려하지도 않았는데 혼자서 이렇게 큰 문제에 대해 결정을 한다는 것은 청소년으로서는 아직 감당해 낼 수 없는 분야일 수밖에 없다. 따라서 앞서 언급한 부모의 조언 외에 선생님, 선배, 진학이나 진로상담 교사 등 조언을 구할 수 있는 모든 상대와 충분한 이야기를 나누고 정보를 교환할 때 이러한 경험으로 진로에 대한 의사결정을 하나씩 배워가면서 더 크고 중요한 선택을 스스로 할 수 있게 된다. 진로 탐색이나 진로 선택을 성급하게 끝내기보다는 충분한 시간과 노력을 들여 신중하고 끈기 있게 함께 풀어가는 것이 중요하다.

# 학과 특성을 알고 전공 학과를 선택하라

## 10년 후를 내다보고 전공을 선택하라

이제 학문 간의 장벽이 허물어지고 융합의 시대가 시작되어 그에 따라 대학마다 학문 융합의 시대를 선도하겠다며 대책을 마련하고 있다. 대학의 전체적인 학과 재구성이 어떻게 편성될지도 관심의 대상이다. 이처럼 새로운 길이 열리는 만큼 진로의 폭은 더 넓어질 수밖에 없다. 따라서 자신이 무엇을 전공해야 할지, 그 전공을 선택하면 어떤 공부를 하는지, 전망은 어떤지 더욱 잘 판단해야 한다. 미래는 어떻게 바뀔지 생각할 수 없을 정도로 급변하고 있다.

어떻게 전공을 선택하는 것이 좋을지 구체적으로 생각해보자. 한번 정하면 쉽게 돌이킬 수 없는 것 중 하나가 전공이다. 옷가게에서 옷 고를 때야 이것저것 입어보고 몸에 맞지 않으면 다른 옷으로 갈아입을 수 있지만, 전공 선택은 옷 고르기가 아니다. 전공 선택이 중요한 의미를 지니는 것은 그것이 곧 직업과 연결되기 때문이다. 더구나 지금처럼 하루가 멀다 하고 급변하는 시대에는 더더욱 중요할 수밖에 없다. 지금 중학생이라면 최소 10년 후에는 직업이 결정된다. 그런데 10년 후에 세상이 어떻게 바뀔지 예측하기란 결코 쉽지 않다. 어쩌면 지금보다 훨씬 더 숨 가쁘게 변할지도 모른다. 변화의 속도는 그동안 변한 것과 비교할 수 없을 정도로 빠를 것이다.

우리나라 대학들은 불과 몇 년 전만 해도 몇 가지 전공을 대분류하여 유사한 학과만 개설했기 때문에 전국 어느 대학에나 거의 똑같은 학과만 존재했었다. 그런데 지금은 일반적이고 고전적인 형태에서 벗어나 사회 변화의 흐름을 인정하면서 하루가 멀다 하고 새로운 학과들이 신설되고 있다. 또 그에 따라 새로운 학과를 찾는 지원자가 늘어나고 예전의 인기 학과가 비인기 학과로 전락하고 있다. 다양한 전공 개설을 통해 학생들이 보다 폭넓은 진로 선택의 기회를 제공받을 수 있게 되고, 각자의 개성과 적성에 맞게 미래사회에 대비할 수 있게 된 것이다.

타인과 항상 치열한 경쟁을 치를 수밖에 없는 활동적이고 외향적인 성격이 강한 스포츠학과가 있는가 하면, 조용히 앉아 풍부한 감성을 글로 표현하고 싶은 사람을 위한 문예창작학과도 있다. 구석진 공간의 세밀한 부분까지 챙겨야 하는 건축분야의 설계, 토목, 물리학과 등도 있다. 배짱은 없더라도 어떤 일을 치밀하게 처리하고 계산능력이 뛰어나다면 은행원, 공무원으로 진출이 가능한 경제 관련 학과가 적성에 맞을 것이다. 안정성을 추구하면서도 조직력에 두각을 보이고 신체적 능력까지 뛰어나다면 경찰학과나 3군사관학교가 적합하다. 원칙을 중시하고 이성적인 판단력을 가진 사람은 법학 관련 학과에 지원하는 것이 좋으며, 따뜻한 성품으로 타인을 배려한다면 사회복지나 유아교육 관련 계열에 지원하는 것이 좋다. 이렇듯 자신의 희망과 성격, 재능을 따져 보아 학과를 선택하는 것이 바람직하다.

또한 학과인지 학부인지 살펴보는 것도 중요하다. 학과와 학부의 차이는 학생들에게 중요한 의미를 준다. 간단히 말하면 4년 동안 공부하는 방법의 차이라고 할 수 있다. 학과 형태라면 입학 당시 선택한 학과를 4년 동안 공부해야 한다. 한 번 선택으로 졸업까지 가는 것이다. 학과를 선택할 때 충분히 고민해 신중하게 결정을 내렸다면 문제가 없지만 그렇지 않았다면 적성에 맞지 않는다고 하더라도 기다렸다가 원하는 학과의 결원 상태를 고려해 전과할 수밖에 없다.

학부 형태는 인문학부 · 사회과학부 · 자연과학부 · 공학부처럼 크게 학문의 범주에 따라 구분하는 것이다. 해당 계열 속에 포함되는 모든 학과를, 마치 교집합처럼 포함하는 것이다. 학부는 입학 후 1학년까지 다양한 과목을 모두 공부해볼 수 있다는 장점을 지니고 있다. 그리고 2학년에 올라가서 1학년 때 배웠던 것 중 계속 공부하고 싶은 것을 세부 전공으로 결정하는 것이다. 공급자가 아닌 수요자 중심의 교육 형태로, 1년 동안 다양한 전공을 두루 학습하고 이해함으로써 전공에 대한 막연한 개념을 보다 구체적이고 현실적으로 파악할 수 있게 한다. 그러나 특정 학과에 지원자가 많을 경우 선발기준에 따라 제한하기 때문에 거기에서 밀려나면 적성과는 상관없는 다른 전공을 선택해야 하는 불상사가 발행할 수 있다.

따라서 학과와 학부의 특성을 먼저 이해한 후, 자기가 가려는 곳이 학과 개념인지 학부 개념인지를 사전에 알아두는 것이 중요하다.

10년 후 각광 받는 직업은 무엇일까? 한국고용정보원은 우리나라 직업 세계에 영향을 미칠 8대 메가트렌드를 분석한 후 이에 따른 '10년 후 유망 직업'을 선정해 발표했다. 직업의 녹색화, 유비쿼터스, 첨단기술 발전, 세계화, 산업과 기술의 융합, 일과 삶의 균형, 삶의 질 향상, 고령인구 증가 및 다문화 사회가 8대 메가트렌드이고, 기후변화 경찰, 주택에너지 효율 검사원, 마인드 리더, SNS 보안 전문가, 생체정보 인식 기술자, 로봇 감성치료 전문가, 입는 로봇 개발자 등이 10년 후의 유망 직업이다. 그동안 한번도 들어보지 못한 새로운 것들이다.

또한 글로벌을 이끌 유망 직업에는 국제회의 전문가, 국제의료코디네이터, 국제변리사, 초음속제트기조종사 등이 꼽혔고, 고령화와 다문화 사회에 따라 노인상담 및 복지전문가, 연금전문가에 대한 수요도 늘어날 것으로 전망했다. 뿐만 아니라 전직지원 전문가, 개인여가 컨설턴트, 감성 디자이너, 복고체험 기획자 등의 직업도 새로 생겨나거나 유망해질 것이라고 내다봤다.

## 내가 정말로 원하는 학과인지를 알아보자

우리가 생각하는 것처럼 국문학과를 졸업하면 모두 다 글을 쓰는 작가가 되고, 기자가 되고, 출판사에서 일을 하게 될까?

그럴 수도 있고 아닐 수도 있다. 자신의 희망사항에 따라 시인이나 소설가, 평론가 등 작가가 되는 사람도 있을 것이고, 사람들의 글을 잘 다듬어서 책을 만드는 출판사 직원이 될 수도 있을 것이다. 또한 학원에서 국어 강사를 할 수도 있고, 대학원에 진학해 국문학 공부를 더 하는 사람도 있다. 그만큼 우리가 아는 학과와 진짜 그 학과에서 진출하는 직업은 다양하고 의외인 경우가 많다. 한마디로 우리가 흔하게 접하게 되는 진로 관련 사이트나 취업 관련 책에서 안내하는 이 학과를 졸업하면 이 직업을 가질 수 있다는 내용은 반은 맞고 반은 안 맞는 경우가 많다. 그건 대학의 관련 학과에 대한 사회의 기대나 상식과 달리 관련 학과를 나오면 할 수 있는 일이나 실제로 하게 되는 일들이 예전과 달리 급격하게 변하고, 새로운 일자리들도 많이 나오기 때문이다. 그렇긴 하더라도 자신이 원하는 계열과 학과의 기본적인 커리큘럼과 진출 가능 직업에 대해선 관련 분야의 사정에 따라 다르긴 하겠지만 큰 틀에서는 그리 다르진 않다. 따라서 자신이 가고자 하는 학과나 직업이 뚜렷하거나, 그렇지 못한 아이들도 한번쯤 다음에 소개하는 관련 학과에 대한 기본 정보를 숙지한 후 진로 선택을 결정한다면 실제적이고 현실감 있는 코칭이 될 것이다.

대학의 학과를 선택할 때는 그 학과를 졸업했기 때문에 '진출 가능성이 높은 직업'과 '졸업한 사람들이 실제로 진출하고 있는 직업' 두 가지를 모두 살펴보아야 한다.

자신이 좋아하는 것과 잘하는 것을 기본으로 해서 자신의 성격이나 가치관과 일치하는 일을 선택하라. 그러면서도 보수라든가 장래 가능성 같은 현실적인 여건도 함께 염두에 두고 직업을 고려해봐야 한다.

학생들에게 진로 선택에 대한 혼란을 주는 것을 방지하기 위하여 2010년부터는 교육과학기술부와 한국교육개발원이 건강보험 데이터베이스와 연계해서 취업률을 발표한다. 또한 대학알리미 홈페이지www.academyinfo.go.kr를 통해 대학별, 전공별 취업률을 공시하고 있다. 대학 홍보물이 아닌 공인된 정보를 통해서 희망하는 대학과 학과의 취업률을 확인하는 것이 '수요'의 관점에서 진로를 선택하는데 도움이 될 것이다.

### 인문 계열–인간의 본성을 배우는 인문학의 보고

'문과' 하면 우선 떠오르는 계열이 바로 인문계열이다. 우리가 흔히 말하는 '인문학'이라고 하는 인간의 심성과 도덕, 교양을 다루는 학문인 인문 계열은 언어, 문학 분야와 심리학, 철학, 인류학 등의 인문과학 영역으로 나누어져 있다. 인간 본연의 가치와 인간성에 대해 다루는 인간과 인간의 문화, 인간의 표현 능력을 공부하는 가장 기초적인 학문이다.

인문 계열은 우선 문학과 언어에 관심이 있는 학생들이 진학하기에 좋은 계열이다. 이 계열 학생들은 기본적으로 국어국문학이나 외국어,

각종 외국문학에 대해 배우게 된다.

세계 각국의 다양한 문학과 언어에 남다른 관심을 가진 학생이나 사람과 사회, 사람과 문화에 폭넓은 지식과 교양을 쌓길 원하는 학생들에게 매력적인 학문이 될 수 있다. 하지만 실용적인 목적보다는 본질적인 학문 탐구가 이 계열 학문 연구의 목적이므로 응용학문이나 실용적 효과를 기대하는 학생에게는 맞지 않는 계열일 수도 있다. 깊이 있는 학문 탐구를 목적으로 하고 있기 때문에 취업률은 높지 않을 수 있음을 주의하라.

인문 계열을 공부한 학생들이 진출하는 분야는 매우 다양하다. 인간과 문화, 그리고 언어라는 기본 소양을 바탕으로 공무원, 공공기관, 기업, 교육계 등에 진출하는 경우가 제일 많다. 경영, 회계 관련 사무직으로 많이 진출한다.

글과 관련된 전문직업을 삼고자 하는 학생들에게 어문 계열은 실질적인 도움을 줄 수 있다. 또한 외국어를 전공해 외국어를 필요로 하는 직업을 갖고 싶다면 영어, 프랑스어, 스페인어 등 관련 어학 관련 학과로 진학하는 게 좋다. 해외 비즈니스 현장에서 일하고 싶은 학생도 외국어 관련 학과를 선택하면 된다. 특히 베트남어나 희랍어, 말레이어 같은 희소성 높은 어학을 배운 학생은 해당 국가나 관련 분야의 전문가로 활동할 수 있는 확률이 높다.

특히 어문 계열을 진학하고자 하는 학생들은 각종 진로 관련 자료에서 제시하는 졸업 후 진출 가능 직업에 대해서 꼼꼼히 살펴보면 전공 선택에 많은 도움이 될 것이다.

### 자연 계열—자연에서 벌어지는 모든 현상을 탐구하는 학문

자연 계열은 수학, 물리학, 화학, 생물학 같이 순수학문에 가까운 학문을 배우는 계열이다. 우리 생활 주변에서 일어나는 다양한 자연 현상의 기본 원리와 자연 운영 법칙을 탐구하는 학문인 만큼 이과 중에서도 공학 계열 학과와는 다소 구분되는 원칙 학문이라고 보면 된다. 그렇지만 최근의 자연 계열 학과도 사회적인 학문 통섭 영향이나 사회적 인기 학문의 영향을 받아 첨단기술이나 경제 관련 분야와의 융합으로 기존의 순수 학문과는 다소 변화된 학문 경향을 보이는 대학도 더러 있다. 그러다 보니 이러한 첨단 자연 과학 현상을 배우고 나온 졸업생들이 첨단기술 분야나 경제 분야에 진출하는 경우가 많아지는 추세이다. 가령 수학과를 졸업한 후 금융회사나 통계회사에 진출한다거나 물리학과를 나와 반도체 회사에 취업하는 경우가 이런 경우라고 할 수 있다.

자연 계열 관련 학과들은 모두 물리, 화학, 생물 등의 기초과목에 대한 이해가 필수이기 때문에 학과에 상관없이 교양필수과목으로 이들 과목을 공부한다. 따라서 중 · 고등학교 때부터 자연과학 과목에 흥미가 있는 학생이라면 재미있게 공부할 수 있는 여건이 조성돼 있다고 본다. 자연과학 계열은 우선 새로운 자연 현상에 대한 끊임없는 호기심과 무한한 탐구력이 필요하다. 한마디로 자연현상의 기본 원리와 본질에 대해 탐구하고자 하는 지적인 호기심이 왕성한 학생일수록 이 계열 공부가 부담보다는 지적 즐거움으로 다가올 것이다.

자연 계열 학문을 마치면 전공을 살려 관련 연구를 하는 대학원 진학생이 되거나 경영, 회계 관련 사무직으로 진출할 수가 있다.

### 의약 계열—우리 신체에 대한 연구와 인류 건강을 지키는 의료 의학

의약 계열은 부모님들이 그토록 원하는 약사, 의사의 꿈을 이루는 학문을 배우는 과정이라고 보면 된다. 말 그대로 의약 계열 학과는 신체에 대한 연구를 비롯해 각종 질병을 예방하고 치료하는 학문에 대해 공부하고, 동물의 질병을 치료하는데 사용되는 의약품, 의료장비 및 기구 등에 대해 공부하는 학문으로 크게 구분할 수 있다.

사실 '의술'을 다루는 학문인 만큼 정식 자격을 얻기 전까지 부단히 노력하고 피나는 연구와 공부가 뒤따라야 하는 고난의 과정이 기다리고 있다. 따라서 이러한 각오가 돼 있지 않거나, 의료 분야에 큰 관심이 없는 학생에게 단순히 '공부 잘 하니까' 가라고 권할 수 있는 학문이 아니다. 의약 계열 학과는 생물, 물리, 화학 등 기초 자연과학을 교양으로 수강하고 나서 보다 본격적인 의료관련 공부와 기술을 연구해야 한다. 따라서 기초 자연과학에 대한 흥미와 인체 실습 및 연구에 대한 흥미를 두루 갖추어야 하는 고도의 전문교육과정이다.

대학에서의 임상실습뿐만 아니라 졸업 후에 인체를 다루는 일에 종사하게 되므로 생명의 존엄성을 알고 위급한 상황에서도 침착함과 냉정함을 잃지 않는 학생에게 유리한 전공이다. 가장 고소득 직업인 의사는 상대적으로 낮은 만족도를 보였다. 더욱더 자신의 인생과 직업 가치관에 대해 보다 깊은 고민을 통해 선택해야 하는 계열이다.

의약 계열 학과들은 대부분 졸업 후 국가시험을 거쳐 관련 면허를 취득한 후 해당 분야 직업에 종사하는데 의사, 치과의사, 한의사, 약사, 물리치료사, 간호사, 임상병 리사 등은 반드시 면허가 있어야 종사할 수 있는 직업이다. 즉, 다른 계열의 학과 졸업자에게는 진입 장벽이 있고 반면에 보건 관련 직업의 수요는 계속 높아지고 있어 미래가 유망한 분야 중 하나이다.

### 교육 계열—학생들을 가르치는 것의 보람을 느끼는 학문

교육 계열은 유치원, 중 · 고등학교, 특수학교에서 학생들을 가르치는 선생님을 배출하는 것이 목적이다. 모든 졸업자가 교사가 될 수 없는 어려운 현실에 직면해 있으므로 더욱 신중한 선택이 요구되는 분야이다. 한국직업연구소에서 조사한 설문 결과에 따르면 청소년의 희망직업 1위가 중등교사로 나왔다. 대한민국 부모들이 희망하는 자녀의 직업으로 높은 순위를 차지하고 있기도 하다.

초등교육과는 전국 11개의 교육대학교를 중심으로 개설되어 있다. 학생들은 초등교육과로 입학한 후 특정 분야의 전문성을 갖추기 위해 수학교육, 사회교육 등 관심 있는 영역을 선택해 공부한다. 실제로 전공과 졸업 후 초등교사로의 입직 연계율이 가장 높은 학과라 할 수 있다.

중등교육과는 중 · 고등학교에서 개설되어 있는 교과목을 가르치는 교사를 양성하는 학과로 언어교육, 인문교육, 사회교육, 공학교육, 자연계교육, 예체능교육 등으로 전공 계열을 분류하고 있다.

교육 계열의 학과에서는 교육철학, 교육공학, 교육심리학, 교육행정학 등 '교육학'의 기초과목을 배우고, 국어, 영어, 수학 등 전공과목에 대한 교수법과 교재 연구를 하는 '교과교육학'과 실제로 일선 학교에서 가르치게 될 국어, 영어, 수학 등의 '교과내용'을 공부하게 된다.

초등교육과 특수교육 분야는 거의 대부분의 졸업생들이 국.공립 학교의 교사로 진출할 수 있다. 그러나 언어교육, 인문교육, 사회교육, 공학교육, 자연계교육, 예체능교육 등의 중등교육과 관련된 학과를 전공한 학생들은 교사가 되기 위한 치열한 경쟁을 뚫어야 한다. 바로 교사가 되기 위한 '임용고시'를 통과해야 하는 것. 참고로 최근 3년간 임용시험의 합격률은 평균 5%를 넘지 못하는 가시바늘 시험이었음을 주시할 필요가 있다. 따라서 초등교사 외에는 중등교사의 실현 가능성이 그만큼 높은 진입장벽이 있으니 단순히 선생님이 되겠다는 막연한 꿈보다는 '학생들을 가르치는 데서 행복을 느끼겠다'는 구체적인 동사형 꿈을 가지는 것도 이 계열 진출 학생들에게 권하고 싶은 직업 선택 마인드이다. 그러다 보면 보다 구체적이고 현실적인 대안들을 스스로 찾을 수 있을 것이다.

### 사회 계열─인간과 사회의 관계와 법칙성을 배우는 응용학문

인간과 사회의 관계와 법칙성을 과학적이고 체계적으로 탐구하는 학문이 사회 계열이다. 사회과학 분야의 학문으로는 경제학, 법학, 행정학, 사회학, 경영학, 사회복지학, 지리학, 관광학 등이 있다. 일상 생활에서 일어날 수 있는 다양한 사람과 사회에 대한 연구가 주를 이루는 학문으로 인간이 살아가는 데 꼭 필요한 사회 여러 기구와 법령,

현상 등에 관심이 많고 적성이 있는 학생이라면 보다 재미있게 공부할 수 있는 학문이다.

이러한 사회 문제에 대해 합리적으로 사고하고 분석하며, 다른 사람들에게 논리적으로 표현할 수 있는 학생에게 적합한 학문이다.

사회 계열 학과에서는 사회현상과 그에 대한 사람들의 행동, 사회현상에 영향을 미치는 원인과 그에 따른 결과 등을 분석하며, 과학적 분석을 위해 설문조사 기법, 통계분석 방법 등의 조사방법론을 배운다. 사회 계열 진출 학생 중 특히 수학이나 통계학에 소질이 있으면 전공 공부를 하는데 많은 도움이 될 수 있다. 경제, 경영, 통계, 사회복지학과 등에 수학이나 통계학이 유용하게 활용되기 때문이다.

사회 계열 학과에서는 저학년 때는 전공 관련 개론과 통계학, 조사방법론 등을 배우며, 고학년으로 올라가면 자신의 학과의 전문영역과 현장 학문을 배우게 된다.

사회 계열 진출 학생들은 관련된 자격증이 많으며 전문직 진출이 많은 계열이다. 세무사, 감정평가사, 공인노무사, 공인회계사, 관세사, 사회복지사, 청소년 상담사, 사회조사 분석사 등 전공과 연계한 자격증을 취득하여 전문가가 될 수 있는 학과이다. 또한 경제와 사회에 밀접한 공부를 하다 보니 일반 기업체, 은행, 증권사, 연구소, 정부 및 공공기관, 방송사, 언론사, 국제기구 등 다양한 분야에서 활동할 수 있다.

### 공학 계열—무엇이든 만들어 내는 실용응용학문

자연 계열 학과들이 기초과학에 보다 충실하다면, 공학 계열 학과들은 기초과학에 바탕을 두면서도 공학적 지식과 기술을 우리 일상 생활에 실용적으로 응용할 수 있는 것에 중점을 두고 있다. 자연 계열의 학과들과 마찬가지로 공학 계열을 전공하기 위해서는 수학, 물리학, 화학 등의 과목에 흥미와 소질이 있으면 유리하다. 새로운 것에 대한 호기심, 관심 분야에 대한 열정과 탐구력, 그리고 각종 실험실습도 많이 하기 때문에 성격이 꼼꼼한 학생들이 공부하는데 도움이 된다.

공학 계열도 자연 계열 전공과 마찬가지로 전공을 살려 관련 연구기관에서 연구 업무를 하기 위해서는 대학원에 진학하여 석사 학위 이상을 취득하는 것이 유리하지만, 일반 학사 학위자도 다양한 공학 분야에 진출을 하고 있다.

취업 시 전공 연계율이 가장 높은 계열인 만큼 꼼꼼하게 진출 경로를 살펴보면 좋다. 건설 분야에서 직업을 가질 수 있는 학과는 꼭 건축공학만 있는 것은 아니다. 건축공학, 건축학, 조경학, 토목공학, 도시공학 등 다양한 학과 졸업생도 건설 분야에서 일할 수 있다. 환경 분야도 마찬가지이다. 학과별 특성에 대해 보다 자세하게 이해하면서 전공을 선택하는 것이 좋다. 산업공학, 재료공학의 경우 다른 공학 계열에 비해 경영과 연계된 직업의 진출이 더 높다. 공학 전공이지만 경영과 관련한 일을 희망하는 경우에 참고하면 좋다. 공학 계열을 선택하더라도 대인관계 역량이 높은 사람의 경우 전공 지식을 기반으로 한 영업직으로 갈 확률이 높다고 할 수 있다.

### 예체능 계열—몸과 마음으로 창조하는 예술인을 키우는 학문

예체능 계열은 인간의 미적 창조 활동인 음악, 미술, 연극, 영화 등의 예술 영역과 건강한 신체와 운동능력의 육성을 목표로 하는 체육영역이 해당되는 분야이다.

전공의 특성상 실기의 비중이 큰 편이며, 입학전형에서도 실기시험의 성적이 합격 여부에 큰 영향을 끼치는 계열이다. 예체능 계열에 진학하는 학생들 대부분은 자신의 적성 분야를 찾아 대학 진학을 준비한 학생들이 가장 많은 분야이기도 하다. 따라서 자신이 좋아하고 잘할 수 있는 분야가 무엇인지에 대해 일찍부터 관심을 가지고 체계적으로 연습하는 것이 진학과 학과 공부 그리고 향후 진로에 도움이 될 것이다.

졸업 후 진출 분야는 전공에 따라서 다양한 모습을 나타내지만 역시 전문 예술인, 체육인, 뷰티아트 전문가, 의상 전문가, 음악인, 미술인 등으로 자신의 전공을 살리는 방향으로 진출한다. 그 외에는 대부분 관련 분야의 강사로 진출을 하고 있다.

# 진로코칭,
# 어떻게 할 것인가?

## 출발 전에 목적지를 설정하라

'지피지기면 백전백승'이라는 말이 있다. '적을 알고 나를 알아야 승리할 수 있다'는 이 말은 《손자병법》의 유명한 전략으로, 지금까지 많은 사람들 입에 오르내리고 있다. 그런데 남을 먼저 알고 나를 알 것인가, 아니면 나를 먼저 알고 남을 알 것인가, 하는 문제는 사람마다 가치관에 따라 다르다.

대부분의 사람들은 어떤 일을 하기에 앞서 상대를 파악하는 데 중점을 둔다. 물론 사회생활은 다른 사람과 함께하는 것이기 때문에 상대를 안다는 것은 성공과 실패의 갈림길이 될 만큼 중요하다. 그래서 자기의 이익을 위해 모든 인맥을 총동원하여 특정 계층에 있는 사람과의 연결고리를 찾으려고 혈안인 사람들도 때때로 볼 수 있다. 하지만 아무리 상대를 꿰뚫어 보고 훌륭한 인맥을 갖고 있다 해도 자기만의 특별한 능력이나 노하우가 없다면 인맥이고 뭐고 아무런 쓸모가 없다.

따라서 진정한 경쟁력은 남을 아는 데서 나오는 게 아니라 나 자신을 아는 데서 나온다. 자신에 대해 아무것도 모르는 사람은 상대방이 강하다는 사실을 알았을 때 자격지심에 빠져 수동적인 자세를 취하기 쉽다. 그러나 자신에 대해 잘 아는 사람은 어떻게 해야 상대방을 이길 수 있는지 적극적이고 능동적인 자세로 준비한다.

자기 자신을 제대로 아는 일은 아이의 진로를 결정하는 데 가장 밑바탕이 되어야 하는 것이다. 진로를 탐색하고 결정하는 일은 겉에서는 볼 수 없는 곳을 내시경으로 구석구석 탐색하는 것처럼 자기 안에 있는 적성과 잠재능력을 찾아내는 작업이다. 따라서 진로 탐색을 잘 하려면 아이가 스스로를 잘 파악하고 있어야 한다.

그런데 우리의 가정과 학교, 사회에서는 자신을 알아가는 과정은 생략한 채 오로지 남을 알아가는 과정에만 몰두하고 있다. 아이들 역시 자신이 아닌 다른 사람에 대한 정보를 알아내는 데만 급급하다. 그러다 보니 부모는 자녀가 무엇을 하고 싶어 하는지에 대해서는 관심을 두지 않고 매스컴의 주목을 받는 것에 따라 자녀의 진로를 마음대로 바꾼다. 축구에 대한 세계적 관심이 높아지고 축구선수의 위상과 인기가 하늘을 찌르자 웬만큼 운동장에서 뛰어다닐 수 있는 나이의 많은 남자아이들이 어린이 축구교실에 가입했다. 박세리 선수를 비롯한 몇몇 한국 선수들이 세계적인 프로골프선수권대회에서 우승하자 내 아이도 골프 선수로 키우겠다는 부모들로 골프장이 북새통을 이루기도 했다. 박찬호 선수가 LA다저스에서 연속 삼진으로 아시아의 위상을 높였을 때는 또 어떤가? 많은 부모들이 그 광경을 바라보면서 혼란에 빠지고야 말았다. 축구냐 야구냐 하는 한바탕 갈등을 겪어야만 했기 때문이다.

그런데 성공한 운동선수들이 하루아침에 영광의 자리에 섰던 것일까? 성공한 선수들은 어릴 때부터 부모의 세심한 배려와 관찰 속에서 운동에 흥미가 있다는 것을 발견하고, 그 가운데 특별한 재능을 발휘한 종목에서 노력을 기울인 끝에 좋은 결실을 거둔 것이다. 그런데 많은 부모들이 그들의 적성, 오랜 시간 쌓아올린 노력은 생각하지 않는다. 인기를 얻고 주목을 받는 분야가 나타나면 너도나도 우르르 몰려가기 바쁜 것이다.

진로란 최소 10년 후를 내다보고 결정해야 하는 일이다. 아이의 인생에서 무엇보다도 중요한 문제다. 하지만 어떤 계기가 있을 때마다 손바닥 뒤집듯 바꾸니 아이 입장에서는 자신이 누구인지, 무엇을 잘하는지, 어떤 일을 하고 싶은지 진정으로 생각할 겨를이 없다.

현명한 부모는 지금 이 순간이 아닌 먼 훗날을 바라볼 줄 안다. 중심도 없이 아이에게 이것도 시켜보고 저것도 시켜보면서 24시간 아이 옆에 찰싹 붙어 어쩔 줄 몰라 하지 않는다. 오히려 아이가 자기 자신에 대해 알아 갈 수 있도록 비켜서 있을 줄 안다. 단지 자신이 하고 싶은 일이 무엇인지, 어떤 직업을 가지고 싶은지 스스로 깨닫게 하고 목적지와 방향을 설정할 수 있도록 도와줄 뿐이다.

## 공부랑 친구하기

미국의 사회심리학자 올포트는 청소년기를 '자기에 대한 새로운 탐색기'라고 주장했다. 자신의 위치, 역할, 능력, 가능성, 가치 및 이념 등에 대한 확인 작업을 거치고, 이제까지 전혀 대수롭지 않게 생각했던 것에도 새로운 의미를 부여하고 고민하면서 무엇인가를 찾으려고 하는 시기라는 것이다. 또 미국의 정신분석학자인 에릭슨은 청소년기를 '자아정체감의 위기라고 할 만큼 급격한 신체발달과 성적 성숙으로 말미암은 내적 충동과 갑작스런 질적 변화가 일어나는 시기'라고 강조했다. 특히 인지능력에 있어 현실적 구속을 벗어나 과거와 미래, 무한한 가능성의 세계로 확장된 사고를 한다고 보았다. 이처럼 청소년은 어른도, 아이도 아닌 상태에서 자기 안의 수많은 질문들과 갈등한다. 또한 경제적 능력이 없으면서도 부모로부터 독립하고 싶어 하고 어른들의 지시에 따르기를 싫어한다. 자연스럽게 진학을 할 것인지 취업을 할 것인지를 고민하고, 진학을 한다면 어떤 전공을 택할 것이며 취업을 한다면 어떤 직종을 택할 것인가를 두고 갈등에 부딪히게 된다. 따라서 이 시기에 진로코칭은 꼭 필요하다.

진로코칭이 학교교육과정의 한 과정으로 포함될 수 없는 것은, 일시적으로 이루어질 수 있는 것이 아닌 매 순간 이루어질 수밖에 없기 때문이다. 아이는 세상에 태어난 순간부터 엄마와 아빠의 모습, 삼촌과 이모들의 모습, 유치원 선생님, 의사 선생님, 경찰관 아저씨들의 역할을 보면서 직업 세계에 대해 막연하게나마 눈을 뜨게 된다. 그리고 아이가 자라면서 자연스럽게 형성되는 직업관은 성인이 된 후 직업을 선택하는 데 중요한 밑바탕이 된다. 사람의 생김이 각양각색이듯, 아이마다 각기 다른 환경에서 다른 가치관으로 직업을 선택하게 되는 것이다. 따라서 아이에게 긍정적인 가치관을 심어주고 아이의 진로에 대해 함께 고민해주는 것은 부모로서의 당연한 권리이자 의무다. 그리고 그러한 과정은 부모와 아이를 더욱 돈독하게 이어주는 훌륭한 매개체가 될 것이 분명하다.

그렇다면 진로코칭을 구체적으로 어떻게 해야 할까? 우선 무턱대고 공부만 잘하면 무조건 출세한다는 식으로 공부의 필요성을 역설해서는 절대 안 된다. 목표도 없이 맹목적으로 공부하는 것은 아무런 의미가 없기 때문이다. 경부고속도로를 타고 대전에서 빠져나와 광주를 가야겠다고 생각한 사람은 고속도로에 진입하면서부터 어느 지점의 인터체인지에서 빠져나갈지 예상을 한다. 이들은 도중에 돌발적인 사태가 발생해도 침착하게 문제를 해결하고 다시 목적지를 향해 가기 쉽다. 그러나 무작정 경부고속도로만 타면 된다고 생각한 사람은 막상 고속도로에 진입하고 나서는 어디로 빠져나가야 할지 몰라 중간중간 출구 안내 표지가 보일 때마다 갈등을 반복하다가 정작 빠져나갈 곳을 지나버린다. 돌발사태에도 제대로 대처하지 못할 것은 물론이다.

다음으로 진로 선택을 할 때 부모와 교사, 진로 전문가들의 도움을 받을 수는 있지만 선택의 주체는 아이 자신이 되어야 한다는 것을 명심해야 한다. 부모는 아이의 인성이나 심성을 누구보다 정확하게 이해하고 있으며, 평소 일상 생활을 통해 아이 스스로가 인지하지 못한 특성을 발견할 수 있다. 교사는 아이의 학습참여도와 교우관계, 직접적인 특기적성교육 등의 학교생활을 토대로 조언을 해줄 수 있다. 진로 전문가는 검사, 상담 등을 통해 보다 심층적인 도움을 줄 수 있다. 하지만 무엇보다도 가장 중요한 것은 아이 자신의 생각이다. 스스로가 원하지 않는다면 아무런 의미가 없기 때문이다.

진로 탐색은 특정한 교육에서만 이루어지는 것이 아니다. 문학작품이나 영화, 드라마 속의 인물들을 관찰하는 것도 훌륭한 진로 탐색 과정에 속한다. 예를 들어 문학작품의 주인공이 꿈과 행복을 실현하기 위해 한 행동들을 살펴보는 것은 아이 스스로 해야 할 일을 자연스럽게 알아차리도록 일깨워주는 기회가 될 수 있다.

자신의 삶에 대해 생각해 볼 수 있는 계기를 만들어주려면 앞으로 어떻게 살아가고 싶은지를 먼저 물어봐야 한다. 진로 탐색 과정이라고 해서 반드시 특정 직업을 공부하는 것이 능사는 아니다. 무슨 일을 반드시 해야 한다고 강요하면 그 일은 아이에게 행복 자체가 되는 것이 아니라, 수단이자 방법으로만 국한될 수 있기 때문이다.

**아이에게 다음의 질문을 던져 보자.**

- 질문 1. 꿈이 있는가, 없는가?
- 질문 2. 꿈이 있다면 그 꿈은 무엇인가? 그리고 꿈을 이루기 위해 자신이 지금 어떤 노력을 하고 있는가?
- 질문 3. 자신이 닮고 싶은 인물은 누구인가?
- 질문 4. 그에 대해 아는 것은 무엇인가? 또 자기가 그 사람이 된다면 어떻게

살고 싶은가?

● 질문 5. 꿈이 이루어졌을 때 무엇을 하며 어떻게 살아갈 것인가?

이 질문을 던진 후에는 반드시 아이의 대답에 마음을 다하여 귀를 기울여야 한다. 아이의 이야기를 듣는 동안 아이에게 비쳐진 세상이 어떤지 이해할 수 있을 것이다.

또한 아이에게 부모의 이야기를 해주는 것도 도움이 된다.

● 대화 1. 엄마 아빠의 어릴 적 꿈이 무엇이었는지 이야기해준다.

● 대화 2. 그 꿈을 이루지 못했다면 이루지 못한 것에 대한 생각과 감정을 이야기해준다.

● 대화 3. 지금 하고 있는 일에 만족하는지, 만약 아니라면 다른 어떤 일을 하고 싶은지 이야기해준다.

엄마 아빠의 경험은 아이에게 진로상의 어려움이 닥쳤을 때 참고와 조언의 역할을 해줄 것이다.

위와 같은 가정에서의 진로 탐색이 뒷받침될 때 학교에서의 진로 탐색 수업은 막연했던 직업 세계를 좀 더 구체적으로 이해하게 하는 데 도움을 준다.

● 활동 1. 아이가 알고 있는 직업의 종류를 모두 다 적어보게 한다.

● 활동 2. 그중에서 아이가 생각하는 희망 직업과 그와 유사한 직업까지 표시

하게 한다.

- 활동 3. 그중에서 가장 좋아하고 잘할 수 있는 직업을 한두 가지 정도로 압축하게 한 다음 그 이유를 적어보게 한다.
- 활동 4. 그 직업을 가진 사람들을 보면서 좋은 것과 싫은 것, 그 직업의 장단점을 구분하여 기록하게 한다.
- 활동 5. 그 직업을 갖기 위해서 어떤 능력과 준비가 필요할 것 같은지 기록하게 한다.
- 활동 6. 그 직업에 대한 앞으로의 전망을 예측해보게 한다.

가정과 학교에서 함께 이루어지는 진로코칭은 진로에 대한 고민의 늪에 빠진 아이에게 한줄기의 빛과 같은 도움이 되어 줄 것이다. 아이와 함께 진로 탐색을 위한 여행을 떠나보자.

## 친구 따라 강남 가지 마라

목표 없이 달려가는 사람은 예상 밖의 문제가 발생했을 때 스스로 해결책을 찾기보다는 누군가의 선례를 무작정 좇으려고 한다. 마치 앞차를 따라 목적 없이 질주하는 것처럼 말이다. 하지만 그러다 보면 다른 차들이 많이 빠져나가는 곳으로 덩달아 빠져나가서는 어디로 가야 할지를 몰라 방황하고 결국에는 자신의 목적지를 잃고 헤맬 수밖에 없다.

실제로 많은 아이들이 분명한 목표의식 없이 대학에 진학한다. 남들이 다 대학에 가니까 나도 간다는 생각으로 말이다. 하지만 학과와 적성은 고려하지 않은 채 수능점수에만 맞춰 대학에 들어가는 것은 열차를 탈 때 목적지는 확인하지도 않고 바로 오는 열차 시간에만 맞춰 타는 것과 같다. 남들이 하는 것처럼 열심히 책가방을 메고 분주하게 강의실을 누비고는 있지만 목표도 꿈도 없다 보니 부평초와 다름없게 되고 나중에는 휴학, 전과, 낙제, 자퇴를 결정하기도 한다. 많은 언론 보도를 보면 대학생들의 전과와 휴학의 비율이 갈수록 급증한다고 한다. 경제적인 이유도 물론 있겠지만 주된 원인은 개인의 목표의식 부재에 있다. 애당초 진입로를 잘못 선택했기 때문에 전과나 휴학을 하고, 심한 경우에는 자퇴까지 하기도 하는 것이다.

그나마 이때라도 제 갈 길을 찾는 사람은 다행이다. 그럴 용기도 없는 학생들은 부모의 평생소원인 대학 졸업장을 받겠다고 적성에도 맞지 않는 공부를 한다. 학생도 죽을 맛이고 그런 학생을 가르치는 교수들도 죽을 맛이다. 이들이 대학을 졸업한들 이력서에 '대학 졸업'이라는 한 줄이 채워지는 것 말고 얻어지는 게 무엇이 있겠는가. 또 남들 따라서 여차저차 취업 준비를 해봤자 받아주는 곳도 없고 이력서 한 장 내밀기도 힘들다. 이렇게 취업과 미래에 대한 불안감을 느끼는 졸업생들은 도피하기 위해 대학원에 진학한다. 청년 실업률의 장벽이 워낙 높다 보니 정부에서도 권장하는 분위기다. 그러나 뚜렷한 목표도, 학문적 신념도 없이 안일하게 선택한 대학원에서 무엇을 얼마나 얻을 수 있을까. 상황이 이렇다 보니 대학원은 대학원대로 질적으로 하락하고, 졸업생은 졸업생대로 대학원 나왔다고 자존심이 하늘을 찌른다. 석사학위 받은 사람이 생산현장에 지원할 리 없고, 현장에서도 단순 직무에 고급 인력을 쓸 리 없다. 생산현장에서는 인력이 부족한데, 고학력자는 일자리가 없다고 난리다. 여기서 상황이 더욱 심각해지는 것이다. 이제 박사과정이나 고시로 눈을 돌리게 되고, 결국 학력 인플레이션 현상만 가중되어 사회 문제로까지 나아간다.

반면 진로에 대한 확실한 목표를 가진 학생들은 누가 시키지 않아도 자신에게 필요한 외국어시험, 자격증시험 등을 치르고 스스로 살길을 찾으려 애쓴다. 진로와 관련된 더 깊이 있는 공부가 필요하다고 생각하는 학생들은 대학원 진학을 준비하기도 한다. 이들의 대학원 진학은 위의 경우와 달리 의미가 있다. 또 기업체의 눈에 띈 인재들은 재학 시절부터 기업체에 예비로 선발되어 장학금을 받으며 공부한다. 이런 학생에게 눈독을 들이는 기업체들은 너무나 많아서 졸업하면 서로들 모셔 가려고 한다. 꾸준히 준비해왔으니 기업들의 러브콜을 받는 것은 백번 당연할 수밖에 없다. 어떤 목표를 정하고 얼마나 준비했느냐가 자신의 미래를 결정하는 것이다.

따라서 출발하기 전에는 출발점에 서서 자신만의 목표점을 정확히 찍는 것이 먼저다. 항공사나 항해사는 출발할 때 목적지 좌표를 설정한 후 목표점을 향해 잠시도 눈을 떼지 않고 달려간다. 출발 전 연료를 비롯한 모든 준비물들을 목표점에 맞춰 완벽하게 채워놓기 때문에 문제가 발생할 일은 거의 없다. 물론 뜻밖의 이상기류나 기상악화로 돌발 현상이 생기는 경우도 있다. 이렇게 예상하지 못했던 일을 만났을 때 생사를 좌우하는 것은 어떻게 대처하느냐에 달려 있다. 노련하고 위기대처 능력이 뛰어난 비행사는 오히려 이상기류를 타고 예상 소요시간을 단축할 것이고, 그렇지 못한 비행사는 위험과 불안 속에서 더 많은 시간을 빼앗길 것이다. 따라서 어쩌다 일이 뜻대로 풀리지 않더라도 차근차근 해결해 나가려는 자세를 가지는 것도 중요하다.

진로를 탐색하는 과정이 얼마나 중요한지는 충분히 알았을 것이다. 그렇다면 이제 직접 탐색을 시작해 볼 차례다. 하지만 무작정 시작하기란 쉽지 않다. 도중에 포기하게 될 수도 있고 내가 애초에 생각했던 것과는 다르게 진행될 수도 있다. 따라서 진로 탐색 과정을 다음과 같은 단계에 맞게 진행할 때 그 효과가 더욱 크게 나타날 수 있다.

**1단계: 탐색목적을 분명하게 설정하라**

진로에 대한 다양한 정보를 축적할수록 세심하고 신중하게 진로 결정을 할 수 있다. 따라서 진로 탐색 과정은 마라톤과 같은 긴 레이스가 된다. 이때 자신이 왜 진로를 탐색하고 정보를 찾고 있는지를 명확히 하는 일은 지치지 않게 하는 힘이 되고, 만약 지치더라도 다시 일어설 수 있게 하는 원동력이 된다.

**2단계: 마음에 들거나 가장 하고 싶은 직업을 찾아 나서라**

인생에서 자기가 하고 싶은 일을 하며 살아가는 것만큼 행복한 일은 없다는 말은 몇 번 강조해도 지나치지 않다.

그런데 모든 부모들은 자녀의 행복을 바라면서도 직업에 있어서만큼은 자신들의 주장을 굽히지 않는다. 자녀의 진로에 관여하기 전 부모들은 자문해 볼 필요가 있다. 자신이 자녀의 나이였을 때 꿈꾸었던 직업은 무엇이었으며 그것을 이루었는지, 혹 이루지 못했다면 하지 못한 일에 대한 미련과 아쉬움이 아직도 가슴속에 남아 있지는 않는지, 죽기 전에는 꼭 이루리라는 간절한 바람이 있는지, 그도 아니면 자신이 이룰 수 없으니 내 자식이 그것을 대신 이루어주길 바라지는 않는지 말이다.

사실 우리나라의 많은 부모들은 자신이 이루지 못한 꿈을 자녀가 이루어주길 바라고, 자기도 모르게 끊임없이 자녀에게 세뇌교육을 시킨다. 하지만 부모의 꿈과 자녀의 꿈이 일치하는 경우보다 그렇지 못한 경우가 훨씬 더 많다. 이때 부모는 자녀가 생각지도 못한 길로 가려 하면 그날부터 온갖 협박을 불사하고 결국엔 부모가 원하는 길로 자녀를 몰아간다. 어찌하여 자녀가 부모의 뜻을 따라주었다고 하자. 그렇다 하더라도 자녀는 진정으로 자신이 하고 싶었던 일을 마음에 묻고 평생 속병을 앓을지 모른다. 부모가 원하는 길, 남들이 다 부러워하는 길을 걷고 있다 한들 자신이 원하는 길이 아니라면 아무 소용도 없는 것이다.

한 채용정보 사이트에서 '현재 직업이 자신의 적성에 맞는가'를 주제로 설문조사한 결과, 설문에 응한 직장인 2,324명 중 '적성에 맞지 않다'고 대답한 사람이 전체의 64.3%에 달했다. 이 사실은 우리나라 진로코칭의 현주소를 보여주는 것이라고 할 수 있다.

따라서 아이에게 자신이 원하는 직업을 직접 찾아 나서게 해야 한다. 선택의 주체는 반드시 아이 자신이어야 하며, 부모는 선택의 과정마다 조언과 격려를 해주는 역할이면 충분하다. 많은 부모들이 자녀의 행복을 위해서 자신의 뜻을 강요한다고 생각하지만, 사실 그럴수록 행복은 더욱 멀어진다는 사실을 잊지 말아야 할 것이다.

### 3단계: 하고 싶은 일을 찾았다면 그것을 향해 전력으로 질주하라

진로 탐색 과정을 성실히 수행한 아이는 이제 자신의 꿈을 찾았을 것이다. 그렇다면 마지막으로 그 꿈을 향해 나아가는 일만 남았다. 진로를 열심히 탐색했다 하더라도 그 꿈을 이루기 위해 노력하지 않으면 그 과정도 모두 무의미한 것이 되고 만다. 어떤 노력이 필요한지 정보를 찾고 실천해야 한다. 그리고 마침내 그 꿈을 이루었을 때 더할 나위 없는 진정한 행복을 누릴 수 있다.

part 4

# 명문대 입학의 성과를 좌우하는 학습코칭

# 자기주도학습은 자신과의 싸움

## 공부하는 이유를 찾아라

왜 하는지를 알고 하는 공부와 하라고 하니까 마지못해 하는 공부는 분명히 학습 의욕에서 차이가 난다. 대한민국 부모들이 가장 안 되는 자녀교육의 하나가 바로 '공부를 하는 이유'에 대해 말하는 것이다. 우리 부모들은 공부하는 이유를 이거다 하고 얘기하지 못하고 그저 '너 잘 되라고' '공부해서 남 주냐' 식의 궁색한 변명만 늘어놓기 일쑤다.

학생의 목적은 무엇인가? 바로 공부하는 것이다. 그런데 왜 공부를 해야 하나? 여기서 부모들은 확실하게 '네 꿈을 실현하기 위해서'라고 대답해 주어야 한다. 그리고 그 대답은 가급적 근본적인 이유보다는 구체적인 모델을 보여주기 위해서 노력해야 한다. 그래야 사랑하는 자녀들이 왜 우리 어머니 아버지가 그렇게 나만 보면 '공부하라'를 죽기 살기(?)로 반복하는지 어느 정도 이해할 수 있을 것이다. 그렇다. 공부를 해야 자신의 장래 희망을 이룰 수 있는 것이다. 작가가 되고 싶고, 선생님이 되고 싶고, 엔지니어가 되고 싶고, 변호사가 되고 싶은 내 희망의 시작은 바로 그 '공부'에 답이 있는 것이다.

하지만 이 명백한 목적 외에도 우리가 공부하는 이유는 생각보다 철학적이고 근본적이다. 그 이유를 들면 대략 다음의 4가지 소중한 자기 삶의 당위성과 맞물리게 된다.

첫째, 공부는 좋은 친구를 사귈 기회를 준다. 공부를 잘하는 상위권의 학생들은 상위권끼리 어울리고 하위권 학생들은 하위권끼리 친하게 지낸다. 특별한 경우를 제외하고는 전교 1등과 꼴찌가 친구가 되는 경우는 거의 없다. 자신이 특수목적 고등학교 또는 자립형 사립고에 진학하면 저절로 그 또래의 학생들이 친구가 된다. 그리고 이 친구들은 자신이 일하고 사회적인 관계를 맺게 되는 다양한 상황에서 늘 기본이 되는 인맥으로 작용하게 된다. 부모들이 눈만 뜨면 '명문대, 명문대' 하는 것도 바로 사회생활을 하면서 늘 부딪치게 되는 좋은 동문을 자연스럽게 만들라는 사회 선배로서의 경험에서 우러나오는 조언인 것이다.

둘째, 자신에게 숨겨졌던 잠재능력을 찾아준다. 공부는 그야말로 나도 몰랐던 내 능력을 자연스럽게 드러내 주어 자신에게 자신감을 주기도 하고, 낭패감에 빠지게도 한다. 자신의 잠재력을 일찍 깨달은 학생은 자신이 잘하고 흥미 있는 분야의 공부를 하면 할수록 더욱 빠지게 되는 놀라운 집중력과 호기심 천국에 빠져들게 된다. 다만 그 시기를 일찍 깨닫느냐 그렇지 못하느냐는 개인차는 있지만 한번 그 마력에 빠지게 되면 누가 하지 말라고 해도 하게 되는 게 공부의 묘한 매력이다. 문제는 학생이 자신이 충분히 어떤 분야의 잠재력이 있음에도 불구하고 그것을 찾지 못해 시간을 낭비하고 일찌감치 인생의 흔치 않은 재미 중의 하나를 놓치는 경우이다.

셋째, 공부는 다른 사람에게 봉사하는 방법을 가르쳐준다. 학생들은 공부를 통해 이 사회에서 소외된 사람을 챙겨주고 잘 이끌어 줄 수 있는 능력을 키우게 된다. 곤충의 애벌레는 자연의 시간을 보내면 자연 법칙에 따라 나비로 화려하게 탈바꿈한다. 인간도 자연의 일부일진대 세월이 흐르면 자연히 성장과정을 거쳐 지성인이 되어야 마땅할 것이다. 이 자연스런 성장의 과정에 바로 공부가 필요한 것이다. 인간은 자연 법칙과 달리 가만히 있으면 성장하지 않는다. 바로 인간으로서 타인을 배려하고 함께 생활해가는 인간 존중 사고를 공부를 통해서 배우게 되는 것이다. 오로지 공부의 배움을 통해서 사람은 성장할 수 있고 사고가 발전할 수 있다. 그리고 생각이 바뀌면 자연히 행동이 바뀌게 된다.

넷째, 공부는 자기도 모르게 자신을 가치 있고 소중한 인간으로 만들어준다. 사실 공부가 누구를 위해서 할 때도 있겠지만 근본적으로는 자신이 어떻게 성장하는지에 대한 해답을 준다. 한마디로 스스로에게 "나는 누구인가?", "어떻게 살아가야 하는가?" 등을 배우고 깨닫게 해주는 데 공부가 절대적이다. 즉, 공부를 하면서 끊임없는 노력을 통해 인간으로서의 자신의 존재 가치를 높이게 되는 것이다.

## 공부가 잘되는 방법은 무엇일까?

무엇보다도 집에 들어오면 아이들이 자연스럽게 공부해야 하겠다는 생각이 들게끔 집안 환경을 공부 잘되게 조성하는 게 중요하다. 집안 환경을 공부 잘되게 하는 환경으로 만드는 가장 기본적인 마인드는 바로 가족 모두가 '공부'가 사랑하는 자녀의 인생에 얼마나 중요하고 소중한 것인지를 공감하고 자녀에게 하나라도 더 공부 환경을 만들어주겠다는 마음가짐을 갖는 것이다.

우리가 흔히 하는 말로 부모가 모범을 보이라는 말이 공부 환경 만드는 데는 으뜸이다. 자식에게 늘 "공부해라, 공부해라." 입에 달고 살면서 정작 부모는 늘 TV 앞에서 떠날 줄을 모르고, 시도 때도 없이 술자리를 벌이고 도박을 일삼는다면 그 집의 아이는 공부하고 싶어도 공부할 마음이 나지 않는 것은 당연지사. 그밖에도 말끝마다 돈돈돈만 떠벌이며 아이에게 "넌 아빠 말 신경쓰지 말고 공부나 열심히 해"라고 한다면 그 또한 얼마나 모순된 상황이겠는가. 무엇보다 부모가 먼저 모범을 보이는 것이 백마디 말보다 훨씬 큰 울림을 아이에게 줄 수 있는 것이다.

잘되는 집안에는 늘 읽을 꺼리가 떠나지 않고, 가시 돋힌 꾸중보다는 화기애애한 대화의 시간들이 물 흐르듯이 흘러가곤 한다. 그런 집안에선 그리 자주 공부하라는 말이 안 나온다. 집안이 읽고 대화하고 공감하는 분위기인데 그리 많은 충고가 필요할 이유가 뭐 있겠는가. 부모가 먼저 모범을 보이면서 아이와 함께 공부를 하고, 공부하는 아이에게는 아무리 작은 것이라도 자주 칭찬해 주어라. 결과를 놓고 따지지 말고 "열심히 했구나!" 또는 "잘했다. 조금만 더 열심히 하면 정말 잘하겠다."는 식으로 아이가 공부하는 과정을 즐기도록 도와주어야 한다.

공부를 하기 위해서는 집안이 조용하고 차분해야 한다. 조용한 분위기에서 집중력이 생긴다. 아이가 공부하려고 책을 펼쳤는데 주변에서 시끄러운 소리가 들리거나 재미있게 노는 소리가 들리면 그걸로 공부는 끝이다. 비록 책을 손에 들고 있더라도 정신은 딴 곳에 가 있기 때문이다. 또한 아이의 공부방은 늘 정리정돈이 잘 돼 있어야 한다. 중요한 건 책상 위나 침구, 책들이 제 자리에 잘 정돈돼 있어야 한다. 또한 아이가 정신을 딴 데 가져갈만한 놀이기구나 게임기, 만화책 등은 가급적 방의 일정한 구석에 모아놓고 공부에만 집중할 수 있는 방 구조를 만들어주어야 한다. 그리고 아이가 공부하는 자리에는 가급적 아이가 읽어야 할 책들이 보이도록 배치해 두면 아이가 집중하고 책을 읽거나 학교 숙제를 하고, 정해진 공부를 할 수 있을 것이다.

## 공부가 잘되는 환경을 만들어 주자

### 두뇌 활성화의 보고, 산책

뇌과학자들은 이구동성으로 사람은 평생 10%도 뇌를 활용하지 못하고 죽는다고 한다. 그만큼 머리를 써서 생활하고 머리로 뭔가를 해결하는 일들이 우리 생활에선 그리 많지 않다는 반증이리라. 그런데 자녀들에게 가장 중요한 것은 바로 얼마나 활발하게 뇌를 써서 효과적인 공부를 할 수 있느냐는 것이다. 인간의 두뇌는 무한한 가능성을 지니고 있다. 우수한 두뇌는 부모로부터 물려받는 경우도 있지만 얼마나 효과적으로 뇌를 사용하느냐 하는 것도 우수한 두뇌 활용에 중요한 방법이 될 것이다. 무엇보다 교육을 통해서나 후천적인 방법으로 두뇌를 개발할 수 있는 방법은 자연의 기운을 받는 것만큼 중요한 것이 없다.

우리가 숲 속이나 바다의 해변의 맑은 공기를 마실 때에 몸과 마음이 상쾌해지는 걸 느낄 수 있다. 바로 오염되지 않은 자연의 깨끗하고 맑은 공기가 우리 두뇌 활동을 신선하고 활발하게 움직이도록 하기 때문이다. 자녀들이 뇌를 활성화시키고 피로물질을 없애게 하기 위해서는 산이나 바다, 계곡 같은 자연이 살아 숨쉬는 곳으로 자주 데려가 아이를 자연 뇌 샤워를 시킬 필요가 여기에 있다. 아이들과 함께 주말이면 너무 밀린 공부만 시킬 것이 아니라 집 근처 산이나 계곡에 들러 아이들의 두뇌의 피로 정도를 말끔히 씻겨 주도록 하자.

산책과 등산 등의 유산소 운동을 규칙적으로 하게 되면 우리 몸은 튼튼해지고 두뇌도 좋아진다. 인간의 혈액순환이 잘되면 두통은 일어나지 않는다. 두뇌를 원활하고 혈액순환이 잘되게 하려면 매일 규칙적인 운동을 해야 한다. 특히 자녀와 부모가 함께 운동을 하면 더욱더 자녀의 두뇌 발달에 좋을 것이다. 부모와 자녀의 대화가 많아지면 자녀의 마음을 이해하고 부모의 신뢰를 받은 자녀는 공부를 더 잘하게 될 것이다.

또한 두뇌를 맑고 신선하게 유지해주고 피로가 쌓이지 않도록 하기 위해서는 잠을 푹 자도록 해줘야 한다. 그래야만 두뇌의 피로가 쌓이지 않기 때문이다. 학생은 수면을 하기 전에 가벼운 스트레칭을 하는 것이 좋다. 간단히 말하자면 두뇌를 좋게 하는 방법은 두뇌를 나쁘게 하는 원인을 제거하는데 있다는 점을 명심하자.

## 전자제품 사용을 자제시키는 혜안을 발휘하자

TV에 가끔 문제아에 대한 특집프로그램이 나올 때 보면 컴퓨터 화면에 푹 빠져 정신없이 자판을 쳐대며 게임에 몰두하고 있는 게임중독 학생의 모습이 비쳐질 때가 많다. 정도의 차이는 있지만 요즘 집안 자녀들 중 게임 중독이나 핸드폰 중독에 빠져 공부와는 담을 쌓고 지내는 외톨이 아이들이 꽤 많다. 요즘 아이들은 심하게 말하면 전자매체에 의해 양육된다고 해도 과언이 아니다. 게임기나 핸드폰 게임에 몰두하는 아이들의 눈빛은 보기만 해도 공포 그 자체이다. 도대체 사람의 눈이라고 볼 수 없을 정도로 무미건조하고 빨갛게 상기돼 있는 게 감정을 가진 인간이라고는 보여지지 않는다. 사정이 이렇다 보니 이를 말리는 부모에게 폭언과 폭행은 다반사이고 심하면 자해행위까지도 서슴지 않는 아이들도 심심찮게 발견되곤 한다. 자녀가 제대로 공부하기 위해서 이제 가장 큰 문제는 어떻게 하면 전자제품으로부터 아이를 일정 정도 떼어놓을 수 있느냐 하는 것이다. 지금 우리 자녀들은 과중한 과외에 시달려 자기 시간을 갖지 못하는 아이들과 TV와 컴퓨터 게임에 중독돼 세상 사는 이유를 잃어버린 아이들이 대부분이라고 말할 수밖에 없는 심각한 교육 공황 상태에 빠져 있다.

아이들이 제대로 공부할 수 있도록 하게 하려면 아이들을 전자제품과 친해지게 만드는 환경으로부터 멀어지게 해야 한다. 지금 교육전문가들은 하나같이 전자매체로 인해 아이들의 영혼과 정신뿐만 아니라 신체에도 많은 문제가 발생한다고 말하고 있다.

아무래도 자기 절제력이 떨어지는 청소년들은 TV나 컴퓨터, 게임에 노출되면 집중력이 크게 떨어지게 마련이다. 이런 전자매체들은 화면이나 내용이 빠르게 전개되고 변화무쌍해서 아이들이 여기에 빠지게 되면 공부해야 겠다는 마음을 다잡기가 여간 힘들지 않다.

한 번 두 번 게임이나 TV 드라마에 빠져들게 되면 아이들은 깊이 있는 사고를 할 수 없게 되고, 따라서 어떤 하나의 문제나 과제에 집중하여 끝까지 완수하는 능력이 저하된다.

전자매체에 빠져들면 안 되는 또하나의 중요한 이유는 여기에 중독되면 청소년 시기에 중요한 공부습관 중 하나인 독서습관을 잃어버릴 수가 있다. 독서는 습관을 들여야 제대로 집중해서 꼭 읽어야 할 책들을 하나둘 섭렵할 수 있게 된다. 그런데 전자매체의 재미에 빠지게 되면 좀처럼 책을 읽는 시간을 내려 하지 않거나 낼 수가 없게 된다. 왜냐하면 일부러 시간을 내서 읽어도 될까 말까 한 독서를 게임 때문에 도저히 따로 독서할 시간을 낼 수 없기 때문이다. 독서는 일정한 시간과 집중력이 요구되는 행위이다. 그런데 눈이 핑 돌 정도로 현란한 그래픽과 화면이 넘실대는 게임이나 드라마를 보면서 따로 집중해서 책을 본다는 것은 청소년 입장에선 거의 불가능에 가깝다. 책을 읽으려면 나름대로 상상도 하고, 자신만의 마음에 와닿는 구절도 가슴에 담아두어야 하는데 전자매체에 마음을 빼앗긴 학생이 온전히 책 읽는 데만 시간과 정성을 할애할 수 있겠는가. TV나 인터넷 게임에 익숙해지다 보면 문자로 이루어진 책은 재미없고 지루하기 짝이 없는 물건이 되고 만다.

집안에 공부해야 할 청소년이 있는 가정이라면 어떻게서라도 전자매체로부터 해방된 가정을 만들어야 한다. 그러기 위해서는 먼저 가정에서 TV 보는 시간을 최대한 줄이고, 컴퓨터는 자녀가 꼭 필요한 것만 하고, 시간을 정해서 그 시간에만 컴퓨터를 할 수 있도록 지도해야 한다. 그보다는 이런 전자매체가 없어도 아이들이 즐겁고 행복해 할 수 있도록 집안 분위기를 건강한 교양꺼리를 자연스럽게 펼치고 즐길 수 있도록 만들어야 한다. 무엇보다도 부모의 모범이 중요하다. 전자매체는 최소화하고 부모와의 시간을 최대화하는 화목하고 아날로그적인 가정환경이 공부 잘하는 아이를 만드는 최선의 공부환경이 될 것이다.

### 공부를 잘할 수 있는 책상 배치와 활용법

아이들에게 공부를 잘하는 환경을 조성해주려면 우선적으로 공부방을 잘 만들어주어야 한다. 공부방은 자녀가 하루 중 가장 많은 시간을 이용하는 공간이기 때문에 자녀의 공부방을 어떻게 꾸며주느냐는 것은 곧 부모의 자녀에 대한 마음의 표현과도 같다. 아이들은 공부방에서 몸과 마음을 재충전하고 공부하고 놀고 책읽고 자는 모든 행위를 한다. 학교에서 공부하는 시간과 과외활동을 빼면 온전히 심신을 쉬고 재충전하며 자신의 미래를 구상하는 곳이 바로 공부방인 것이다. 공부 환경이 사람에게 미치는 영향을 생각할 때 많은 시간을 보내는 공부방을 어떻게 배치하고 활용하느냐는 매우 중요한 문제이다.

자녀들의 공부 학습 효과를 높일 수 있는 공간 배치로는 우선 중요한 것이 책상 배치이다. 공부방 책상 배치는 우선 출입문은 책상과 일직선으로 등지고 앉지 않도록 배치해야 하며, 책상이 출입문을 마주 보지 않도록 배치하는 것이 좋다. 이처럼 방문을 일직선으로 등지고 앉지 말라는 것과 출입문과 마주 보지 말라는 것은 무엇보다 공기의 흐름과 관계가 있다. 우선 공부방 문이 열렸다 닫혔다 하면 그때마다 실내온도보다 낮은 온도의 공기가 유입되거나 빠져나가게 되며, 그것이 비록 몸으로 느끼지 못할 만큼 적은 온도 차이이지만 주의해야 한다. 또한 출입문을 등지고 앉으면 뒤를 보지 못하는 상황이라서 학생도 모르게 불안한 마음이 생겨 집중력이 떨어지게 된다.

다음으로 학생의 성격에 따라 공부방의 인테리어와 분위기도 학생의 성향에 맞게 꾸며주는 것이 좋다. 명랑한 성격을 지닌 자녀는 대게 공부의 집중력이 떨어지는 성향이 있는데, 이런 학생들은 태양이 직접 비치지 않는 서향 방향으로 하고 창문이 작고 조용하며 아늑한 분위기의 인테리어로 공부방을 꾸며주는 것이 좋다. 반대로 내성적인 성격의 자녀는 태양이 잘 비치는 남향 또는 동남향으로 정하고 밝고 환한 분위기를 연출하는 인테리어로 활기를 불어넣어 주어야 한다.

무엇보다 아이들이 늘 생활하는 공부방은 상쾌한 공기를 필요로 한다. 따라서 공부방 창문을 자주 열어 공기가 순환되고 맑은 공기를 받아들일 수 있도록 해주는 것이 좋다. 부모는 아이 방에 오게 되면 우선 창문을 열어 환기를 시켜주는 습관을 들이도록 하자. 또한 더운 여름에는 무조건 에어콘을 틀어 인위적인 냉기를 공부방에 채워넣을 것이 아니라 벽걸이 선풍기를 설치해 공부할 때에 덥지 않게 선풍기를 틀어 주는 것이 좋다. 선풍기를 틀 때는 창문을 활짝 열어 공기 순환을 제대로 시켜 주면서 학생에게 간접적으로 찬 공기가 닿도록 배려해야 한다.

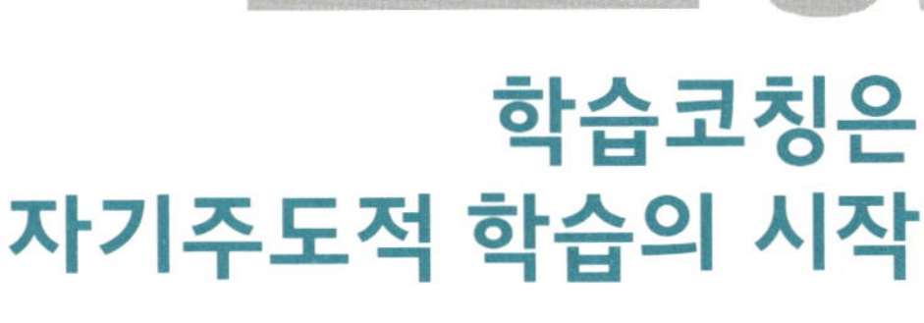

# 학습코칭은 자기주도적 학습의 시작

부모에게 최대 관심사는 아이의 공부라고 해도 과언이 아니다. 때문에 학습코칭에 대한 관심도 크다. 코칭이 학습결과와 밀접한 상관관계에 있기 때문에 더욱 그렇다. 그러나 이러한 부모의 관심에도 불구하고 아이들은 여전히 학습에 대해 어려움을 호소한다. 잘못 형성된 학습 습관 때문이다. 습관은 오랜 시간에 걸쳐서 형성되기 때문에 하루아침에 쉽게 고치기 어렵다. 하지만 일단 잘못된 습관이라는 것을 깨달았다면 반드시 과감하게 수정해야 한다. 그리고 학습 습관은 코칭에 따라 얼마든지 수정이 가능하다. 일부 수정을 통해 향상된 결과를 체험하게 된다면 수정의 속도는 더욱 빨라질 수 있다. 자동적으로 학습동기가 형성되기 때문이다. 학습동기는 바로 자기주도적인 학습의 시작이다.

아이에게 혼자 차분하게 학습하기를 좋아하는 독립적인 학습 습관이 형성되었다면 지나친 잔소리나 간섭은 독이 된다. 아이가 코칭을 필요로 할 때 한두 번씩 챙겨주는 정도가 적정하다. 그 이상의 관심은 자율적인 행동을 통제하는 결과를 초래하여 하던 공부도 하지 않을 수 있다. 독립성이 강한 아이들은 스스로가 자기의 일을 잘 챙긴다. 따라서 결과에 대한 칭찬이나 격려만으로 충분하다.

하지만 부모나 주변 사람의 잔소리가 없으면 꼼짝도 하지 않는 의존형 아이들도 있다. 학교에서 숙제를 내주지 않는 한 책을 잡는 일이 없고, 당연히 자율학습은 기대하기 어렵다. 심지어 일일이 부모가 곁에서 챙겨주지 않으면 아무것도 하지 않기도 한다. 아이의 자율을 존중한다고 내버려 두었다가는 숙제를 하는 날보다 하지 않는 날이 더 많아지게 되고, 결국에는 선생님께 혼나는 것에도 면역이 생겨버린다. 이런 아이에게는 칭찬과 격려로만은 충분하지 않다. 코칭이 보다 권위적인 분위기에서 이루어져야 한다. 그리고 자율성을 심어주는 것, 지적 호기심을 키워주는 것에 집중해야 한다.

한양대학교 컴퓨터공학과에 합격한 J양은 고2학년 때 컴퓨터공학을 전공하는 언니의 영향으로 컴퓨터 프로그래밍에 관심을 가졌었다. 그후 게임프로그래머가 되기 위한 목표를 세우고 꾸준히 정진해왔다. 부모의 이혼, 기초생활수급자 등의 어려운 환경 때문에 컴퓨터 프로그램 관련 학원을 다니거나 비싼 책들을 구입하는 것도 쉽지 않았다. 그러나 도서관에서 관련 서적을 빌려보거나 중고 서적을 구해 읽고, 이해하기 어려운 부분은 C언어 관련 인터넷 카페에 가입해 질문 게시판을 이용해가며 독학으로 프로그래밍에 대해 공부해나갔다. 전체적인 학교 내신성적은 다소 미흡하였으나, 물리와 일본어과목에는 비교적 높은 성취를 보였다. 물리는 컴퓨터와 관련된 과목이었고, 일본어는 거대한 게임시장을 이루고 있는 일본에 대한 관심의 결과였다. 이 학생의 경우 특징 있는 수상실적도 없었고, 내신성적도 높지는 않았지만, 지원 전공에 대한 열정과 관심을 사정관들에게 인정받았다. 게임 프로그래머가 되겠다는 목표에 대한 뚜렷한 주관과 일관성 있는 활동경력이 높은 평가를 받은 것이다. 특히 어려운 가정환경 속에서도 굴하지 않고 긍정적이고 적극적으로 학교생활을 해나가면서 자기주도적 학습으로 목표를 이루어나갔다는 점이 커다란 플러스 용인으로 작용했다. 결국 학업성적이 다소 미흡하지만, 지원 학과에 입학하여 학과 과목들에 흥미를 갖게 되면 훌륭한 인재가 될 수 있다고 판단하여 최종 선발되었다.

아이들이 의존형이 된 것은 어릴 때부터 누군가가 대신해주는 것에 익숙해진 탓이다. 자율성에 대한 코치를 받지 못한 것이다. 게다가 의존형 아이일수록 자기의 요구사항을 거절당해 본 경험이 적다. 결국 누군가가 대신 해주겠지, 내 맘대로 해도 돼, 하는 생각의 성 속에 자신을 가두어버렸다. 이런 아이에게 "공부는 스스로 하는 것이란다."라는 말은 씨가 먹히지 않는다.

의존적인 학습 습관에서 벗어나게 하려면 학습자에 적합한 경쟁심리를 자극하는 것도 한 방법이다. 자율적인 학습 습관이 형성되어 있는 친구와 공부하는 기회를 마련하여 선의의 경쟁을 펼치게 하는 것이다. 그렇게 되면 자신도 잘하고 싶다는, 인정받고 싶다는 의욕을 갖게 되기 때문이다. 의욕은 곧 동기가 되고, 동기는 성취감을 느끼게 한다. 그러나 지나치게 경쟁심을 유발하거나 아이가 자신의 무능함을 인정할 정도의 상황을 연출하는 것은 오히려 부정적인 결과를 낳을 수 있으므로 주의해야 한다.

## 자기주도학습은 공교육에서 시작된다

**학생이 공교육을 좋아하도록 한다.**

초등학생 중에 학교에 가는 것이 즐겁다는 아이들의 공통점은 성격이 활발하고 원만하며 친구들과 잘 어울리고 학습진도도 비교적 잘 따라가는 편이다. 무엇보다 매사에 자신감이 있다고 볼 수 있다. 그렇다면 학교 가기가 제일 싫다는 아이들이 지니고 있는 문제점은 무엇일까?

우선 친구 관계가 원만하지 않을 때 학교 가는 것을 싫어한다. 친구들과 놀지 않고 공부만 하는 아이를 대견스러워 할 것이 아니라 아이의 학교생활이 어떤지, 어떤 친구들과 어울리는지 살펴보아야 한다. 특히 친구들에게 괴롭힘이나 따돌림을 당할 경우 아이가 직접 말하기 전까지는 알 수 없으므로 부모는 항상 관심을 갖고 있어야 한다.

다음으로 학교 수업을 이해하지 못하는 경우 학교생활이 재미있을 리 없다. 아마도 많은 아이들이 이에 속할 것이다. 이럴 때 부모가 당황하여 학원에 보내거나 과외를 시키는 등 아이에게 무리한 학습을 강요해서는 안 된다. 차라리 아이가 교과서를 충분히 이해하고 익히는 데 많은 노력을 기울여야 한다. 초등학교 때에는 학교 수업에만 따라가도 공부를 잘할 수 있으므로 각종 문제집으로 아이를 괴롭혀서는 안 된다.

셋째, 학교에 대한 부정적인 인식이 지배적일 때 아이들은 학교 가기를 싫어한다. 특히 입학 전 학교에 대한 잘못된 이미지를 갖게 되면 학교 가는 것을 두려워한다. "엄마 말 안 듣고 공부 안 하면 선생님한테 일러서 혼나게 하겠다."는 등의 말은 아이에게 학교란 무서운 선생님들에게 야단맞는 곳이란 인상을 준다. 그러나 이런 현상은 대부분 학교를 다니면서 사라진다.

아이들의 인식에 학교란 다니지 않으면 안 되는 곳이 되어서는 안 된다. 그보다는 학교에는 친구들도 있고 집에서 할 수 없는 여러 가지를 경험하고 배우는 곳이라는 인식이 되어야 한다. 따라서 학교 가는 것 자체에 흥미가 없으면 그 안에서 하는 공부는 거들떠보지도 않을 것이다. 이것저것 해도 성적이 안 오른다고 걱정할 것이 아니라 아이의 학교생활은 어떤지 살펴보아야 한다.

### 학생에게 선생님을 좋아하게 하자

초등학교에 다니는 자녀가 가장 많이 만나는 사람은 집에서는 가족이고 학교에서는 친구들과 선생님이다. 그래서 어떤 아이는 친구들과 노는 것이 재미있어 학교 가는 것이 즐겁다고 말하는가 하면, 원만한 학교생활을 하지 못하는 아이는 학교 가는 것이 싫다고 말하기도 한다. 그래서 부모들은 자녀의 친구들에게 관심을 갖고 있으며 자녀 친구들의 부모끼리 서로 어울리기도 한다.

그러나 자녀와 선생님의 관계에 대해서는 대부분 무관심하다. 선생님이란 그저 아이들 공부 잘 시키고 이왕이면 내 아이에게 좀 더 관심을 갖고 대해 주기를 바랄 뿐이다. 그렇지만 초등학교에서는 담임 선생님과 학교생활의 대부분을 함께하기 때문에 부모들의 생각과는 달리 아이들은 선생님으로부터 많은 영향을 받는다.

학교 가기를 싫어하는 자녀들은 선생님이 싫어서 공부까지도 하기 싫다거나 선생님이 나만 미워해서 가기 싫다고 하는 아이들이 많다. 따라서 아이와 선생님의 관계를 어느 정도 파악하고 있어야 한다.

자녀들은 친구들과 어떤 선생님이 좋고 나쁜지 비교하기 마련이고 또 자녀들의 생각을 부모에게 말하기도 한다. 이때 가장 조심해야 할 것은 자녀가 선생님의 잘못을 지적하거나 이러 이러해서 싫다고 말할 때 선생님에 대해서 너무 부정적으로 얘기해서는 안 된다는 것이다.

선생님은 여러 명의 학생을 돌보아야 하기 때문에 선생님이 자녀에게 다소 친절하지 않게 대하더라도 이해해야 한다고 설명해 주어야 한다. 무엇보다 담임선생님이야말로 다른 어떤 선생님보다 아이에게 많은 관심을 갖고 있음을 일깨워주어야 한다.

### 학생에게 좋은 수업 태도를 갖도록 한다

초등학교에서 중학교, 고등학교를 거쳐서 대학에 들어가기까지 아이가 가장 많이 공부하는 시간은 학교 수업 시간이다. 그런데 어떤 아이는 학교 수업을 마치자마자 영어, 피아노, 미술, 바둑, 글짓기, 보습 학원 등 대여섯 군데를 다니고 있다. 반면, 그렇지 않은 아이들의 부모님들은 불안해하기도 한다. 그런데 전혀 그럴 필요가 없다.

저학년 때 100점을 받거나 70점을 받거나 그것은 그다지 중요하지 않다. 이왕 100점을 받으면 좋겠지만 점수 때문에 아이를 야단치거나 다른 아이와 비교하지 말아야 한다. 선생님의 말씀에 귀 기울이고 수업에 흥미를 느끼기 시작하면 이때부터 학교 수업에 완전히 정신을 집중할 수 있도록 지도해야 한다. 3학년 때부터 성적의 우열이 서서히 드러나기 시작한다.

혹시 자녀의 성적이 조금 떨어지더라도 학원에 보내거나 과외를 시켜야 되겠다는 등 부모가 당황해서는 안 된다. 공부는 마라톤이다. 초등학교 3, 4학년이면 42km중에서 이제 겨우 2km 정도 달린 셈이다. 벌써부터 부모가 아이에게 도움을 준다면 분명히 혼자 힘으로 끝까지 달리지 못할 것이다.

부모는 먼저 아이의 수업 태도를 점검하고 교과서를 중시하는 공부를 시켜야 한다. 그리고 예습과 복습의 요령을 가르쳐서 서서히 자신감을 회복하도록 해야 한다. 무슨 일이든 힘들 때는 기본과 원칙에 충실하면 된다. 공부를 잘하는 원칙은 수업과 교과서라는 것을 잊지 말아야 한다.

수업 시간은 공부에 있어서 어떤 의미가 있을까?

첫째, 혼자 열심히 노력해서 얻는 것보다 수업 시간에 집중해서 얻는 것이 훨씬 많다는 것을 알아야 한다. 사실 혼자 공부해서 좋은 결과를 얻기란 거의 불가능하다. 아직까지 공부 방법이 형성되어 있지 않고 원리를 깨달을 수 있을 만큼 학문적인 기초 작업이 안 되어 있기 때문이다. 건강을 잃으면 모든 것을 잃는 것처럼, 수업 시간을 잃으면 모든 시간을 잃게 된다는 것을 알아야 한다.

둘째, 공부의 왕도는 예습에서 수업, 복습 순서인데 수업 시간에 집중하기 위해서는 예습이 필요하다. 또 수업 시간이 복습의 방향과 질을 결정하게 된다. 수업 시간을 소홀히 하는 학생이 예습을 열심히 할 리 만무하고, 수업 시간을 중요하게 여기는 학생이 복습하지 않을 리 없다.

셋째, 공부에 있어서 중요한 것은 이해력이다. 수업 시간을 통해 이해력을 완성하고 측정할 수 있다. 이해하지 않고 하는 공부는 공부에 대한 소극적인 생각을 갖게 한다. 선생님의 설명을 모두 이해했으면 우등생 예비후보이다. 70% 이해했다면 보통 학생이다. 만약 50% 이하라면 열심히 공부해야 한다.

넷째, 수업 시간에만 열심히 해도 우수한 성적을 받을 수 있다. 선생님이 유난히 강조하거나 반복하는 것 등을 표시해 두어 시험 기간에만 열심히 공부하면 우수한 성적을 받을 수 있다.

수업 시간에 선생님과 눈을 맞추어 열심히 배운다면 성적이 좋아질 뿐 아니라 선생님과도 친해지는 계기가 될 것이다.

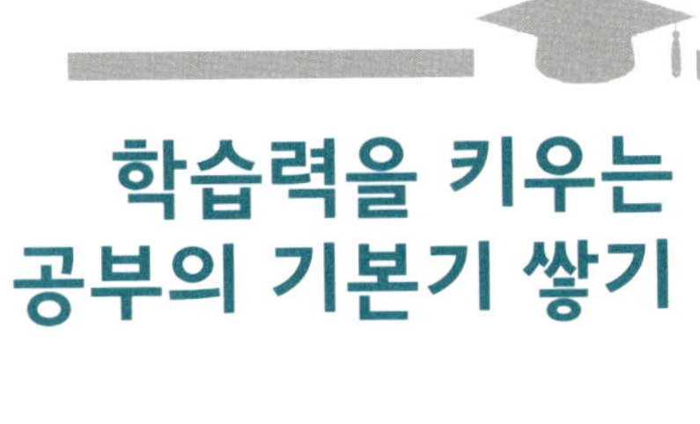

# 학습력을 키우는 공부의 기본기 쌓기

## 떡잎부터 가르치기

습관은 성공과 실패를 좌지우지한다고 한다. 그래서 '노력은 성공의 어머니'라는 말도 있는 것이다. 여기서 노력은 일상생활 속에서의 작은 습관이 기본이 된다. 이를 다시 말하면 작은 습관이 인생의 삶을 지배한다는 의미다. 곧 성공은 '좋은 습관'을 지니는 것에서 비롯된다.

좋은 습관은 하루아침에 만들어지는 것이 아니다. 어릴 때 일상생활을 통해 조금씩 형성된다. 그런데 이 시기의 아이는 부모의 직접적인 간섭과 돌봄을 받는다. 따라서 부모에게는 아이의 일상생활이나 공부 습관을 바람직한 방향으로 이끌어야 할 의무가 있다. 좋은 습관을 가질 수 있도록 코칭을 해야 하는 것이다.

어린 나뭇가지에 굵은 철사를 대고 묶어두면 나무를 원하는 모양으로 만들 수 있다. 또 일정 기간이 지나면 철사를 풀어버려도 모양이 크게 변하지 않는다. 여기에서의 철사는 사람에게는 좋은 습관을 만들어주는 부모의 코칭이라 할 수 있다. 다시 말해 부모의 역할은 일상생활이나 학습에서의 좋은 습관이 자리 잡을 수 있도록 방향을 설정해주고 올바른 모형을 세워주는 것이다. 그런데 중요한 것이 있다. 나무도, 사람도 시기를 놓치면 안 된다는 것이다. 다 자란 나뭇가지에는 철사를 끼울 수가 없다. 사람도 마찬가지다. 분재를 만들듯 중요한 시기를 놓치지 않고 코칭을 해주면 되는 것이다.

문제는 언제가 적절한 시기인가, 하는 것이다. 돌도 안 지난 아이에게 배변훈련을 시킨다고 변기에 앉히게 되면 부작용만 생길 뿐이다. 배변은 성격이나 대인관계에까지 영향을 미치는 중요한 일이다. 따라서 아이의 성장 정도에 맞는지를 확인하고 과제를 부여해야 큰 부작용이 없다. 물론 지나치게 늦어서도 안 된다. 앞에서도 언급했지만 시기를 놓쳐서는 교정이 쉽지 않기 때문이다.

아이가 하고 싶은 대로 하게 내버려 두었다고 하자. 시간이 지나 아이가 자란 다음에 규칙을 가르치려 한다고 해서 아이가 순순히 따라줄까? 다 자란 나무를 보기 좋게 만든다고 억지로 방향을 틀다 보면 가지만 꺾을 뿐이다. 설사 원하는 모양이 잡혔다고 해도 고정시키려면 어린 나뭇가지에 사용하는 철사로는 불가능하다. 더 굵고 튼튼한 철사를 이용해야 한다. 그리고 오랫동안 교정을 해야 한다. 시간도 더 필요하고 고통도 더 큰 것이다.

유치원에서 만들어진 학습태도는 초등학교로 이어지고, 고학년이 될 수록 단단하게 자리를 잡는다. 이때 학습태도가 마음에 들지 않는다고 부모가 제재를 가하려 하면 부모와의 대립만 야기한다. 아이로서는 이제까지 괜찮았던 행동들이 '잘못'이라는 부모의 태도에 혼란스럽기만 하다. 귀에도, 마음에도 들리지 않는다. 결국 사이만 나빠지게 된다.

한편 대부분 부모들은 사회성이나 단체생활을 익히게 한다고 아이를 어린이집이나 유치원에 보낸다. 그러나 단지 사회생활을 가르치기 위한 목적이라면 유치원에 보내지 않아도 된다. 부모와의 생활 속에서 더 반듯한 사회성을 키울 수 있다. 게다가 또래집단에서는 통제받는 생활을 하다가 집에서는 자유로운 생활을 하게 되면 오히려 아이에게 혼란만 줄 뿐이다. 따라서 부모는 아이에 대한 코칭을 남에게 맡길 수 있다고 생각해서는 안 된다.

## 학습코칭, 공부력을 키워주다

아이는 초등학생 때 주도적인 학습의 초보단계에 돌입해야 한다. 스스로 학습이 가능할 때까지 일정 시간을 정해 혼자 학습하도록 훈련한다. 이때 코치로서 부모의 역할은 반드시 그 결과를 확인하고 칭찬하는 것이고, 또 아이의 상태에 맞게 점진적으로 학습량을 조절해주는 것이다. 또한 초등학교 과정은 기초학습능력을 배양하는 과정이다. 따라서 고학년으로 올라가기 전까지는 기초학력 진단을 통해 실력의 향상 정도를 파악하고 그에 따른 조치를 취해야 하는 것이다. 가령 기초학력이 부족하다 여겨지면 방학을 이용한 개인지도나 보충학습으로 보강할 수 있다. 기초학력이 충분히 갖추어져야만 나름대로의 성취감을 맛볼 수도 있고, 그로 인해 다음 단계의 학습에 대한 흥미가 생긴다. 성취감과 흥미는 자기주도학습을 가능하게 하는 힘, 바로 공부력의 근간이 된다.

중학교는 자기주도학습이 본격적으로 시작되는 단계이자 진로를 선택하는 일차 예비 관문이다. 바로 일반계고와 특성화고를 결정해야 고등학교 3년간의 경주가 이루어지는 것이다. 이때 자칫 초등과정의 기초학력이 부족하게 되면 학습동기의 상실로 이어지기 쉽다. 나아가 학교생활 자체에 적응하지 못할 수도 있다. 또 요즈음 학습은 단순 암기과목보다는 원리와 개념을 창의적으로 도출해내는 과정을 중요시한다. 따라서 단계별 학습능력이 무엇보다 중요한데, 학습량 자체가 초등학교와 비교할 수 없을 정도로 많다 보니 일단 뒤처지면 단번에 따라가기가 쉽지 않다. 특히 국어, 영어, 수학과 같은 주요 교과목은 단기간에 학습할 수 있는 내용이 아니다. 기초가 튼튼하지 않으면 쉽게 접근할 수도 없다. 따라서 뒤처졌거나 부족한 부분이 있다면 입학 전에 초등학교 고학년 과정을 다시 한 번 복습하는 기회를 갖는 것이 좋다.

기초학력과 더불어 중요한 것이 있는데, 바로 스스로 시간을 관리하는 능력을 이때부터 훈련해야 하는 것이다. 중학교부터는 항상 시간에 쫓기게 된다. 따라서 집중적인 학습이 이루어질 수 있도록 별도의 학습시간을 배정하는 등 철저하게 시간을 관리해나가는 것이 중요하다.

## 학습코칭, 학습결과를 분석하다

일단 아이가 학교를 다니면 부모는 아이의 학습에 대해 손을 놓는 경우가 간혹 있다. 그러나 학습코칭은 학교뿐만 아니라 가정에서도 이루어져야 한다.

일단은 아이의 학교 성적을 분석해봐야 한다. 교과별로 어떤 차이를 보이는지는 금방 알 수 있다. 또 중간고사와 기말고사의 성적 변화를 살펴보면 아이의 주의집중력이 보인다. 학원에서 보충학습을 하거나 개인과외를 집중적으로 받는 과목과 그렇지 않는 과목의 차이도 파악할 수 있다.

수개월 동안 학원이나 과외로 보충학습을 하는데도 투자한 시간만큼의 결과가 나오지 않는다면 문제의식을 갖고 해결점을 찾아야 한다. 만약 아이의 기초 선행학습이 제대로 이루어지지 않아서 보충하는 과정에 있다면 좀 더 기다릴 필요는 있다. 하지만 언제까지 기다리기만 해서는 안 된다. 대부분의 학원이 개인적인 수준을 평가한 후 그 실력에 맞춰서 반을 편성하고 지도 내용을 정하지만, 막상 하루하루의 학교 성적관리에 초점을 맞추기 때문에 기초가 부실한 줄 알면서도 현상유지에 급급하다. 기초가 부실하면 아무리 좋은 교사가 있어도 한계에 부딪칠 수밖에 없다.

정확한 코칭을 하기 위해서는 학습의 문제점을 철저히 아이 중심에서 살펴봐야 한다. 무엇을 잘하는지, 무엇을 못하는지 확인해야 하는 것이다. 벌을 주기 위해서, 야단을 치고 채근을 하기 위해서 하는 확인이 아니다. 잘하는 과목과 못하는 과목의 공부방법에 차이가 있는지를 확인하기 위해서다. 그리고 잘하는 과목은 계속 잘할 수 있도록 동기를 부여해주고, 못하는 과목이나 싫어하는 과목은 싫은 이유를 의논함으로써 개선될 수 있도록 용기와 격려를 주기 위한 확인이어야 한다. 부모의 일방적인 강요나 채찍은 올바른 코칭이 아니다.

성적이 나쁜 과목의 경우 친구가 학습하는 방법을 관찰하게 함으로써 벤치마킹하도록 하는 것도 좋은 방법이다. 친구의 공부방법을 관찰하게 함으로써 자신의 공부방법에 어떤 문제가 있었는지 스스로 깨달을 수 있다면 그보다 더 좋은 방법은 없다. 물론 개인적인 특성이나 능력, 적성에 따라 학습의 결과는 각기 다양하게 나타난다. 그렇다고는 해도 공부를 잘하는 아이와 그렇지 않은 아이 사이에는 학습요령이나 학습 습관, 학습방법에 큰 차이가 있다는 것은 분명한 사실이다.

하기 싫어서 안 했는데 성적이 잘 나오기를 바라는 것은 어불성설이다. 그러나 열심히 하는데도 성적이 나오지 않는다면 기초학습이 부진했던 것은 아닌지, 공부하는 환경이 적절하지 않은지를 확인해봐야 한다. 즉, 숙제검사를 하듯, 1등이 아니면 안 된다는 식으로 학습결과를 확인하는 것은 아이와 학습을 보다 멀어지게 만드는 요인이 된다. 잘하면 무엇 때문에 잘하고, 못하면 무엇 때문에 못하는지를 파악하기 위한 확인이어야 하며, 이는 보다 좋은 학습여건을 만들어주기 위한 부모의 의무이자 관심이다. 부모의 관심이 크고 세심할수록 아이의 성적은 좋기 마련이다.

## 학습코칭, 객관적으로 접근하다

'내 아이가 혹시 천재가 아닐까'를 의심하는 부모가 참으로 많다. 정부도 영재교육에 많은 관심을 기울이고는 있다. 물론 부모들의 관심은 그 이상이다. 아이들의 인지능력이 생각 외로 높기 때문이다. 그러나 이는 부모의 착각이다.

부모들은 내 자식이라면 무조건 실력이 뛰어나고 최고라고 여기는 과대망상의 경향이 있다. 이 한 가지만 보더라도 부모가 객관성 확보에 얼마나 허술한지를 알 수 있다. 자기 눈에 들보를 볼 수 없듯이 자녀를 객관적으로 평가하지 못하고 주관적으로만 생각한다. 아이가 어릴수록, 특히 학습의 초기 단계에서 부모의 눈에는 아이가 영재나 천재로 보인다. 대부분의 과외교사나 학원교사가 아이가 뛰어난 머리를 가지고 있다고 칭찬하는 것 역시 부모의 주관적인 환상에 부합하기 위한 상술일 뿐이다. 머리가 나쁘다던가, 주위산만의 정도가 지나치다는 등 아이에 대한 객관적이지만 비난으로 들리기 쉬운 말을 했다가는 소위 바로 잘리기 때문이다.

그러나 막상 아이를 학교 교실에 앉혀놓고 보면 결코 그렇지 않다. 그리고 학년이 올라갈수록 현실은 부모 눈에 씌인 콩깍지를 벗겨낸다. 적어도 옆집 엄마의 입장에서 평가하고자 하게 된다. 이쯤 되어야 교사의 충고도 귀에 들어온다. 그렇다고 부모들의 근성이 쉽게 변하는 것은 아니다. 아이의 능력 부족이 마치 부모의 무능으로 와전될까 전전긍긍하며 부정적인 평가에 알레르기 반응을 보인다. 그러나 객관적인 평가는 빠르면 빠를수록 좋다. 늦으면 늦은 만큼 아이는 학습에서 멀어진다. 초등학교에서 배워야 할 기초학습 내용을 제대로 습득하지 못할 수도 있다. 무엇보다도 부모의 집착과 욕심으로 부모와 아이 모두 스트레스를 받을 수 있다. 가정에서의 코칭에서 부모의 역할이 중요한 것처럼 학교에서는 교사의 역할이 중요하다. 교사가 어떤 역할을 하고, 어떤 능력을 발휘하느냐에 따라 영재가 둔재가 될 수도 있고, 둔재가 영재가 될 수도 있다.

아이들을 관찰해보면 유난히 한 놀이에 집중을 잘하거나 어려운 과제를 생각보다 빨리 해결하는 등 남다른 문제해결능력을 보이는 아이가 있다. 학습능력이 뛰어나 또래보다는 자기보다 나이가 많은 아이들과 어울리거나 혼자 노는 것을 선호하는 아이도 있다. 이런 아이들은 이후 학교에 입학하게 되면 또래와 배우는 학습내용을 시시하게 여기게 된다. 결국 학습부적응상태에 빠지기 쉽다. 문제학습자가 되는 것이다. 이들 대부분은 정신연령이나 학습능력이 높은 반면에 사회성이 낮다. 또래생활, 집단생활 자체가 힘든 것이다.

학습에 흥미를 느끼지 못하고 진도를 따라가지 못하는 아이들에게는 다음과 같은 몇 가지 공통점이 있다.

첫째, 학습에 부진한 아이들은 주의집중력이 결핍되어 있다. 공부하기 위해 책을 펼쳐도 집중하는 것은 10~20분이 고작이다. 그 후에는 이 책, 저 책을 펼쳤다가 덮었다가를 반복한다. 그러니 책 한 권을 다 읽기가 하늘의 별 따기만큼 어렵다. 책에 대한 흥미를 전혀 느끼지 못하기 때문일까? 그렇다고만은 볼 수 없다. 다만 집중하는 데 힘이 들고, 집중하는 시간이 짧을 뿐이다. 이는 학습능력과도 직결된다. 그렇다면 왜 주의력이 결핍되어 있거나 산만한 것일까? 주의력의 문제는 아이의 정서적인 불안이나 학습 흥미 상실에 영향을 받기도 한다. 시험에 대한 불안감이 지나치게 높을 경우, 지나치게 실패를 두려워하는 경우, 가정이나 친구관계에서의 불화로 초조한 경우 아이는 신경이 분산되는 만큼 집중을 할 수 없게 된다. 따라서 코치로서 부모는 아이의 주의가 산만하다면 아이에게 불안감을 주는 것은 없는지 살펴봐야 하는 것이다. 부부간에 불화를 겪고 있다면 아이에게 그럴 수밖에 없는 형편에 대해 잘 설명해주고 이해를 구해야 한다. 간혹 부부싸움이 잦거나 부부가 이혼을 하는 경우 아이는 자신 때문에 그렇게 되었다는 피해의식을 가지면서 자존감에 상처를 입기도 한다. 자존감이 낮은 아이는 제 일에 집중하지 못하고 다른 사람들의 눈치를 본다. 그만큼 주의가 산만해지는 것이다.

둘째, 학습에 부진한 아이들은 오늘 할 일을 내일로 미룬다. 수업 중에 이해가 되지 않는 부분이 있으면 그 시간에 질문을 해서, 또는 집에서 복습을 통해 문제를 해결해야 한다. 그것이 바람직한 학습태도다. 그러나 소위 공부를 못하는 아이들을 보면 "나중에"라는 말을 입에 달고 산다. 그렇게 이해하지 못한 내용을 하루 이틀 미루는 것이다. 그런 아이에게 예습이나 복습은 먼 나라 이야기일 뿐이다. 게다가 요즘처럼 학교 사물함에 교과서를 놓고 다녀서는 가정에서의 복습은 꿈도 꿀 수 없다. 반면 공부를 잘하는 아이들은 수업시간에 질문이 많다. 또 숙제도 꼬박꼬박 잘해 온다. 복습이 필요하다고 생각될 때는 교과서를 집으로 챙겨 가 복습하고 노트정리까지 깔끔하게 한다. 학교 수업에 충실하고, 복습에 철저하며, 노트정리로 다시 한 번 배운 것을 확인하는 것이다. 공부를 못하려야 못할 수 없는 것이다.

한때 명문대나 과학고에 입학한 소위 수재들의 노트정리 기술이나 기법이 책으로 출간되어 인기를 끈 적이 있다. 이들의 노트를 보면 그야말로 수업의 요약판이라 할 만하다. 수업의 핵심들이 빠짐없이 기록되어 있다. 한마디로 이런 아이들은 어떤 내용이 중요한지, 어떤 내용을 반드시 이해해야 하는지를 정확하게 파악하고 있는 것이다. 학습 내용의 정확한 이해를 바탕으로 정리까지 잘 되어 있으니 시험에도 의연하게 대처할 수 있고, 성적도 목표한 대로 나오기 마련이다. 그러나 공부를 못하는 아이의 교과서와 노트는 학기가 끝나도 새것이나 다름이 없다. 낙서만 가득하든가.

셋째, 학습에 부진한 아이들은 일상생활이 무질서하다. 매사에 계획이나 준비가 없는 아이들은 학교에서도 집에서도 무질서하고 산만하다. 학교에 준비물을 챙겨 갈 줄도 모르고, 자기 주변을 정리할 줄도 모른다. 가방 안이나 책상 위는 항상 지저분하고, 무엇을 어디에 두었는지도 도통 모르기 일쑤다. 또한 책상이나 방이 얼마나 깔끔하게 정돈되어 있느냐에 따라 학습의욕이 생기기도 하고 저하되기도 한다. 정리정돈이 잘된 곳이 주의집중력을 높일 수 있기 때문이다.

그런데 대부분의 부모들은 아이의 가방을 대신 챙겨주고, 방이나 책을 대신 정리해준다. 그러나 이런 부모의 행동은 아이를 더욱 무질서하게 만들 뿐이다. 부모의 역할에는 아이의 정리습관에 대한 코칭도 포함된다. 가령 책과 노트를 잘 챙겼는지, 준비물은 잘 챙겼는지 사전에 한두 번 점검해야 한다. 또 책상이나 방 정리도 아이 스스로 할 수 있도록 해야 한다. 대신 처음 한두 번은 아이와 함께 정리하면서 정리하는 방법을 코칭하는 것이 좋다. 더불어 "왜 이렇게 지저분하니?"라는 질책보다는 "네 방이 지저분하니까 엄마 머리가 너무 어지럽구나", "책상이 깨끗하면 공부가 훨씬 잘될 것 같은데"라는 말로 대화를 유도하는 것이 좋다. '너의 잘못'를 지적하기보다 '내 생각'을 이야기해주고 의견을 구하는 것이다. 물론 부모 스스로 깔끔한 정리정돈의 모범이 되어 주는 것도 필요하다. 방 구조가 무질서하다면 배치를 바꿀 필요가 있다. 이때 책상과 침대는 가능한 한 멀리 떨어진 형태로 배치하는 것이 효과적이다. 책상과 침대가 가까울수록 공부하다 말고 침대에 가서 누울 확률이 높기 때문이다.

넷째, 학습에 부진한 아이들은 기초학력이 부족하다. 기초학습의 부재는 학습에 대한 흥미를 떨어뜨리고, 나아가 공부에서 등을 돌리게 하므로 중요한 문제다. 기초가 튼튼하지 못하면 집을 세울 수 없듯 초등학교 과정이 제대로 뿌리박히지 않으면 그 이상의 단계로 올라가기가 힘들 수밖에 없다. 그런데 기초학습의 문제는 환경적인 요인보다 학습자 개인적인 요인이 더 크게 작용한다. 아무리 학습환경이 좋고 부모의 교육열이 높다 해도 아이의 지적 요인에 문제가 있다면 또래의 기초학력을 따라갈 수 없는 것이다. 그러나 환경도 좋고 지능은 보통 이상인데도 공부에 흥미를 느끼지 못하는 아이들도 있기는 하다. 사람마다 적성과 흥미, 능력 등이 다르기 때문이다. 또 몸이 아파 자주 결석을 했거나 전학을 다니는 사이에 결함이 생겼을 수도 있다. 이성친구나 게임에 빠져도 공부에 흥미를 잃게 된다. 원인을 알면 해결도 비교적 쉬운 법이다. 부모가 아이의 기초학력을 정확하게 진단해야 하는 이유다.

아이의 성적이 만족스럽지 못하다고 해서 무작정 학원을 보내고 과외만 시킬 게 아니다. 기초학력에 대한 객관적 평가를 바탕으로 지금 진행 중인 학습과 기초학력을 병행할 수 있어야 한다. 그래야만 학습에 대한 흥미를 이끌어줄 수 있다. 또 공부는 하루아침에 이루어지지 않는다. 따라서 변화된 행동을 한 번 보였다고 방심해서는 안 된다. 오랫동안 지속적으로 변함없이 유지할 수 있도록 확인하고, 격려해주어야 한다.

## 학습코칭, 자신감을 높인다

공부를 잘하는 아이는 매사에 자신감이 넘친다. 물론 스스로의 동기에 의해 스스로 계획을 세워 공부하는 아이의 경우가 그렇다. 시켜서 억지로 하는 공부여서는 설사 성적이 좋게 나왔더라도 자신감을 갖기 어렵다. 따라서 학습코칭은 자신감을 불어넣어 줄 수 있는 방향으로 전개되어야 한다.

### 학습의 내적조건을 제시하라

학습코칭에는 내적조건과 외적조건이 충족될 때 큰 효과를 기대할 수 있다. 학습코칭은 선수학습 정도의 판단을 바탕으로 수업의 목표와 진행상황, 평가기준을 알려주고, 그 결과를 피드백하여 학습자가 어디에서 무엇에 힘들어 하는지를 정확하게 파악함으로써 이를 바탕으로 문제를 해결할 수 있도록 학습자의 능력을 일깨워주는 데 의의가 있다. 이때 학습자가 목표를 달성했을 때 물질 등으로 제공하는 긍정적 보상이 바로 외적조건이다. 또 목표를 달성했다는 것으로 인해 내면에 자신감 등을 갖게 되는 심리적 보상이 바로 내적조건이다. 이 둘을 적절하게 이용하면 학습자가 학습동기를 갖는 데 효과가 크다. 그러나 물질 따위의 외적보상보다는 성공적인 학습이 될 것이라는 기대, 곧 자신감을 갖게 하는 것이 보다 중요하다.

### 성공의 기회를 제공하라

학습코칭이 효과적으로 이루어지기 위해서는 코치와 학습자의 상호보완적인 관계를 어떻게 형성하느냐가 매우 중요하다. 선수학습이 제대로 이루어지지 않았다면 코치는 학습자에게 선수학습의 부실을 인식시켜야 한다. 그리고 새로운 학습의 과정에서 학습자가 과제 해결을 통해 성공의 기쁨을 맛볼 수 있도록 기회를 제공해야 한다. 다른 사람보다 뒤떨어져 있다는 비교의식과 패배의식을 지우기 위해서라도 작으나마 스스로 어떤 목표를 달성했다는 기쁨을 느껴 보아야 하는 것이다. 따라서 처음부터 어려운 것에 도전하기보다는 쉬운 것에서 시작해 차츰 어려운 과제로 전개하는 것이 바람직하다. 학습자의 현재 수준에 맞는 목표를 제시해 줌으로써 도전하고, 그리하여 성공의 성취감과 자신감을 맛보게 하는 것이 바로 코치의 역할이다.

### 성공은 개인의 노력에서 비롯됨을 알게 하라

수준에 맞는 목표설정과 그로 인한 나름의 문제해결을 경험하게 되면 학습자는 '성공이란 어떤 외부적인 환경이나 다른 사람의 도움이 아닌 본인의 노력에 달렸다'는 것을 자연스럽게 깨닫게 된다. 이는 스스로 학습속도를 조절하게 하고, 자기가 원하는 목표나 방향을 설정할 수 있는 단계에까지 이르게 한다. 이때 학습코치는 '학습자의 노력으로 달라진 긍정적 결과'와 이전의 결과와의 비교를 학습자에게 제공하는 것도 좋다. 훌륭한 자극제가 될 것이다. 성공은 지금 시간에 최선을 다하는 것에서 출발한다.

### 만족감을 심어주어라

학습자 자신이 노력한 학습의 성과는 학습자에게 성취감을 주고, 다시 새로운 동기로 작용한다. 즉, 학습에 대한 더 큰 욕구가 유발되고, 그로 인해 지속적인 학습이 가능하게 되는 것이다. 그런데 동기는 외적조건보다는 내적조건이 충족되었을 때 강하게 나타난다.

학습자에게 가장 적합하고 의미 있는 코치의 칭찬, 주변 사람들의 사려 깊은 보상 행동 등은 학업성취에 대한 기대를 한층 높여줄 수 있다. 성공에 대한 보상이나 학습자 자신이 기대했던 목표 수준에 도달할 수 있다고 하는 확신을 잠재의식 속에 심어주는 것이 바로 코칭의 기본이다.

### 바람직한 행동을 유지시켜라

처음에는 자율학습이 가능할 정도의 연습문제를 통해 적응하는 기간이 필요하다. 자율학습의 기초적인 기회를 제공해주어야 하는 것이다. 그런 다음 점차적으로 학습량이나 수위를 높여감으로써 스스로 할 수 있다는 자신감을 심어준다.

단계별로 학습과제를 수행하게 되면 학습자의 인지구조 속에 관련 학습내용과 이를 위해 지켜온 학습태도가 의미 있게 자리 잡는다. 당초 목표를 성공적으로 이루어냈다면 그 의미는 더욱 커진다. 여기에 긍정적인 피드백이나 보상을 제공하는 식의 지속적인 코칭이 이루어질 때 바람직한 학습행동이 유지될 수 있을 것이다.

## 학습코칭, 학습성취도를 높이다

사회 각 분야에서 최고의 화두는 바로 저비용 고효율이다. 적은 비용으로 최대의 이익을 창출할 수 있는 방법이 있다면 이보다 효과적인 것은 없다. 대부분의 기업들도 최소의 비용으로 기대 이상의 효과를 창출하기 위해 경쟁사와 소리 없는 전쟁을 치르고 있다 해도 과언이 아니다. 학습도 마찬가지다. 학습 효과를 높이기 위해서는 자기에게 맞는 학습방법을 찾아내는 것이 중요하다.

'나에게 맞는 학습방법은 무엇일까?'라는 생각은 학습효과를 올리겠다는 의지다. 이런 아이는 자신의 학습상태를 스스로 점검한다. 자신만큼 자신에 대해 잘 아는 이는 없다. 자신의 능력을 충분히 끌어올릴 수 있는 방법을 찾아낼 것이다. 만약 아이가 '난 왜 공부한 만큼 성적이 오르지 않을까?'만 고민한다면 학습코치가 나서야 한다. 함께 학습태도와 학습방법을 점검해보고 대안을 마련해야 하는 것이다. 새로운 방법으로 학습한 결과 같은 시간을 투자했는데도 그 성과에 차이가 크다면 굳이 잔소리를 하지 않더라도 아이는 스스로 새로운 방법으로 학습하고자 할 것이다.

### 인지 · 지능 검사를 활용하라

개인의 독특하고 대표적인 행동을 관찰하면 인격특성과 적응적 혹은 부적응적 행동양상을 이해하는 데 도움이 된다. 현재 학교에서 활용하고 있는 인지 · 지능 검사로는 한국가이던스의 '학습전략검사MLST'가 많이 활용되고 있다. 지능검사를 활용하면 개인의 지적능력의 수준을 평가할 수 있어 학업이나 직업적 성취를 예견할 수 있다. 물론 지능이 높다고 해서 항상 학습성과가 좋은 것만은 아니다. 인지능력이나 지능이 높다고 한두 시간만 공부해도 된다는 말도 아니다. 이런 검사는 개인에게 맞는 학습방법을 찾기 위한 기초자료일 뿐이다.

### 적합한 지적영역을 탐색하라

단순하게 머리가 좋고 나쁨을 떠나 어떤 지적영역에 뛰어난지를 파악하는 것은 무엇보다 중요하다. 이해력이 뛰어난 사람이 있는 반면에 그렇지 못한 사람이 있고, 다른 사람에 비해 뛰어난 분석력을 지닌 사람도 있고 그렇지 못한 사람도 있다. 개인마다 잘하는 것에 차이가 존재하기 때문이다. 이는 사물에 대한 정확한 이해와 실제 생활에서의 적용력, 분석력, 종합력에 영향을 미친다. 또한 이는 진로 선택에도 매우 중요한 요인이 된다.

### 수준에 맞는 학습계획을 세워라

선진학습법은 한 학급이라 해도 똑같은 내용을 공부하지 않는다. 개인의 능력과 실력에 맞는 수준별 개인학습을 한다. 이를 위해서는 학생 개개인의 능력을 파악하는 것이 선행되어야 한다. 학업성취도를 이용하면 비교적 간단하다.

이미 알고 있는 내용을 배우는 것은 시시하다. 또 아무리 해도 모르겠다 싶은 내용을 배우는 것도 재미없다. 둘 다 학습에 대한 관심만 떨어뜨린다. 이해를 했을 때 성취감도 생기고, 자신감도 생기는 법이다.

### 진로 · 생활지도에 활용하라

교사는 학생들의 학업성취도에 따라 알맞은 교육내용과 방법 등을 계획해야 한다. 또 지능지수와 각 요인별 발달 정도를 참고해 학생으로 하여금 학과나 직업을 결정하는 데 필요한 정보를 제공해야 한다. 학업성취도는 그 외 특별활동의 배치나 생활지도에도 광범위하게 활용할 수 있다.

## 학습코칭, 수업참여율을 높이다

학습코칭을 한다고 무조건적으로 새로운 정보나 지식 등을 제공해주는 것만이 좋은 것은 아니다. 효과적인 학습코칭은 배운 것을 효과적으로 기억 속에서 뽑아 쓸 수 있도록 꼬리표와 같은 단서를 잘 만들게 도와주는 것이다.

은행에서 입금할 때는 계좌번호만 알면 된다. 하지만 돈을 찾아 쓸 때는 계좌번호만으로는 절대 불가능하다. 신분증이나 도장이 있어야 하고, 비밀번호가 있어야 한다. 인간의 기억이라는 것도 그와 비슷하다. 막상 저장하기는 쉽지만 꺼내 쓰기, 즉 기억해내기는 쉽지 않다. 그런데 인간의 뇌는 신분증이나 도장을 필요로 하지 않는다. 끄집어내기도 쉽지 않고, 그를 위한 열쇠도 없는 것이다. 따라서 저장을 할 때부터 어떤 노력이 필요하다. 마구잡이로 집어넣기보다 연상작용을 이용한다든지 하면 쉽게 기억을 찾아 쓸 수 있는 것이다.

1년에 한두 번 거래하는 정도라면 비밀번호나 계좌번호 자체를 잊어버릴 수도 있다. 하지만 자주 찾았다면 그럴 일은 없다. 많은 반복을 하면 잊어버릴 것도 잊히지 않는 법이다. 기억도 그렇다. 학습코칭의 핵심이 바로 여기에 있다. 학습과제의 방향을 명백히 설명하고, 그 과제가 의도하는 목표가 무엇인지를 분명하게, 수차례에 걸쳐 반복하게 되면 자연히 그 내용이 장기기억 속에 남게 된다.

학습자에게 무엇을 가르칠 것이며, 어떻게 가르칠 것인지를 알기 쉽게 사전에 예고하는 것은 일종의 암시를 만드는 일이다. 인간은 의도적인 암시를 무비판적으로 받아들이는 특성이 있다. 이때 코치의 긍정적인 말과 행동은 학습자로 하여금 자신도 모르는 사이 '나도 할 수 있다'는 긍정적인 암시를 준다. 이럴 때 학습은 보다 효과적으로 이루어진다. 긍정적 암시에는 교사의 강요나 지도가 아니라 자기 스스로가 생각한 것처럼 믿게 하는 힘이 있다. 무릇 인간은 스스로의 믿음에 적극적으로 대응하는 법이다.

만약 교사가 "졸리거나 피곤한 사람은 수업에 방해가 되지 않도록 조용히 엎드려 자라."고 했다면? 실제 졸린 아이들은 쓰러지듯 곧바로 책상에 엎드린다. 그런데 시간이 지남에 따라 애초에 졸음을 느끼지 않았던 아이들조차 조금씩 졸음을 느끼고, 이내 그 반은 마치 전염병이라도 퍼진 양 대부분의 아이들이 엎드리고 만다.

반면 "정말 이 시간이 얼마나 기다려지는 시간인지 모릅니다. 여러분들과 함께 수업하는 이 기쁨은 교사로서 최고의 기쁨입니다."라고 했다면? 어쩌면 아이들은 비명을 지를지도 모른다. 닭살이라면서 말이다. 그러나 반복적으로 듣다 보면 자기도 모르게 그 시간이 기다려진다. 라디오에서 흘러나오는 엔딩멘트도 그렇다. "내일 또 만나요."

내용은 매번 똑같다. 그런데도 익숙해짐에 따라 다음 날에도 그 시간을 기다린다. 암시인 것이다.

하나부터 열까지 모두를 지도하는 일방적인 강의 위주의 교수법보다 더 많은 학습자들을 수업에 참여시키는 참가자 중심의 교수법이 학업성취도면에서나 학습분위기에 바람직하다. 학생의 학습에의 참여도는 학습주제에 얼마나 적극적으로 참여하고 반응하는가에 달려 있다. 그리고 수업참여도가 높을수록 학업성취도도 높다. 칭찬과 같은 긍정적인 평가가 학습동기로 이어지기 때문이다. 그래서인지 초등학생을 둔 부모들은 교사에게 '자기 아이에게 참여의 기회를 한 번이라도 더 달라'는 무언의 부탁을 한다. 내 아이가 수업에 적극적으로 참여하기를 바라는, 그래서 교사로부터 긍정적인 평가를 받고 학업에의 성취도를 높이기를 바라는 마음에서다.

## 학습코칭에는 당근과 채찍도 필요하다

좋은 학습 습관을 형성하는 데는 네 가지 방법이 있다. 긍정적 강화, 부정적 강화, 처벌, 소거가 그것이다.

### 긍정적 강화

부모는 아이들의 생활습관을 자연스럽게 칭찬하고 격려해야 한다. 아이들에게 하루에 몇 번이나 칭찬을 했는지, 비난을 했는지 곰곰 생각해보자. 대부분 칭찬보다는 비난이 더 많을 것이다. 칭찬받을 일을 하지 않는데 무슨 칭찬을 하느냐고 반문할 수도 있다. 사실 어른들의 관점에서만 보면 아이가 칭찬받을 만한 일은 많지가 않다. 하지만 100% 만족할 수 없다고 해도, 나름 50% 이상이면 반드시 칭찬과 격려를 해줘야 한다. 칭찬은 고래만 춤추게 하는 것이 아니다. 아이도 춤추게 하는 마력을 가지고 있다.

그런데 칭찬을 할 때 중요한 것은 '바로 그때'를 놓치면 안 된다는 것이다. 오늘 칭찬받을 일을 내일 저녁에 오늘 것까지 합쳐서 칭찬하는 것은 바람직하지 않다. 바로 지금 이 순간에 당장 칭찬해야 하는 것이다. 이때 무엇 때문에 칭찬을 받는 것인지 그 내용을 알아듣기 쉬운 말로, 구체적으로 설명해주어야 한다. 평상시에 잘하지 못했는데 잘했거나 나쁜 습관을 개선했을 때는 더더욱 그렇다. 그리고 칭찬을 할 때는 진심으로 기뻐하고 있다는 것을 아이가 느낄 수 있게 해주어야 한다. 하지만 지나친 칭찬이나 무조건적인 칭찬은 좋지 않다. 효과만 떨어뜨린다.

### 부정적 강화

좋은 코치는 아이의 발달 단계에 따라 부정적인 강화도 적절하게 이용할 줄 안다. 본래 긍정적인 강화와 부정적인 강화를 조화롭게 반영해야 한다. 부정적 강화에만 치중해서는 아이는 다른 사람의 지적이나 부정적인 반응에만 대응하려 하고, 그렇게 되면 시켜야만, 또는 야단을 맞아야만 공부를 하는 좋지 못한 학습 습관을 갖게 된다. 이런 아이일수록 자기애착이나 자기도취에 빠지는 왜곡된 감정을 형성하기 쉽다. 따라서 아이가 잘못을 했을 때는 분노 등의 부정적 감정이 담긴 비난보다 애정이 담긴 충고가 필요하다. 그리고 잘했을 때는 잘한 것으로 칭찬받고, 잘못했을 때는 잘못한 것으로 야단이나 꾸지람을 들을 수 있다는 것을 코칭을 통해 분명히 깨닫게 해주어야 한다.

### 처벌

처벌은 때때로 바람직하지 못한 행동을 강력하게 바로잡아 주는 효과가 있다. 부정적인 행동을 일삼는 아이에게는 처벌이 필요할 때가 있다. 가령, 아이의 손버릇이 나쁜 걸 알면서도 그냥 내버려 두면 아이는 그에 대한 죄의식을 가질 수 없게 된다. 죄의식이 없으면 그 행동이 나쁘다는 것도 모르고, 나아가 나이가 들어서도 그 행동을 지속적으로 하게 된다. 잘못했다면 '무엇을 잘못했는지', '왜 그런 행동을 해서는 안 되는지'를 스스로 반성할 수 있도록 분명하게 설명해주고 "큰 잘못을 했으니 그에 따른 벌을 받아야 한다."는 설명과 함께 그에 합당한 처벌을 해야 한다. 반드시 개선이 필요한 행동에 대해서는 강력한 제재가 있어야만 하는 것이다. 만약 아이의 잘못으로 인해 피해를 입은 사람이 있다면 아이가 직접 그 사람에게 용서를 구하게 해야 한다. 이해를 바탕으로 한 반성만큼 긍정적인 효과를 끌어낼 수 있는 것도 드물다.

여기서 중요한 것은 '처벌'이 곧 '체벌'은 아니라는 것이다. 체벌은 처벌의 한 종류일 뿐이다. 매가 아니더라도 처벌에는 다양한 방법이 있다. 꾸지람이나 야단치기도 일종의 처벌이다. 또 하루 외출 금지, 인터넷이나 핸드폰 사용 금지, 용돈 줄이기, 반성문 쓰기, 음식물 쓰레기 버리기 등 다양한 방법이 있다. 아이가 하고 싶어 하는 일을 하지 못하게 하는 것, 하기 싫어하는 일을 하게 하는 것 모두가 처벌이 된다.

### 소거

부정적인 행동을 지속하고 있을 때 어떠한 관심도, 제재도 하지 않는 것이 바로 소거다. 부정적인 행동을 하는데 "잘한다."고 칭찬을 하면 아이는 더욱 부정적인 행동을 하게 된다. 반대로 "안 돼."라고 비난을 하거나 제재를 가하면 아이는 부모의 반응이 재미있어서, 또는 반발심으로 행동을 강화하기도 한다. 그러나 관심을 갖지 않으면 아이는 곧 흥미를 잃고 부정적 행동을 중단하고 만다. 또는 무관심의 대상으로 전락한다는 것을 깨닫고 이내 잘못된 행동을 수정한다. 아이들에게 무관심의 대상이 된다는 것은 일종의 공포다.

한편 스스로 공부를 잘하는 아이에게 강화를 한답시고 "공부 좀 해라."고 잔소리를 하는 것은 학습에 대한 흥미만 떨어뜨린다. 이런 경우는 소거가 보다 효과적이다.

학습에 대한 흥미도 코치의 반응에 의해 좌우된다. 코치로서의 부모가 어떤 코칭을 하느냐에 따라 아이가 학습에 더 많은 관심을 가질 수도, 멀어질 수도 있는 것이다.

# 핵심 학습코칭 7가지

### 핵심 학습코칭 1 :

## 공부력이 관건이다

촬영을 위한 콘티에는 배우의 동선, 카메라의 동선, 구도, 조명의 위치나 조도 등 세세한 촬영 테크닉을 기입할 뿐만 아니라 구체적으로 장면을 표현해놓는다. 공부도 그러해야 한다. 막연하게 공부하는 것이 아니라 학습 콘티를 토대로 세세한 학습계획을 세우고 이를 바탕으로 공부해야 하는 것이다. 명문대학에 입학한 학생들의 공통점도 바로 자신이 하고자 하는 분명한 목표를 설정하고 구체적인 학습 콘티를 작성했다는 것이었다.

전체적인 학습 콘티를 작성했다면 1차적으로는 학습 콘티를 보다 구체적이고 세분화시켜서 실천 가능한 학습일과계획표를 작성해야 한다. 2차적으로는 그중에서도 좋아하는 과목이나 비중이 큰 과목의 학습능력을 향상시키기 위한 학습전략을 세워야 한다. 그리고 아이가 꿈꾸는 비전에 대한 강력한 메시지를 주변 사람들이 알 수 있도록 해야 한다. 그래야 꿈을 펼치기 위해 적극적으로 도움을 요청할 수 있고, 도움을 받을 수 있다.

훌륭한 감독은 현장에서 많은 스태프들과 함께 책임감과 집중력, 추진력을 가지고 촬영을 진행한다. 공부를 잘하는 아이 역시 책임감, 집중력, 추진력을 가지고 공부를 한다. 학습에 있어서의 책임감, 집중력, 추진력은 바로 자기주도학습을 가능하게 하는 공부력의 다른 말이다. 학습을 하고 이를 지속적으로 성장시키기 위해서는 공부력을 갖추고 있어야 한다.

첫째, 공부력은 책임감이다. 책임감이 있다는 것은 해야 할 일들이 무엇인지 알고 끝까지 맡아서 잘 수행한다는 의미다. 학생에게 공부는 '해야 할 일'이다. 도산 안창호 선생은 "책임감이 있는 이는 역사의 주인이요, 책임감이 없는 이는 역사의 객"이라고 했다. 누구나 스쳐 지나가는 손님이기보다 주인이 되기를 바란다. 해야만 하는 공부에 책임감이 없다면 자기 인생의 주인이 될 수 없다는 것을 깨닫게 해주어야 한다.

둘째, 공부력은 집중력이다. 집중력은 마음이나 주의를 오로지 어느 한곳에 쏟을 수 있는 힘으로서 목표달성의 기본이 된다. 사실 학습성과의 차이는 집중력의 차이라고 해도 과언은 아니다. 다시 말하면 공부력은 집중력이 얼마나 되는가, 바로 집중력의 크기와 비례한다는 것이다.

어떤 아이는 공부만 하면 주변의 어떤 방해 요소도 보지도, 듣지도 못한다. 그만큼 집중력이 뛰어난 것이다. 학습성과도 당연히 좋을 수밖에 없다. 집중력이 흩어지면 주관도 흐려지고 목표도 흔들린다. 지금 해야 할 일에 집중하고 매진하면 목표를 달성하게 된다. 바로 그것이 성공이다. 요즘 아이들은 뛰어난 능력을 가지고 있다. 그러나 집중력은 부족하다. 장시간의 텔레비전 시청, 컴퓨터와 휴대폰 사용에 정신을 놓고 있으니 그럴 수밖에 없다. 또 불규칙적인 생활태도도 집중력 저하의 원인이 된다. 책상이 정리 · 정돈되어 있지 않은 것도 좋지 않다. 가능한 한 집중할 수 있도록 주변을 정리하고 규칙적으로 생활해야 한다.

셋째, 공부력은 추진력이다. 추진력은 자신의 꿈과 희망을 향하여 전진할 수 있는 원동력이다. 여객선이나 항공기처럼 큰 물체를 움직일 수 있는 것은 엔진의 힘, 바로 추진력이다. 공부에 있어서도 추진력은 공부능력을 향상시키고 목표를 향하여 밀고 나아가게 한다. 책임감이나 집중력도 중요하지만, 결국 추진력이 없다면 모든 공부는 열정만큼 결실을 거둘 수 없다. 요즘 아이들은 외형적으로 덩치도 크고 어른 흉내도 곧잘 낸다. 하지만 꿈과 희망을 향해 달려갈 수 있는 열정과 추진력이 없다면 어린아이에 불과하다.

자동차를 운전하다 보면 언덕을 오를 때가 있다. 배기량 3천CC 이상의 중대형 차량은 언덕을 거뜬하게 치고 오른다. 하지만 소형차는 있는 힘을 다해 가속기를 밟아도 마음처럼 거뜬하게 올라갈 수가 없다. 추진력이 어느 정도인가에 따라 목표에 도달할 수도, 중도에 멈춰 버릴 수도 있는 것이다.

**핵심 학습코칭 2 :**

## 때를 놓치지 마라

모든 것에는 때가 있다는 말이 있다. 결혼도 그렇고, 출산도 그렇고……. 그중에서도 때를 놓치면 다시 하기가 결코 쉽지 않은 것이 바로 공부와 운동이다. 신체운동이나 지능발달 및 학습능력은 신체의 성장과 밀접한 관계가 있다. 특정시기를 언제부터 언제까지라고 못 박을 수는 없지만 황금기가 있는 것은 분명한 사실이다.

스포츠의 경우 모든 신체조건이 즉각적인 반응을 불러일으키는 반사신경계가 발달하는 시기에 주목해야 한다. 이때 훌륭한 코치를 만나면 기대 이상의 효과를 얻을 수 있다. 하지만 이 시기를 놓치게 되면 몇 배 이상의 노력이 필요하고, 그렇다 하더라도 흡족한 결과를 얻기가 쉽지 않다. 유명한 프로선수 대부분이 어릴 때부터 운동을 시작했다. 종목에 필요한 신체조건이 형성되기 전부터 선수로 활동하기에 적합한 신체발달이 이루어지도록 어릴 때부터 기본기를 다졌다는 의미다. 성장한 후에 시작해서는 자세교정마저도 결코 쉽지 않은 이유가 여기에 있다. 마찬가지로 지능이 높고, 좋은 환경에 좋은 선생님을 갖췄다 해도 최적의 시기를 놓치면 몇 배 이상의 노력을 해야만 한다.

그렇다면 언제가 최적의 시기일까? 바로 초등학교 4~5학년 때다. 이 시기의 아이는 신체적으로나 정신적으로 급속한 발달을 이룬다. 때문에 이 시기에 공부하는 것에 익숙해지지 않고 노는 것에만 치중하면 학습 습관이 형성되지 않는다. 결국 상급학교에 진학했을 때 곤경에 빠지게 된다. 여기에 인생의 제1관문인 사춘기를 맞게 되면 공부에 대한 스트레스와 부모에 대한 반항으로 적잖은 방황을 하게 된다. 이런 시기에 공부가 제대로 될 리 없다.

신체발달에 맞춰 운동능력을 키워주는 것도 중요하지만, 두뇌발달에 맞춰 자기주도적인 학습이 이루어질 수 있도록 공부습관을 만들어주는 학습코칭이 필요하다. 습관은 고치기 힘든 것이다. 오죽하면 세 살 버릇이 여든까지 간다고 했을까. 어릴 때 좋은 습관이 형성된 아이는 자율적으로 자신의 일을 척척 해나간다. 또 공부에 있어서도 자신의 공부 감독이 자기 자신인 만큼 학습에 대한 분명한 스킬을 갖고 있다.

모든 사람에게 가장 공평하게 주어지는 것은 시간이다. 하루 24시간을 어떻게 사용하느냐는 순전히 개인의 몫이다. 기회를 활용하는 것 역시 개인의 의지에 달렸다. 주어진 기회를 사용하느냐, 그렇지 않고 못 하느냐는 훗날 인생의 성공자가 되느냐, 실패자가 되느냐의 문제다. 그리고 스스로 판단하고 실천하기에 아직 어린아이일수록 부모의 도움이 필요하다.

**핵심 학습코칭 3 :**

## 예습보다 복습을 하라

좋은 습관을 갖게 한다고 초등학생이 고시생처럼 공부해도 될까? 초등학생 때부터 평소에 학습하는 좋은 습관과 체계적인 시간관리 방법을 익히게 하되, 학습 소화량을 점진적으로 늘려 가는 것이 바람직하다. 아무리 맛있는 음식도 소화시키지 못한 채로 먹기만 하면 소화불량이 되고, 급기야 병을 유발한다. 그런데 음식물만 소화가 필요한 것이 아니다. 학습도 소화를 거쳐야만 비로소 내 것이 된다. 그리고 학습에서의 소화는 바로 복습으로 가능하다. 만약 그날 배운 학습내용을 이해하지 못한 채 넘어갔다고 해보자. 물론 다음 날에는 새로운 내용을 배우게 된다. 이해해야 하는 학습내용이 이틀치가 되고 만다. 이렇게 몇 날을 보내고, 다시 몇 달을 보내면 도무지 따라가지 못하는 지경에 이르게 된다. 결국 학습에 대한 흥미도, 의욕도 사라지면서 학교를 이탈해 흥밋거리를 찾아 전전하는 지경에 이른다. 하지만 상급학교에 진학할수록 학습량도 방대해진다. 즉, 초등학생 때의 좋은 습관을 디딤돌 삼아 중학생 시기를 잘 극복해야 고등학생 때 안정적인 학습이 가능해지는 것이다.

우리는 소화불량 증상이 나타나면 병원에 가서 약을 처방받아 먹는다. 병원에 가는 이유는 무엇이 문제인지 정확하게 진단해야 하기 때문이다. 원인을 규명하면 대처할 방법이 나타난다. 또 문제를 초기에 발견할수록 치료도 간단하다. 소화불량을 넘어 위장병에서 위암의 지경에 이르게 되면 보다 복잡한 치료를 해야 하고, 비용이나 시간도 많이 필요하다. 만약 아이가 공부에 흥미를 갖지 못한다면 공부하라고 야단만 칠 것이 아니라 흥미를 느끼지 못하는 원인을 찾아야 한다. 근본적인 원인을 찾아 해결하지 않은 채 당장 눈에 보이는 문제만 해결하려 하는 것은 아이를 공부에서 더 멀어지게 할 뿐이다.

## 핵심 학습코칭 4 :
## 창의적 공부를 시켜라

2011년을 기점으로 유치원, 초 · 중 · 고, 대학과 기업, 공공기관에 이르기까지 창의적 인재 육성에 대한 요구가 날로 높아지고 있다. 시도 교육청이나 학교에서 학생 및 학부모의 요구를 채워주기 위한 '창의적인 인재 양성' 또는 '창의적인 인성교육 강화'에 관심을 갖는 것도 같은 맥락이다.

'창의적 인재'라고 했을 때 학부모들은 가장 먼저 '천재적 재능'이 있거나 '위대한 발명'을 해야 하는 것으로 생각한다. 창의성을 지적능력과 동일시하는 것이다. 하지만 이는 오해다. 창의성은 삶의 방식, 세계를 지각하는 방법, 신체적 · 지적 성장에 따른 저마다의 방법이다. 창의적인 사람은 창조의 과정 자체를 즐긴다. 그들은 틀에 박힌 수학 공식을 무조건적으로 따라 하기보다 나름대로의 방법을 찾는다. 문제 자체에 대한 지적 호기심이 강하고, 자유롭게 생각하는 탐색 영역이 훨씬 넓다. 의외의 접근 방법을 주장하는데, 때로는 그 과정 중에 놀랄 만한 성과를 얻기도 한다.

창의적인 학습이 가능하기 위해서는 암기위주 형태의 수학 공식적 문제해결에 학습내용을 묶어두지 않는 폭넓은 생각과 풍부한 지식이 필요하다. 그 속에는 엉뚱한 질문들도 포함되어 있지만 두려워할 필요가 없다. 그 엉뚱함이 기존의 틀에 박힌 사고의 틀을 깨고 학습동기를 유발하게 할 것이다. 이러한 창의력이 학습습관뿐 아니라 일상습관으로까지 이어진다면 자존감 형성에도 바람직한 영향력을 끼친다. 자존감은 성공적인 삶의 원동력이다.

공부력을 갖춘 아이는 창의적인 학습이 가능하다. 학습자가 수업에 임하는 학습준비 태도에서부터 창의적 학습은 시작된다. 보통 '예습'이라고 하면 오늘 공부할 내용을 미리 공부해두는 것이라 생각한다. 하지만 그보다는 그 단원을 공부하기에 최적의 상태로 준비시키는 과정이어야 한다. 학습에 참여하는 환경을 조성하고, 집중적인 수업분위기를 만드는 것만으로도 심리적으로 학습동기가 일어난다. 교과서를 펴서 학습목표를 읽고 큰 제목들만을 훑어봄으로써 학습 전에 정리하는 것, 그것이 바로 예습이다. '왜 이런 내용이 나왔을까' 하는 질문과 예상되는 답을 미리 구해보는 것, 그리고 어떤 답을 구하게 될 것인지를 기대하며 상상하는 기다림이 바로 창의성을 일깨우는 준비학습, 곧 예습이어야 한다.

질문거리가 생기면 학습에 활발하게 임하게 된다. 그러면 주변 학생이나 교사의 관심을 받게 되고, 이는 다시 동기가 되어 또 다른 학습에 대한 관심과 심리적 자신감으로 이어진다. 자신감은 나를 능동적으로 바꾸고, 진취적으로 만든다. 공부 잘하는 아이가 학교 밖의 참여활동에도 많은 관심을 갖는 것이 바로 이 때문이다. 반대로 질문할 것도 없고 발표할 것도 없으면 주목을 받지 못하고, 결국 학습에 흥미가 떨어진다. 공부에서 멀어지고 마는 것이다. 그리고 자신감 저하로 이어지면서 매사에 수동적이고 비관적인 성향을 갖게 된다.

예습은 아이로 하여금 다양한 순간적인 생각과 질문을 미리 정리하게 한다. 그로 인해 아이는 궁금증으로 인한 지적 배고픔의 상태를 경험한다. 보통 배고픈 상태에서는 음식점에 들어가기 전 메뉴만 생각해도 입안에 침이 가득하다. 심지어 문을 열고 들어가는 것만으로도 온몸의 감각이 음식 냄새와 다른 테이블 위에 있는 음식들에 반응한다. 그러다 보니 주문한 지 5분도 안 되어 "왜 빨리 안 주냐"며 아우성을 친다. 지적 배고픔 역시 학습의 동기가 된다. 동기가 클수록 공부는 재미있다. 그리고 일단 공부 맛을 알게 되면 그 기억을 쉽게 잊어버릴 수 없다. 무언가의 마니아가 되듯 공부 마니아가 될 수도 있다.

**핵심 학습코칭 5 :**

## 책 속의 길을 찾아라

우리는 대부분 '책 속에 길이 있다'는 것을 별로 생각지 않고 책장을 넘긴다. 그러나 책 속에는 분명히 길이 있다. 그리고 그 길 끝에는 저자의 교육철학이나 기획의도에 따라 지어진 멋진 전원주택이 기다리고 있다. 그 목적지를 알고 있다면 그 길을 따라가는 발걸음이 한결 씩씩할 것이고 힘찰 것이다.

자동차를 운전할 때 보면 좀 더 빨리 목적지에 도착하기 위해 출발 전에 교통상황이나 빠른 길을 검색하기도 하고, 달리는 중간중간 가속페달을 많이 밟기까지 한다. 그러나 목적지가 없거나 정해진 시간이 없다면 특별한 이유 없이도 한두 번쯤은 휴게소에 들릴 것이다. 급한 것이 없기 때문이다. 또 목적지도 있고 정해진 시간이 있어도 목적지까지 가는 길을 다양하게 잘 알고 있는 사람과 전혀 모르는 사람과의 차이도 존재한다. 내비게이션만 믿고 있는 것도 마찬가지다. 지도를 잘 활용하는 사람과 무조건 내비게이션만 따라가는 사람, 어떤 이가 목적지에 먼저 도착할까? 지도를 활용할 줄 아는 사람은 출발 전에 지도상에서 목적지를 설정하고 지도를 보면서 머릿속으로 어디로 해서 어떻게 갈 것인지 생각하고 출발한다. 반면 무작정 내비게이션만 믿고 운전하는 사람은 위성이나 통신 상황에 따라 종종 낭패를 경험하게 된다. GPS 수신신호가 불량인 경우 신호 탐지가 늦어 우회전을 해야 하는 곳에서 직진을 할 수도 있고, 그러다 보면 한두 바퀴쯤은 예사로 방황하게 되는 것이다. 바로 모범운전자와 그렇지 않은 운전자의 차이다. 과속단속 카메라를 확인하거나 잠깐 모르는 길을 가야 할 때를 제외하면 자기만의 방식대로 운전하는 사람이 될 것인가, 내비게이션에 전적으로 의존하는 길치가 될 것인가.

책 속에도 출발점에서부터 목적지에 이르는 중간중간 분명한 이정

표가 있다. 때로는 휴게소도 있고 주유소도 있다. 공부력을 갖춘 아이는 모범운전자처럼 출발 전에 자기가 가야 할 목적지를 분명히 설정하고 머릿속으로 지도를 그린 후에 출발한다. 어디쯤에서 주유하고 어디쯤에서 휴식할 것인지도 분명하게 계획한다. 준비와 철저한 계획성 아래 공부를 하는 것이다. 때문에 그 아이의 머릿속에는 단원별 대주제와 소주제들이 곳곳에 이정표처럼 붙어 있고 친절한 보충설명까지 되어 있다. 전체적인 그림을 그릴 줄 알기에 정확한 공부 맵을 그릴 줄도 알고, 때로는 어디서 실수했는지도 쉽게 찾아내고, 다시 가야 할 방향도 정확하게 안다.

똑같은 책을 읽고도 내용을 전체적인 맥락에 따라 간결하게 설명하는 사람이 있는가 하면 그냥 "재미있었다."라는 정도로 말하는 사람도 있다. 그들의 공부력을 평가해보자면 전자는 A, 후자는 D라고 할 수 있다. 똑같은 책을 읽고, 똑같은 영화를 보고, 똑같은 경기를 관람했더라도 다른 사람에게 전달하는 내용에 차이를 보이는 이들이 있다면 그것은 언어능력이나 머리의 좋고 나쁨 때문이 아니라 형상을 재구조화시키는 능력의 차이다. 이는 바로 공부방법의 차이이기도 하다.

간혹 "나는 기억력이 나빠서 지나간 상황을 잘 기억하지 못한다."거나 "내 관심분야가 아니라서 잘 모르겠다."는 사람이 있다. 물론 사람마다 기억력의 좋고 나쁨이나 관심분야에 따라 설명에 차이가 나기도 한다. 그러나 전체적인 그림을 그리는 것은 꼭 엄청난 기억력이나 관심에 의한 것만은 아니다. 조금만 더 집중한다면, 전체적으로 볼 수 있다면 전혀 불가능한 일이 아니다. 모든 교과목들은 문제와 정답을 동시에 안고 있다. 숨어 있는 퍼즐을 찾아 맞추는 것이 바로 공부다. 책 속에는 문제도, 정답도 있다. 게다가 구획정리가 반듯하게 잘 되어 있고, 어디가 어딘지를 분명하게 알 수 있는 표지판이 확실하게 설치되어 있다. 공부에 있어서 전체적인 지도를 만드는 것은 어려운 일이 아니다. 이정표에 따라 움직이는 마인드맵을 머릿속에 그려보는 훈련을 반복하면 된다. 전체적인 큰 그림에서부터 세부적인 길까지 자신의 능력으로 얼마든지 그려낼 수 있고, 또 얼마든지 수정할 수 있다.

스스로 공부를 잘하는 사람, 바로 공부력을 갖춘 사람의 특징은 큰 그림을 먼저 그릴 줄 안다는 것이다. 책 속에서 길을 찾고 목적지를 찾는다.

## 핵심 학습코칭 6 : 공부하는 방법을 배워라

중간고사에 대비해서 친구와 함께 공부했는데, 막상 시험을 치고 보니 친구보다 성적이 나오지 않아 실망한 경험이 있다. 마찬가지로 같은 학교에서, 같은 선생님에게, 같은 교재로 배웠는데도 시험만 치면 성적은 모두 제각각이다. 유명한 학원에 다니거나 인기강사에게 강의를 들었다고 해서 모두가 좋은 성적을 얻는 것도 아니다. 잘하는 친구는 매번 잘하지만 못하는 친구는 매번 못한다. 도대체 무엇 때문일까? 단언하건대 그 이유는 바로 학습방법의 차이로 인한 학습효율성의 차이다. 같은 시간을 앉아 있더라도 공부하는 방법이나 학습에 집중하는 태도와 능력, 기억력, 학습이해력, 공부하려는 동기와 의지에 따라 학습효율성은 하늘과 땅만큼이나 차이가 나는 것이다. 따라서 만약 공부한 만큼 결과가 나오지 않는다고 생각하면 바로 자기의 학습방법을 확인해볼 필요가 있다. 선생님에게 조언을 구할 수도 있고, 전문가를 통한 학습컨설팅이나 분석을 받아보는 것도 좋다.

무조건 죽어라고 외운다고, 머리 좋다고 성적이 좋은 것은 아니다. 또 머리가 나쁘다고 성적이 하위권이 되는 것도 아니다. 얼마나 집중하느냐, 얼마만큼의 공부력을 가지고 있느냐가 성적의 차이를 만든다. 바로 유치원, 초등학교에서부터 형성된 학습행동의 결과다.

학창 시절 가장 불공평하다고 생각한 것 중 하나가 바로 시험 성적이었다. 시험기간 뿐만 아니라 매번 공부시간은 물론이고 쉬는 시간까지 열심히 공부했고, 집에 와서는 밤을 새워가며 공부했지만 어찌된 영문인지 성적은 만족할 만큼 나오지 않았다. 그런데 남들 놀 때 같이 놀면서, 그다지 노력하는 것처럼 보이지도 않았던 친구는 항상 상위권을 유지했다. 시도 때도 없이 공부한다는 핑계로 놀지도 못하는데 노력한 만큼 성적이 나오지 않자 공부에 대한 의욕은 점점 떨어졌다. 공부하고도 성적이 오르지 않는 게 부끄러워 공부하고도 안 했다고 할 정도였다. 도대체 열심히 노력하는데 왜 성적이 노력한 만큼 안 나오는지 알 수가 없었다. 그러다 어느 날 그 친구에게 솔직하게 말했다. 내 공부하는 방법과 너의 공부하는 방법에 어떤 차이가 있는지 비교해서 가르쳐달라고 한 것이다.

그 결과 그동안의 나는 중요한 학습원리나 핵심내용은 파악하지 못한 채 무작정 외우기만 했다는 것, 그래서 별로 중요하지 않은 엉뚱한 내용에 밑줄까지 치며 외웠다는 것을 알게 되었다. 그제야 왜 내가 공부한 것은 피해서 시험문제가 나왔는지 알 수 있었다. 한마디로 맥을 잘못 짚었던 것이다. 그날 이후 친구가 추천한 방법을 무작정 따라 했고, 결국 성적이 올랐다. 긍정적인 경험은 학습에 대한 동기를 부여하는 법이다. 학교생활도 더 재밌고 새로운 꿈과 희망까지 생겼다.

공부의 시작은 공부방법을 터득하는 것에서 출발한다. 공부 자체는 재미없는 것일 수도 있다. 하지만 공부를 통해 날마다 새로운 그 무언가를 학습한다는 기쁨과 나도 할 수 있다는 긍정적인 확신, 그리고 그로 인해 성취감을 맛볼 때 공부력은 저절로 자라난다.

**핵심 학습코칭 7 :**

## 집중력에 집중하라

학습코칭의 목표는 실제로 성적 향상이다. 그런데 성적을 올리려면 집중력을 키워야 한다. 밝은 빛이 있더라도 그대로는 결코 종이를 태울 수가 없지만, 돋보기를 이용해 빛을 한곳에 집중시키면 종이를 태울 수 있다. 공부도 그렇다.

공부를 잘하는 아이와 못하는 아이의 차이는 다름 아닌 집중력의 차이다. 기초체력은 물론이고 훌륭한 기술을 가진 선수도 경기에 집중하지 못하면 시합에서 좋은 성적을 기대할 수 없다.

집중력은 자기통제능력이기도 하다. 체력이나 기술이 모자라도 집중력으로 자신의 기술과 체력을 뛰어넘을 수 있다. 인간의 정신은 그만큼 놀라운 것이다. 가녀린 여성이 수십 미터를 초인적인 힘으로 달려 마침내 아이를 달리는 버스로부터 구해내는 것 역시 집중력의 힘이다. 기본적으로 머리가 좋아야 공부를 잘한다는 생각을 갖고 있다. 물론 머리가 좋으면 그렇지 않는 사람에 비해 이해력이나 암기력은 뛰어날 수 있다. 하지만 공부는 머리로만 하는 것이 아니다. 집중력이 없으면 지능이 높다고 해도 만족한 만큼 성적을 올릴 수 없다.

대체로 공부를 못하는 아이는 집중력이 약하다. 그러다 보니 매번 새로운 흥밋거리를 찾아 눈을 돌린다. 당연히 학습에 흥미를 느끼지 못한다. 반면 공부 잘하는 아이는 어떤 한 가지를 일단 시작하면 어떤 방해에도 굴하지 않고 몰입하는 경향이 있다. 그래서 짧은 시간 안에 목표한 것을 이루어낸다. 또 같은 시간이 주어졌다면 더 많은 내용을 파악한다. 자연적으로 좋은 결과를 얻게 되고, 그로 인해 자신감은 보다 더 높아진다. 책상에 세 시간을 앉아 있어도 집중력이 없으면 한 시간 집중한 것보다 못하다. 그러나 집중력이 뛰어나면 한 시간 공부하고도 세 시간 이상 효과를 얻는 법이다. 제대로 놀지도 못하고 그렇다고 공부하는 것도 아니라면 맥없이 책만 들고 있는 것은 아닌지 돌아보기를 바란다.

미국 심리학자 대니얼 골먼은 "집중력은 마음의 근육"이고, "근육을 발달시키듯 집중력도 발달시킬 수 있다."고 했다. 아이가 산만하다고 지레 포기할 필요는 없다는 말이다.

또 집중력을 필요로 하는, 이해와 사고를 바탕으로 하는 과목은 가능한 한 집중이 잘되는 시간을 이용하는 것이 좋다. 만일 집중력이 부족하다면 시간을 짧게 끊어서 여러 차례 공부하는 것이 좋다. 억지로 끝까지 앉아 있어 봤자 머릿속은 다른 세계를 돌아다닐 뿐이다. 집중을 잘하는 친구 옆에서 공부하는 것도 좋은 방법이다. 산만한 친구 옆에 있으면 나도 산만해질 수밖에 없다.

하루 종일 공부만 하는 것처럼 보이는데 정작 성적은 오르지 않는다면, 하루 종일 노는 것 같은데 성적이 좋다면 집중력을 검진해보기를 바란다. 집중력이 바로 성공의 문을 여는 열쇠이니 말이다.

| 에필로그

# 이튼칼리지에서 배우는 인성의 가치

명문하면 영국의 세계적인 이튼칼리지가 생각난다. 인성의 핵심은 영국의 이튼칼리지 교훈에 있다.

"남의 약점을 이용하지 말라, 비굴하지 않은 사람이 돼라, 약자를 깔보지 말라, 항상 상대방을 배려하라, 잘난 체 하지 말라, 다만 공적인 일에는 용기 있게 대처하라."

1440년에 설립된 이튼칼리지Eton College의 교훈校訓은 600년 가까이 오늘날까지 세계 교육사에 길이길이 남아 있는 최고의 교훈이다. 저가가 강조하는 인성과 관련된 최고의 핵심으로 감동에 감동을 더하는 내용이다. 인성의 핵심이요, 가장 인간다운 삶의 원동력이기 때문에 한 사람의 됨됨이는 개인의 성장과 더불어 사회와 국가를 발전시키는 핵심키워드이다. 핵심키워드를 바탕으로 저자의 인성코칭의 철학을 담아냈다.

세계 어느 명문학교의 교훈을 봐도 이보다 더 감동적이고 교훈적인 명언은 없었다. 인간 삶의 최고 덕목이라 할 수 있으면서, 누가 들어도 가장 쉬운 말이고, 누구를 막론하고 마음에 와 닿고, 언제라도 몸소 행동으로 실천할 수 있으며, 평생 삶의 좌우명으로 삼아야 할 말이다.

이튼칼리지 교훈은 자신을 위하고 상대방을 살리고, 나 혼자가 아닌 다른 사람과 함께 더불어 살아가는 멋진 인성의 기본이다. 이는 최고의 인성 무기이기에 화려한 스펙보다 인간 삶의 스토리를 만들어 가는 지성과 인성의 결집체이다. 어떤 사람이 가장 인간적이고 사람다운 사람일까를 생각해보라. 제 아무리 세계적인 명문대학을 졸업하고, 박사가 되고, 세계가 깜짝 놀랄 만큼의 연구를 하고, 성공적인 부귀영화를 다 가졌다고 한들 인간성이 제대로 형성되지 않은 사람은 그 모든 것들이 그저 하나의 도구에 불과하다.

### 첫째, 남의 약점을 이용하지 말라

인간사에서 '남의 약점'을 이용하는 인간만큼 더러운 인간은 없다. 한마디로 인간의 탈을 뒤집어쓴 늑대인간에 불과할 만큼 교활하고 자신의 출세수단을 위해 남의 약점만 골라잡는 추잡스러운 행위를 일삼는다. 학교나 직장이나 단체에서도 꼭 이런 늑대인간이 있기 때문에 세상은 추악하고 비인간적인 냄새로 가득하다. 상대방의 약점을 찾아내려고 안간힘을 쓴다. 평소에 좋은 척 하면서 기회만 되면 약점을 찾아내려고 혈안이 되어 있다. 그러고서는 언젠가 그 약점을 자신이 불리하거나 도움이 필요할 때 조건적이거나, 상대방을 곤경에 빠뜨리려고 작정한다. 평소에는 간이라도 빼줄 듯 좋은 척하고 아부하다가 돌아서면 남의 등 뒤에서 칼을 꽂는 비겁한 자이다.

학교에도 분명하게 있고, 교직원 중에도 있고, 학생들 중에도 있고, 교수집단 중에서 있고, 스승과 제자 중에도 있고, 기업에도 있고, 노동자 중에도 있으며, 사람 사는 곳이면 없는 곳이 없다. 한마디로 인간이 잘못된 것인데, 가정교육이 잘못된 것이요, 학교교육이 잘못된 결과다. 특정 노조 단체나 조합원들이 내 보이는 속성 중 하나이다. 세계적인 명문학교에서 시사하는 바가 크다고 하겠다. 인간의 가장 기본적인 덕목을 교훈으로 가르치는 자체가 역시 인간의 기본 중에 기본을 강조하기에 명문의 역사와 전통을 이어갈 수 있는 세계 최고 중의 최고가 된 것이다.

### 둘째, 비굴하지 않은 사람이 돼라

세상만사 사람이 경우에 따라 '비굴'하지 않은 사람이 어디 있을까마는 그렇지 않는 사람이 더 많다. 그중에는 자신의 출세영달을 위해서는 '비굴'이란 자체를 몸에 달고 사는 이가 있다. 자신의 자존심도 내팽개치고 오로지 자기의 목적 달성을 위해서는 속된 말로 자기 부인이라도 내어줄 만큼이나 비겁한 행위를 보인다. 용감한 행동은 살아 있는 양심에서 나오는데 용감이 없기에 인성의 중심이 없다.

비겁卑怯은 사전적 의미로 용기勇氣가 없고 품성品性이 천한 것을 의미하며 줏대가 없고 떳떳하지 못한 것을 뜻한다. 품성이 천한 것은 인성, 인품, 사람 됨됨이 자체가 천하다는 것이고, 악하고 더럽고, 추한 것이다. 인간의 가치 자체를 최하로 생각하기에 양심이 없거나 화인 맞는 듯 죄책감이나 용감한 행동은 할 수 조차 없다. 강한 자에게 죽은 듯이 복종하고, 자기보다 약한 자는 짓밟아 뭉개는 행태를 말한다.

주변을 돌아보라. 그런 사람이 어디를 막론하고 꼭 한두 사람씩 끼어 있다. 간신배처럼 사실을 사실로 말하지 못하고 상대방이 듣기 좋아하는 말만 골라서 왜곡된 정보를 전달해서 정확한 사리판단을 하지 못하게 하는 간사한 자들이 세상을 판치고 있다. 인성은 비굴하지 않는 살아있는 양심적인 행동을 요구한다. 정의를 위해 부르짖는 냉철한 지성과 헐벗고 굶주리고 억압받는 자를 보며 함께 가슴아파하며 눈물지을 수 있는 가슴 따뜻한 감성을 원한다.

비굴하지 않는 사람이 돼라. 돈 앞에 비굴하지 말고, 권력 앞에 비굴하지 말고, 명예 앞에 비굴하지 않는 양심을 지키면 성공한다. 부정한 돈 때문에, 권력 앞에 무릎 꿇지 말고, 명예를 얻기 위해 목숨을 내어버리는 어리석음을 범하지 말라. 평소에 정직하고 성실하게 최선을 다하면 돈도 따라오고 명예도 따라오고 권력도 따라오지만, 돈을 얻기 위해 부정하고, 권력을 얻기 위해 비겁하게 행동하고, 명예를 얻으려고 비굴해봤자 결국은 하루아침에 그 모든 것을 온 천하에 발가벗겨진 모습으로 내동뎅이 처질 때가 온다는 것을 명심하라는 교훈이다.

### 셋째, 약자를 깔보지 말라

사람 됨됨이는 참으로 아름답고 사람 사는 맛이 나고, 사람 사는 냄새가 난다. 죽은 자는 시체 썩는 냄새가 진동한다. 수산시장에 가면 살아있는 생물과 죽은 것을 냉동한 것과 소금뿌린 간 고등어 같은 것은 똑같은 고등어라고 해도 엄청난 가격 차이가 난다. 살아있는 자는 약자를 돌보 줄 아는 사람이고 이런 가치를 진정한 삶의 의미로 아는 사람이다.

약자를 깔보는 사람은 비겁한 자이다. 강하다고 모두가 그런 것은 아닌데 약자가 약자를 깔보는 것은 더더욱 이해 안 되는 일이지만 종종 그런 일도 있다. 강자가 약자를 깔보는 것은 다반사이다. 한국의 사회 구조는 특이하게도 그런 시체 썩는 냄새가 지독하게 강하다. 아파서 죽을 병이 생겨도 병원에 아는 사람이 없으면 쉽게 입원도 못한다. 병실 기다리다 돌아가시는 일도 생기지만, 하다못해 병원 행정직원 한 사람만 알고 있어도 그렇게 병실 없다고 딱 잡아떼던 병실이 어떻게 생겼는지 눈 깜짝할 사이에 뚝딱 생겨나고 만다. 또한, 사람이 살다보면 죄 안 짓고 못 살지만, 그렇다고 어떻게 파출소 한번 안 가고 살 수 있다는 것도 쉽지 않는 일이다. 운전을 하다보면 갑작스럽게 교통사고로 경찰서를 오갈 때 마찬가지로 사돈의 팔촌이라도 순경이라도 한 사람이 있으면 전화 한통으로 그들이 대하는 태도가 다르다. 어쩌다 해결이 잘 안 된 탓에 검찰이라도 넘어가는 날에는 그냥 죽음이다. 잘 잘못을 떠나 돈 있느냐, 없느냐에 따라 흔히 말하는 유전무죄, 무전유죄가 되는 격이다. 돈만 있으면 전관예우 받는 변호사를 선

임하면 하루아침에 모든 것이 쉽게 끝나고 오히려 큰소리치고 나온다. 그러니 대한민국의 권력과 명예, 돈 앞에서 사람이 큰소리치는 것이 아니라, 돈이 큰소리치고, 명예와 권력이 큰소리치는 더러운 세상이다. 그래서 약자는 오늘도 서러움에 빠져 살 뿐이다. 이제 자라나는 아이들에게 이런 인성을 어릴 때부터 제대로 가르치고 심어주고 실천해 보이는 행동을 만들어 준다면 약자를 깔보지 않는 밝고 맑은 세상이 올 것이다. 학교에서 약자인 흔히 말하는 왕따 당하는 학생들을 생각해 보라. 세상에 이보다 더 힘들고 어려운 고통 가운데 있는 약자가 또 어디에 있단 말인가. 자기 삶의 존재 자체를 인정받지 못하는 것만큼 비참한 것은 없다. 따라서 자녀들에게 인성의 소중함을 가르치는 것은 내가 다른 사람을 귀하게 여기는 만큼 나도 그 귀함을 받게 될 것이라는 사실을 깨닫게 하는 소중한 교육이다.

### 넷째, 항상 상대방을 배려하라

영국 최고의 명문학교에서 항상 상대방을 배려하라는 교훈을 정했다는 게 놀랄 따름이다. 배려는 모르는 사람도 웃게 만들고 고마움을 표현하고 인사하게 하고 인사 받는 최고의 처세술이다. 자기 밖에 모르는 이기적인 자는 배려심이 부족해서 오로지 자기 밖에 모른다. 자기에게만 관심 있고 자기를 위해 뭘 해달라는 요구사항만 즐비할 뿐 정작 자신은 다른 사람을 위해 선뜻 행동하지 않는 비양심적인 사람이다. 배려심이 부족하면 어딜 가도 사회성이 떨어지거나 다른 사람에게 쉽게 인심을 얻지 못하고 경계의 대상이 된다.

우리나라 학생부종합전형에서 인성평가 항목 중 제일 마지막 일곱 번째가 '나눔과 배려'라는 항목이다. 그러나 막상 나눔과 배려를 쓸 때에는 무엇이 나눔이고 무엇이 배려인지 조차 알지 못해 이 항목은 무엇으로 채워야 할지 가장 힘든 항목 중 하나이다. 그러나 알고 보면 배려는 일상생활 중 모든 곳에서 어느 누구를 막론하고 배려가 필요하고, 배려 받고 있고, 배려하며 살아가고 있다. 배려는 서로에게 가장 아름답고 가장 행복한 것이다.

내가 생각할 때 별것 아니지만, 상대방이 받을 때는 큰 감동을 주는 최고의 것이다. 상대방이 나를 위해서 배려해 줬을 때 그 감사함은 배려받은 사람만이 안다. 그러나 배려 받아야 할 때 배려 받지 못하면 욱하는 감정이 바로 올라오고 언행 자체가 순간적으로 과격해지는 것을 쉽게 볼 수 있다.

학교 복도에서 장애우를 만났을 때 가방을 들어주거나 먼저 지나가도록 양복해주는 것도 아름다운 배려이고, 무거운 짐을 들고 가는 사람이 있으면 엘리베이터 출입문을 눌러주고 기다려주는 것도 배려이다. 잠깐 문 손잡이를 잡고 다음 사람에게 인계해주는 짧은 순간도 최고 멋진 배려 중 하나이다. 교실이나 공공장소에서 핸드폰을 진동이나 무음으로 해놓는 자체도 상대방을 위한 배려이다. 막상 알고 보면 나 자신을 위한 최고의 배려인 셈이다.

가족이 사용하는 가정에서 배려 행동도 다양하다. 화장실 사용할 때 다음 사용자를 위해 팬을 틀어놓거나, 주변을 깨끗하게 사용하는 것, 샤워 후에 샤워기로 타일 주변을 물로 한번 씻어놓고 나오는 것,

샤워타월을 깨끗하게 씻어 놓거나, 비누에 묻는 머리카락을 떼어 놓는 것, 신은 양말을 바로 벗어 세탁함에 넣는 것 자체가 가족을 위한 사랑의 배려이다.

자동차를 운전할 때 추월 차선에서 방향지시등을 켰을 때 적당한 거리에서 끼어주면 당연히 고맙다고 사인을 보내며 서로가 흐뭇해 하는 것도 배려이다. 반면 방향지시등을 켰음에도 억지로 끼어들지 못하도록 간격을 더 좁히면 자기도 모르게 곧장 얼굴을 붉히고 열 받게 되는 남을 배려하지 않는 행동인 것이다.

**다섯째, 잘난 체 하지 말라, 다만 공적인 일에는 용기 있게 대처하라**

잘난 체 하는 사람 치고 겸손한 사람 없고, 겸손한 사람 치고 잘 난 체 하거나 교만하지 않는다. 잘난 체하지 않는 이들은 지나친 것을 남에게 요구하지 않으므로 남들과 사이좋게 지낸다. 사람들은 자신의 존재가치를 높이기 위해서 끊임없이 노력하지만, 존재가치를 높이는 방법을 잘못 선택하게 되면 자기 속에 빠져서 헤어 나오지 못한다.

우리 뇌 구조 자체가 자존감을 얻기 위해 끊임없이 남과 비교하면서 열등감을 극복하려고 노력하며 쾌감을 얻기도 한다. 때로는 자신의 성취감으로 얻어지는 쾌감이 진정한 쾌감이지만, 내가 할 수 없거나 경쟁 상대자가 잘나가는 모습을 비교하며 열등감 속에 빠져 있다가 어느 날 갑자기 그 사람이 잘못되거나 실패했거나 중간에 하차하는 불행한 모습을 알게 되면 순간 상대방의 불행을 자신의 행복으로 받아들이는 잘못된 질투감정을 가질 수 있다.

잘나가는 사람에 대한 질투는 끝이 없다. 그가 실패하고 추락해야 순간 쾌감으로 돌변한다. 나의 성취만으론 삶의 존재감을 느낄 수 없는 이들의 한풀이, "너도 별거 없었구나!"라는 쌤통의 심리기저가 강하게 발동된다. 신기하게도 사람들은 자신보다 더 잘되는 꼴을 끝까지 보기 힘들어하는 심리적 특성이 있다. 언제 이런 심리가 발동하느냐하면 나보다 평소에 잘난 체 하는 사람을 만났을 때이다. 그래서 사람은 겸손이 '최고'라는 것이다. 잘난 체 하는 사람들은 대체로 자기만족에 빠져 살면서 자기중심적이며 고집이 강하다.

열등감을 극복하지 못해 자존감 회복에 방해를 받고 있기 때문에 자기보다 우월한 사람에 대해서 강한 질투심을 느낀다. 상대방의 흠집을 찾고 싶어 안달하는 모습을 청문회를 통해서 종종 볼 수 있지만 이는 정책적으로 그 상대방을 임명하기 위한 공식적인 검증의 기회이다. 그러나 개인적으로 만나는 대인관계에서 이런 행태를 보인다고 생각해보라. 어떤 사람이 그 사람과 관계를 맺을 수 있겠나. 아마도 그런 사람과의 관계는 특별한 주종의 관계가 아닌 이상 지속되기 어려울 것이다. 정상적인 관계가 지속될 수 없다.

잘난 체 하는 사람은 자기에 대한 평가에 예민한 반응을 보이는데 자기 자랑이나 자기중심적인 생각에 사로잡혀 살면서 자기만족에 빠져 산다. 잘난 체 하는 자신은 모든 것을 다 할 수 있다는 무한한 능력을 가진 것처럼 자신에게 속아 넘어가는 위험성을 갖고 있다. 어떻게 하면 나 자신 스스로가 다른 사람에게 더 잘 보이고 능력 있어 보이려는 자체가 자기 방어적이고 자기중심적인 생각에 의도적으로 몰두하게 되므로 사고의 시야가 제한적이고 객관성을 갖추기가 어렵다. 자기 주관적인 생각과 행동에 가득하기에 쉽게 다른 사람의 말을 수용할 수 없는 독단적인 사고의 틀이 강하다.

어쩌면 그런 사람과 함께 생활하다보면 상대적으로 자신의 초라한 모습이나 자기는 보잘것없다는 생각 때문에 모멸감을 갖기 쉽다. 그런 생각이 들 때에는 어떤 방법으로든지 그 상대방을 왕따를 시키거나 곤혹스러워하는 분위기를 만들어 상대방도 자기처럼 힘들다는 것을 한번 깨닫거나 느끼게 해 주고 싶어 하는 감정이 강하게 일어난다. 그 상대를 꺾을 수 있는, 흔히 말하는 강적을 만나길 희망하거나 그런 장면을 보게 된다면 통쾌한 기분을 느낀다. 잘난 체 한다는 것은 오직 유일한 한 사람, 즉 당사자만을 즐겁게 하는 일이라는 사실이다.

잘난 체 하는 사람 주변에 질투심으로 가득한 사람이 있다면 적대적인 관계가 형성되기 싶다. 시기심이 가득한 자도 마찬가지이다. 이들은 모두 남이 잘되는 것이나 잘난 체 하는 자체를 그냥 두고 볼 수 없기 때문에 적대감을 느끼거나 그렇게 할 수 없다면 부러움을 갖고 오히려 잘난 체 하는 사람을 존경하면서 자기가 다하지 못하는 생각을 갖기 위해 불가분의 관계로 돌변할 수밖에 없다. 자기를 우러러 봐주는 사람이 있어야 잘난 체를 할 수 있기에 어쩌면 이들 주변에 있는 자들은 관객의 역할을 감당해줄 사람이 필요하다. 자기과시욕구가 강하기 때문에 주변에서 자신이 인정받지 않으면 안 된다는 절대적인 생각에 사로잡혀 있어 공통적인 반응은 어딜 가든지 자기자랑이 앞선다.

재미난 사실은 이처럼 자기 스스로 잘난 체 하는 사람은 의식적으로 잘난 체 할수록 상대방에 그런 태도나 의도가 훤히 드러나 보인다는 것이다. 그럴수록 주변 사람으로부터 비판이나 관찰의 대상이 되고 있음에도 그런 의식을 눈치 채지 못하고 오히려 주변사람이 자신을 부러워하거나 자기에게 시선이 고정되어 있다는 생각 때문에 상대방이 부정적이고 불편한 환멸적인 감정으로 나를 바라보고 있다는 판단을 하지 못한다.

다만, 공적인 일에는 적극적으로 용기 있게 대처하는 능력이 필요하다. 용기는 부끄러움이나 망설임이 아닌 실천을 요구하는 것이기에 불의를 보고 반사적으로 대처하는 것은 대단한 양심과 행동을 요구하는 것이다. 그러나 요즈음 사람들은 주변에서 온갖 불의나 좋지 않는 공적인 일들이 생겨도 그것을 목격하면서도 용기 있게 하지 말라고 외치거나 행동으로 옮기지 못하는 것은 두려움이나 불특정 사람에 대한 무관심이 지나쳐서 생기는 결과이다. 악한 짓을 하는 사람이 있고 그들을 만났을 때도 용기가 없으면 아무 소리도 못 지른다. 결국은 절대적인 도움이 필요한 시기에 도움을 줄 수 없기에 생명의 위협을 느낄 수도 있다. 어떤 이는 선한 행동을 하는 것 같지만 다른 사람이 알아주기를 바라면서 그 행동을 하는 것은 비겁한 행위이다. 따라서 용기 있는 자는 선한 행동을 하면서 남에게 드러내지 않으려고 노력하는 것이나, 비겁한 자, 즉 용기 없는 자는 악한 짓을 하면서 남에게 숨기려고 하는 것이다. 선한 일을 하면서 남이 알아봐 주기를 기다리며 억지로 쇼를 할 때 인간적으로 비겁한 행위이다.